AF552938

अंतरिक्ष की कहानी,
अंतरिक्ष यात्रियों की जुबानी

अंतरिक्ष की कहानी, अंतरिक्ष यात्रियों की जुबानी

काली शंकर

सत्साहित्य प्रकाशन, दिल्ली

प्रकाशक : **सत्साहित्य प्रकाशन**
694 (पहली मंजिल), चावड़ी बाजार, दिल्ली-110006
 / संस्करण : 2026 / मूल्य : चार सौ पचास रुपए
मुद्रक : नरुला प्रिंटर्स, दिल्ली ISBN 978-81-7721-165-8

ANTARIKSH KI KAHANI, ANTARIKSH YATRIYON KI ZUBANI
by Shri Kali Shankar ₹ 450.00
Published by **SATSAHITYA PRAKASHAN**
694 (First Floor), Chawri Bazar, Delhi-110006

यह पुस्तक श्रद्धा, प्रेम और विनम्रता के साथ
अपने सहपाठी, अनन्य मित्र एवं ज्ञान तथा प्रतिभा के भंडार,
आंध्र प्रदेश के पूर्व चीफ जनरल मैनेजर (टेलीकॉम)

श्री संजय कुमार

को

सादर समर्पित

दो शब्द

अंतरिक्ष अन्वेषण और अंतरिक्ष में जाकर विभिन्न प्रकार के कार्य करना, अंतरिक्ष से पृथ्वी अवलोकन इत्यादि बातें एक सामान्य मानव के लिए स्वप्न ही लगती हैं, जो वहाँ कभी न गया हो। अधिकांशत: हर व्यक्ति अंतरिक्ष का एक सपना अपनी कल्पनाओं में पाले रहता है। अंतरिक्ष पुस्तकों और पत्रिकाओं के माध्यम से सामान्य मानव को यह जानकारी प्राप्त होती रहती है कि अंतरिक्ष में पूर्ण निर्वात है, वहाँ गुरुत्व नहीं है, वहाँ का तापमान काफी परिवर्तित होता रहता है, वहाँ पर उल्काओं का खतरा रहता है, अंतरिक्ष के पर्यावरण में अनेक पदार्थ अपने सामान्य गुणों में परिवर्तन दिखलाते हैं तथा अंतरिक्ष का पर्यावरण मानव के लिए पूर्णरूपेण आक्रामक होता है, इत्यादि। लेकिन जब अपनों में से कोई स्वयं ही वहाँ जाकर यह सब देखे तथा बताए कि ये बातें सब ठीक हैं, अंतरिक्ष में दीपक की ज्वाला पृथ्वी की भाँति लंबी न होकर गोल हो जाती है, वहाँ पर हम तैरकर चलते हैं या वहाँ पर हमारे सोने का तरीका पृथ्वी से भिन्न था तो हमारा आश्चर्य एवं कौतूहल और भी अधिक बढ़ जाता है। हम सोचने लगते हैं कि काश! हम भी यह सब अपनी आँखों से देख पाते! फिर हम उस व्यक्ति से अपने जेहन के और भी प्रश्न पूछने लगते हैं कि वहाँ पर अमुक चीज कैसे होती है, अमुक काम कैसे किया जाता है, वहाँ असेंबली के कार्य कैसे करते हैं इत्यादि।

अपनी शिक्षा के दौरान अनेक विद्यार्थियों की यह इच्छा रहती है कि वे अंतरिक्ष-यात्री बनें या अंतरिक्ष विषयक विशेषज्ञ बनें। प्रस्तुत पुस्तक 'विश्वविख्यात अंतरिक्ष यात्रियों के साक्षात्कार' में अंतरिक्ष यात्रियों ने अपनी शिक्षा के विषय में तथा शिक्षा के दौरान हुई आर्थिक परेशानियों का जिक्र किया है। स्पेस शटल की प्रथम महिला कमांडर के पिता उसे पढ़ाना चाहते थे; लेकिन उनके पास बेटी को पढ़ाने के लिए पैसे नहीं थे। बेटी ने छोटे-छोटे जॉब करके शिक्षा के लिए धन अर्जित किया। जॉन ग्लेन एक प्लंबर के बेटे थे तथा सभी स्पेस शटलों से यात्रा कर चुके विख्यात सर्जन डॉ. स्टोरी मुसाग्रेव एक किसान के बेटे थे। लेकिन जीवन का यह सत्य है कि प्रतिभा पैसे की मोहताज नहीं

होती है। ये लोग विश्वविख्यात अंतरिक्ष यात्री बने।

इस तरह अंतरिक्ष और अंतरिक्ष अन्वेषण के विभिन्न आकर्षण यदि एक सामान्य मानव को यथार्थता की ओर ले जाएँ तो सामान्य मानव का विह्वल हो जाना स्वाभाविक है। वह यही सोचने लगता है कि हमारा एक अन्य भाई या प्रियजन जब अंतरिक्ष में गया तो उसने वहाँ क्या-क्या किया होगा, कैसे रहा होगा इत्यादि। प्रस्तुत पुस्तक 'विश्वविख्यात अंतरिक्ष यात्रियों के साक्षात्कार' में अंतरिक्ष अन्वेषण के विभिन्न पहलुओं का स्पष्टीकरण विख्यात अंतरिक्ष यात्रियों द्वारा दिया गया है, जो कई बार अंतरिक्ष में जा चुके हैं तथा वहाँ पर अनेक कार्य कर चुके हैं। इनमें अधिकांश साक्षात्कार अंतरिक्ष यात्रियों से नासा के द्वारा लिये गए हैं तथा कुछ अन्य साक्षात्कार इंटरनेट की विभिन्न साइटों और अन्य संस्थाओं के द्वारा लिये गए हैं।

आशा है, यह लघु पुस्तक सभी प्रकार के पाठकों की अंतरिक्ष अन्वेषण से संबंधित विभिन्न रोचक प्रश्नों और शंकाओं का समाधान करने में सक्षम होगी।

—काली शंकर

अनुक्रम

1

जॉन ग्लेन : 77 वर्ष की आयु में अंतरिक्ष में जानेवाले विश्व के सबसे वयोवृद्ध अंतरिक्ष यात्री

जॉन ग्लेन अंतरिक्ष अन्वेषण इतिहास की एक महानतम हस्ती हैं, जिनका जन्म 18 जुलाई, 1921 को हुआ। वे अमेरिकी मैरीन कार्प्स के भूतपूर्व पायलट हैं, अंतरिक्ष यात्री हैं। ओहियो प्रांत से 5 बार अमरीकी सीनेटर रह चुके हैं तथा अंतरिक्ष में जानेवाले प्रथम अमरीकी एवं विश्व में अंतरिक्ष में जानेवाले तृतीय पुरुष हैं। उनकी सबसे विशिष्ट बात यह है कि 77 वर्ष की आयु में अंतरिक्ष में जानेवाले दुनिया के सबसे वयोवृद्ध अंतरिक्ष यात्री हैं। वे पहली बार 20 फरवरी, 1962 को फ्रेंडशिप-7 के द्वारा अंतरिक्ष में गए तथा वहाँ 4 घंटे 55 मिनट का समय गुजारा। उनकी दूसरी अंतरिक्ष उड़ान 77 वर्ष की उम्र में स्पेस शटल डिस्कवरी की उड़ान एस.टी.एस.-95 के द्वारा संपन्न हुई। इस उड़ान के दौरान वे अंतरिक्ष में 8 दिन 21 घंटे 44 मिनट रहे। जॉन ग्लेन का प्रस्तुत साक्षात्कार नासा के द्वारा उनकी अंतरिक्ष उड़ान एस.टी.एस.-95 के पहले लिया गया था। उनके साक्षात्कार के कुछ अंश यहाँ प्रस्तुत किए जा रहे हैं—

प्रश्न : एस.टी.एस.-95 के अंतरिक्ष यात्री जॉन ग्लेन, नीतभार विशेषज्ञ का साक्षात्कार, सीनेटर! हमारे बीच आने का धन्यवाद।

ग्लेन : यहाँ आकर मुझे बहुत प्रसन्नता हुई है, धन्यवाद!

प्रश्न : इसके पहले कि हम इस मिशन को आगे देखें, हम एक मिनट के लिए पीछे मुड़कर सन् 1958 को देखते हैं, जब आप और आपके साथी—मर्करी-7 का चयन किया गया था। आपने उस समय कैसा महसूस किया था? क्या यह एक सम्मान की बात

चित्र-1 : विश्व के सबसे वयोवृद्ध अंतरिक्ष यात्री जॉन ग्लेन

थी? क्या आप घबराए हुए थे या बहुत ज्यादा उत्साहित थे?

ग्लेन : मैं घबराया नहीं था, लेकिन चयन किए जाने से मैं बहुत खुश था। चयन की प्रक्रिया काफी प्रतिस्पर्धात्मक थी। नासा जिस प्रकार के लोगों को चाहता था, उसके लिए चयन प्रक्रिया निर्धारित कर दी गई थी। वे मिलिटरी के टेस्ट पायलट चाहते थे। वे ऐसे लोग चाहते थे, जो उच्चतम गति की फ्लाइंग कर चुके हों (और सुपरसॉनिक गति, यदि संभव हो)। दूसरे शब्दों में वे ऐसे लोगों को चाहते थे, जो आपातकालीन परिस्थिति

में सफलतापूर्वक कार्य कर चुके हों। मैं समझता हूँ कि इस तरह के लगभग 130 लोग थे, जो इस तरह की शर्तों को पूरा कर रहे थे तथा सभी टेस्ट पायलट स्कूलों में से थे।

प्रश्न : स्पुतनिक का प्रमोचन हो चुका था, अंतरिक्ष के क्षेत्र में हम पहले से ही सोवियत संघ से पीछे चल रहे थे तथा फिर आविर्भाव हुआ एक पीढ़ी के कर्णधारों का— मर्करी-7। क्या आपने किसी प्रकार की शीघ्रता का आभास किया (अंतरिक्ष के क्षेत्र में) जिससे कुछ सिद्ध किया जा सके?

ग्लेन : हाँ, हम लोगों ने किया और आप जानते हैं कि आज लोग पिछले समय को भूल गए हैं। हम एक उपग्रह अंतरिक्ष में स्थापित करने का प्रयास कर रहे थे और असफल रहे। सोवियत संघ ने प्रयास किया और वे सफल रहे। यह हमारे देश के लिए एक बड़ा झटका था। उसके बाद हम मानवयुक्त अंतरिक्ष कार्यक्रम के विषय में प्रयास करने लगे।

प्रश्न : प्रथम उड़ान के बाद जब आप वापस आए तो यह सोचा जा रहा था कि शायद आप का निर्धारण अंतरिक्ष में जाने के लिए पुनः किया जाए, लेकिन वह नहीं हुआ। बताएँ, क्या हुआ था?

ग्लेन : मैंने इस दिशा में प्रयास किया और अंत में मैं अन्य कार्यों में व्यस्त हो गया।

प्रश्न : जब आखिर में यह घोषित किया गया कि आप अतरिक्ष में पुनः जा रहे हैं तो आपकी क्या प्रतिक्रिया थी?

ग्लेन : मैं बहुत प्रसन्न था, क्योंकि मुझे आशा थी कि ऐसा ही होगा। शायद किसी ने ठीक सोचा कि विशिष्ट जाँच की दृष्टि से उम्र एक उपयोगी पहलू है, न कि अनुपयोगी। इसलिए यहाँ आकर मैं बहुत प्रसन्न हूँ और मैं अपने प्रशिक्षण में कड़ी मेहनत कर रहा हूँ। हम लोग सीनेट में सामान्यतया तीन से पाँच सप्ताह के लिए आते हैं। उसके बाद एक सप्ताह या 10 दिन के लिए अपने प्रांतों में चले जाते हैं तथा यहाँ पर ह्यूस्टन में मैं इन अवधियों के प्रति अभ्यस्त हो गया हूँ (विशेषकर इस वर्ष)। निस्संदेह अगस्त के इस पूरे महीने में सीनेट का सेशन नहीं चल रहा है, इसलिए मैं यहाँ पर हूँ।

प्रश्न : आपका अंतरिक्ष यात्री दल एक बहुत जटिल मिशन के लिए प्रशिक्षण ले रहा है, जिसकी समय-तालिका काफी सख्त है। संक्षिप्त में बताएँ कि यह कितना जटिल है तथा आपकी यह अंतरिक्ष उड़ान कितने यात्रियों की होने जा रही है?

ग्लेन : आपने अंतरिक्ष यात्री दल का जिक्र किया। यह बहुत ही प्रतिभाशाली लोगों का दल है और इस दल का सदस्य होने पर मैं अपने को सम्मानित महसूस करता हूँ। बहुत पहले जब मैं अल शेपर्ड, गस और बाकी सात अंतरिक्ष यात्री अंतरिक्ष में गए थे तो डॉक्टरों का अनुमान था कि कुछ मुश्किलें हो सकती हैं। उदाहरणार्थ, 'आई बाल'

का आकार परिवर्तित हो सकता है इत्यादि। अंतरिक्ष यान 'फ्रेंडशिप-7' (जिसमें बैठकर मैं अंतरिक्ष में गया), जो अब स्मिथ सोनियन म्यूजियम में रखा है, आप यदि उसके उपकरण के ऊपरी भाग को देखें तो वहाँ पर आँख का एक छोटा सा चार्ट अब भी लगा है, जिसमें कुछ लाइनें लिखी हैं। मुझे प्रत्येक 20 मिनट बाद वे लाइनें पढ़नी थीं। इस संबंध में विभिन्न डॉक्टरों के अलग-अलग अनुमान थे। ये सब उस समय की बातें थीं, लेकिन आज हमें पता है कि भावी अंतरिक्ष यानों का निर्माण कैसे किया जाए। इस उड़ान में अनेक वैज्ञानिक परीक्षण किए जा रहे हैं। मुझे पता नहीं है कि क्या यह वैज्ञानिक दृष्टि से सबसे ज्यादा संपन्न उड़ान होगी; लेकिन यह सच है कि यह लगभग उसी प्रकार की होगी। इसमें 83 प्रकार के विभिन्न प्रोजेक्ट ले जाए जा रहे हैं तथा उनमें से कुछ से मैं सीधे संबंधित रहूँगा। उनमें से एक प्रोटीन क्रिस्टल ग्रोथ परीक्षण है, जिसके अंतर्गत आप शुद्धता और आकार की दृष्टि से तीन गुना क्रिस्टल (पृथ्वी की तुलना में) अंतरिक्ष में विकसित कर सकते हैं।

प्रश्न : क्या आप महसूस करते हैं (इस उड़ान में मात्र अपनी उपस्थिति के कारण ही नहीं) कि आपकी यह उड़ान एस.टी.एस.-95 एक कड़ी है, जो मानवयुक्त अंतरिक्ष उड़ान को भविष्य से जोड़ती है, विशेषकर अंतरराष्ट्रीय अंतरिक्ष स्टेशन से।

ग्लेन : यह आखिरी उड़ान है, जिसके बाद अंतरिक्ष स्टेशन का कार्य प्रारंभ हो जाएगा। इस परियोजना में 16 विभिन्न देश कार्य करनेवाले हैं तथा यह देखना है कि अतीत की तुलना में हम कितने अच्छे तरीके से संगठित होकर कार्य कर पाएँगे। यह एक महान् वैज्ञानिक कार्य होनेवाला है।

प्रश्न : तो आप एक अंतरिक्ष यान की उड़ान पकड़नेवाले हैं, जो समय कैप्सूल के गैपों को भर देगा। आप इस विषय में क्या सोचते हैं?

ग्लेन : यह एक विचित्र बात थी तथा मैंने इस पर काफी विचार किया। एक समय बहुत स्पर्धा की बात थी और आज जिनके साथ हमारी स्पर्धा है (रूस), उनके साथ यहाँ ह्यूस्टन में हम प्रशिक्षण ले रहे हैं तथा उनके साथ अंतरिक्ष उड़ानों में जा रहे हैं।

प्रश्न : विशिष्ट अध्ययनों (जीरियाट्रिक्स) के विषय में कुछ बताएँ तथा इसमें आपकी क्या भूमिका होगी और इन चीजों के साथ आप अंतरिक्ष में कैसे दिखेंगे?

ग्लेन : पहले हम शरीर में प्रोटीन के उत्पादन के विषय में बात करेंगे, जिसका संबंध मांसपेशियों से होता है। इसलिए इस अध्ययन में मांसपेशियों का अध्ययन किया जाना आवश्यक और महत्त्वपूर्ण है। 65 वर्ष से अधिक के वृद्धजनों की मांसपेशी में शक्ति और भार कम होना शुरू हो जाता है। भले ही आप दैनिक व्यायाम करते हों। इस उड़ान में मेरे हाथ में कुछ आइसोटॉप इंजेक्शन के द्वारा लगाए जाएँगे तथा इसके बाद अगले 24 से 36 घंटे की अवधि में हमारे रक्त और मूत्र के नमूने लिये जाएँगे। इनका विश्लेषण इस

चित्र-2 : अपनी प्रथम अंतरिक्ष उड़ान (फ्रेन्डशिप-7) में जाने से पहले जॉन ग्लेन

आशय के लिए किया जाएगा कि मांसपेशी की क्षति का क्या कारण है ? आज 65 वर्ष से अधिक अमेरिकी व्यक्तियों की संख्या 340 लाख से अधिक है तथा आनेवाले पचास वर्षों में यह संख्या तिगुनी हो जाएगी। सन् 2050 के आसपास हमारे यहाँ 1,000 लाख लोग 65 वर्ष से अधिक उम्र वाले होंगे। हमारे समाज में तेजी से बढ़ रहे उन लोगों की संख्या है, जो 85 वर्ष या उससे अधिक वर्ष के हैं। यह ट्रेंड सारे विश्व में चल रहा है। आँकड़ों के आधार पर इन बातों का कारण यह है कि 65 वर्ष से अधिक उम्र वालों को नींद की समस्या है तथा ऐसा अनुमान है कि इनमें से एक-तिहाई लोगों को भीषण नींद की समस्या है तथा यह समस्या उनकी दैनिक गतिविधियों को बाधित करती है। इसके कारण कभी-कभी उनके जीवन की अवधि कम हो जाती है। इसलिए इस उड़ान में एक निद्रा के ऊपर

परीक्षण किया जाएगा, जो कि कुछ पहले की अंतरिक्ष उड़ानों में किए जा चुके हैं।

प्रश्न : जॉन, आप अद्भुत रूप से स्वस्थ हैं, लेकिन आप 77 वर्ष के हो चुके हैं। क्या आपको इस बात की चिंता है कि उड़ान के किसी भी भाग को झेल लेंगे, विशेषकर कक्षा की पावरित उड़ान के धक्के?

ग्लेन : बिलकुल नहीं; इसके विषय में मुझे कोई चिंता नहीं है। जब मैं यहाँ पहली ट्रिप के लिए आया तो मुझे सेंट्रीफ्यूग में प्रशिक्षण के लिए सैन एंटोनियो भेजा गया। जिस तरह से शटल या आरविटर का डिजाइन किया जाता है, उस तरह से यह निम्न गुरुत्व पर चलती है। (तुलना में जब हम अंतरिक्ष में जाने का प्रयास कर रहे थे)। मत भूलो कि आन-बोर्ड 83 परीक्षण हमारे साथ जा रहे हैं तथा सभी का डिजाइन समुचित तरीके से इस तरह किया गया है कि ये टूटें नहीं। इसलिए अंतरिक्ष के लिए किसी ऐसे उपकरण का डिजाइन नहीं करते, जिसे 8 या 9 या 10 गुरुत्व (पृथ्वी की भाँति) झेलना है, क्योंकि ऐसा आवश्यक नहीं होता है। जहाँ तक मेरी स्थिति की बात है, मैंने प्रत्येक भौतिक टेस्ट पास कर लिया है तथा मैं अपने जीवन में काफी स्वस्थ रहा हूँ। ऐसा मैं स्वास्थ्य की दृष्टि से सोचता हूँ।

प्रश्न : कुछ विशिष्ट कारणों से इस मिशन में दुनिया की नजरें आप पर टिकी हुई हैं। क्या आप कोई व्यक्तिगत दबाव महसूस करते हैं अथवा यह कि पहले के मैरीन फाइटर पायलट जॉन ग्लेन हैं (स्पेस सूट में), जो फिर से अंतरिक्ष में जा रहे हैं?

ग्लेन : मैं सोचता हूँ कि कुछ दबाव है, लेकिन ऐसा कभी नहीं हुआ है कि दबाव ने मेरे कार्य को प्रभावित किया हो। इस उड़ान की ओर लोगों का काफी ध्यान है तथा मैं इसके प्रति सचेत भी हूँ, निस्संदेह यह बात मेरे ध्यान में है। जब इस मिशन के विषय में जनवरी में घोषणा की गई तो मीडिया में काफी हलचल थी। लेकिन मुझे आश्चर्य है कि इस उड़ान में लोगों की काफी दिलचस्पी है। मैं इसमें डुबकी लगाना चाहता हूँ, क्योंकि मैं अंतरिक्ष में पुन: जा रहा हूँ। कुछ समय पहले मैंने पीछे के उन दिनों की चर्चा की थी, जब दबाव हुआ करता था (मर्करी कार्यक्रम के समय की बात)। आज जो भी 50 वर्ष या उससे अधिक उम्र का है, वह संभवत: उन दिनों को याद करता है।

प्रश्न : ऐसी क्या बात थी, जिसने चालीस वर्ष पहले आपको अंतरिक्ष यात्री बनने के लिए प्रेरित किया?

ग्लेन : मेरे पिता पायलट नहीं थे, लेकिन एक बार हम एक पायलट को वॉच कर रहे थे, जो लोगों को राइड के लिए ले जाता था। यह था पुराना 'वाको' वायुयान; जिसका काकपिट खुला रहता था। एक बार मैं अपने डैड के साथ (जब मैं संभवत: नौ वर्ष का रहा हूँगा) अगल-बगल बैठकर उड़ा। वायुयान ने कैंब्रिज (ओहियो) के चक्कर लगाए, जहाँ पर मेरा जन्म हुआ था तथा उसी के पास हम रहते थे। मुझे उड़ान में बड़ा मजा आया

चित्र-1.3 : राष्ट्रपति बराक ओबामा के साथ अंतरिक्ष कार्यक्रम की चर्चा करते हुए जॉन ग्लेन।

तथा बच्चे के रूप में मैंने वायुयान का एक मॉडल बनाया। जब मैं कॉलेज में था तो वहाँ पर एक कार्यक्रम था। (सिविलियन पायलट ट्रेनिंग), जिसके हम पायलट का लाइसेंस प्राप्त कर सकते थे (यह बात द्वितीय विश्वयुद्ध के पहले की है।) मेरे पास प्राइवेट पायलट का लाइसेंस तथा 50-60 घंटे की उड़ान का अनुभव (छोटे से टेलोक्राफ्ट वायुयान के द्वारा) था तथा मुझे क्लब फ्लाइंग का भी अनुभव था। उसके बाद मैं कॉलेज छोड़कर मिलिटरी फ्लाइट ट्रेनिंग में चला गया। वहाँ पर मैं मैरीन कार्प्स में फाइटर पायलट के रूप में 23 वर्ष रहा। मुझे फ्लाइंग पसंद है। जब मैं टेस्ट पायलट ट्रेनिंग के दौर से गुजरा तो मैं वह ड्यूटी लगभग साढ़े तीन वर्ष तक करता रहा। उसके बाद मैं कोरिया युद्ध में ड्यूटी पर चला गया। जब मैं फ्लाइंग ट्रेनिंग लेकर लौट रहा था तो अंतरिक्ष कार्यक्रम प्रारंभ हो रहा था। वे लोग स्वेच्छकों (वालंटियर्स) की तलाश में थे। मैंने भी अपना नाम दे दिया तथा सौभाग्यशाली था कि मेरा चयन हो गया। मेरी प्रगति के ये ही चरण थे, जिससे मैं अंतरिक्ष कार्यक्रम से जुड़ गया।

प्रश्न : आप सोचते हैं कि आपके मस्तिष्क में क्या बात चलेगी, जब प्रमोचन के प्रारंभिक सेकेंड प्रारंभ होंगे। क्या आप ऊपर देखकर कहेंगे 'अल, गस, डेके (ये प्रारंभ के कुछ विख्यात अंतरिक्ष यात्रियों के नाम हैं)—यह आपके लिए' अथवा उड़ान के समय आपके मस्तिष्क में क्या बात चल रही होगी?

ग्लेन : मैं निश्चित तौर पर कह सकता हूँ कि कुछ दार्शनिक विचार मेरे मस्तिष्क में आएँगे और ऐसा होना भी चाहिए, क्योंकि यह एक बड़ी घटना होगी। लेकिन हम अपना ध्यान केंद्रित करेंगे उस लक्ष्य की ओर, जिसके लिए हम अंतरिक्ष में जा रहे

होंगे। निस्संदेह प्रमोचन के समय की कार्यवाही तथा नियमावली का अनुकरण तो करना पड़ेगा। हम चौकन्ने रहेंगे और हर चीज पर नजर रखेंगे, जो घटित हो रही होगी। हम फ्लाइट कमांडर कर्ट और पायलट स्टीव लिंडसी की उद्घोषणाओं को सावधानी से सुनेंगे। मिशन के प्रत्येक पहलू पर ध्यान देंगे और शून्य गुरुत्व में पहुँचने का इंतजार कर रहे होंगे।

कई हजार वर्षों से लोगों की उत्सुकता बनी हुई है कि ऊपर क्या है। हम अपने जीवन काल में वहाँ जा रहे हैं तथा अपने जीवन काल में इस नई प्रयोगशाला (अंतरराष्ट्रीय अंतरिक्ष स्टेशन) का प्रयोग करेंगे। यह बड़ा ही सौभाग्यशाली क्षण और इतिहास की एक महान् घटना होगी कि हम इस प्रकार के कार्यों में भाग लेंगे।

इकोलॉजी.काम के द्वारा लिया गया जॉन ग्लेन का एक अन्य साक्षात्कार

प्रश्न : आप अपने जीवन में विशिष्ट पदों पर आसीन रहे हैं तथा अनेक राष्ट्रपतियों—केनेडी, जॉनसन और क्लिंटन से मिल चुके हैं। क्या आप एक वाक्य में बतला सकते हैं कि उनके साथ आपका अनुभव कैसा रहा तथा उन्होंने आप पर क्या छाप छोड़ी ?

ग्लेन : अरे, यह बहुत मुश्किल चीज होती है, जब महान् लोगों के विषय में विचार बहुत संक्षिप्त रूप में बताने होते हैं। जो भी अमेरिका का राष्ट्रपति बनता है, बहुत ही योग्य व्यक्ति होता है और साथ-ही-साथ बहुत जटिल होता है। यह मुश्किल काम होगा, यदि मैं आपके दोस्तों से एक वाक्य में आपके विषय में या आप में से किसी के विषय में वर्णन करने के लिए कहूँ।

लोगों ने मुझसे राष्ट्रपति केनेडी के विषय में विशेषकर इसलिए पूछा है कि मैं उन्हें काफी नजदीक से जानता हूँ। लोगों ने बॉबी केनेडी के विषय में भी पूछा है। उनकी (केनेडी) और सभी महान् लोगों की खास बात होती है कि उनकी दिलचस्पी सभी चीजों में होती है।

रॉकेट इंजीनियर वर्नर वॉन ब्राउन हंसविले केंद्र चला रहे थे तथा सब यही सोचते थे कि वे महान् रॉकेट विशेषज्ञ थे और वे थे भी। उन्होंने हमें अपने यहाँ डिनर पर आमंत्रित किया था। मैंने सोचा कि जब वे मुझे अपने पुस्तकालय में ले जाएँगे तो वह केवल गणित की पुस्तकों से भरा होगा। मैंने वहाँ आसपास देखा, वहाँ इंजीनियरिंग की बहुत कम पुस्तकें थीं। उनके पास अधिकांश पुस्तकें धर्म और तुलनात्मक धार्मिक दर्शनशास्त्र की थीं। उनकी साहित्य में भी काफी रुचि थी, लेकिन जब उनसे दर्शनशास्त्र की बातें करते तो उन्हें बड़ी खुशी होती थी। उन्हें लगभग प्रत्येक विषय में दिलचस्पी थी।

अधिकांश लोग, जो जीवन में बड़ी-बड़ी उपलब्धियाँ हासिल कर लेते हैं, वे एक

समान होते हैं। अपनी उड़ान के पहले मुझे राष्ट्रपति केनेडी को ब्रीफ्रिंग देनी थी। मैं उनके पास यह सोचकर गया कि वे सभी विस्तृत विवरण शायद जानना पसंद नहीं करेंगे। इसलिए मैंने उन्हें सभी योजनाएँ सामान्य रूप से समझाईं, लेकिन उन्होंने (राष्ट्रपति ने) विस्तृत विवरण वाले प्रश्न पूछे।

थोड़े समय बाद मैंने कहा, ''मिस्टर प्रेसीडेंट, आप शायद इसके विषय में अधिक विस्तृत रूप से जानना चाहते हैं, मैं इसकी तैयारी उस तरह से करके नहीं आया हूँ। अगर आप कहें तो मैं कुछ सप्ताह बाद मॉडलों के साथ आपके समक्ष उपस्थित हो जाऊँगा, फिर इस पर हम विस्तृत रूप में चर्चा कर सकेंगे। वे वैसा ही करना चाहते थे। मुझे प्रशिक्षण से छुट्टी दी गई, जिससे मैं मॉडलों के साथ (जिन्हें कैबिनेट रूम में एक मेज पर लगाया गया) राष्ट्रपति के सम्मुख उपस्थित हो सकूँ। मैं ब्लू प्रिंट और हर चीज साथ ले गया। उन्हें बड़ी दिलचस्पी थी और उड़ान के बाद वे केप केनेवेरल आए, जहाँ पर हमारा अंतरिक्ष यान था। उन्होंने कहा, ''उड़ान में यह कैसे काम करता है, क्योंकि आपने मुझे अनेक-अनेक चीजें बताई हैं।'' इस प्रकार अधिकांश लोग जो जीवन में काफी कुछ हासिल कर चुके होते हैं, उन्हें हर चीज में दिलचस्पी होती है।

प्रश्न : आपने सीनेट में क्या सीखा, जो आज के नवयुवकों के लिए उपयोगी होगा?

ग्लेन : वहाँ पर भिन्न-भिन्न प्रकार की अनेक चीजों पर चर्चा होती है। मैं समझता हूँ कि आज के नवयुवक को अपनी शिक्षा को अधिक-से-अधिक विस्तृत करने का प्रयास करना चाहिए, जिससे कि वे केवल एक ही क्षेत्र तक सीमित नहीं रहें। मैं कह रहा हूँ, 'मेहनत से अध्ययन करो तथा स्कूल में अच्छा करो', लेकिन यह इतना सही है कि विस्तृत बैकग्राउंड मेरे लिए काफी मूल्यवान रही, जब मैं सीनेट गया। सीनेट उन सभी चीजों को डील करती है, जो इस देश का निर्माण करती हैं तथा ये चीजें हैं— म्यूनिसिपल स्टेट एवं अंतःस्टेट विषय, राज मार्ग, फॉर्मिंग, निर्माण (मैन्यूफैक्चरिंग), वाणिज्य और अंतरराष्ट्रीय व्यापार। इस तरह इस देश में कुछ भी ऐसा नहीं है, जिसे सीनेट या कांग्रेस में आपका वोट प्रभावित न कर सके।

प्रश्न : एक सीनेटर के रूप में आपके कैरियर की बुलंदियाँ और निम्न बातें क्या रही हैं?

ग्लेन : चूँकि मैं दो महायुद्धों से गुजर चुका हूँ। इसलिए मैं इसकी कल्पना नहीं कर सकता हूँ कि एक न्यूक्लियर युद्ध कितना भयावह होगा। जब मैं सीनेट गया तो मैंने शिक्षा के क्षेत्र के कुछ बिलों को सपोर्ट दिया तथा पर्यावरण के क्षेत्र में भी सपोर्ट किया।

प्रश्न : यूँ ही बताएँ कि क्या आपके पास जीवन जीने के लिए कोई खास मकसद या लक्ष्य या महत्त्वपूर्ण कहावत है?

ग्लेन : मेरे पास ऐसा कोई लक्ष्य या मकसद नहीं है, लेकिन अनेक लोग हैं, जिन्हें मैं पसंद करता हूँ। विन्स्टन चर्चिल ने कहा था, ''आप अपनी जीवन शैली उस चीज से बनाएँ, जो आपको मिली हुई है तथा अपना जीवन उस चीज से बनाएँ जो आप दूसरों को देते हैं।'' मैंने हर समय सोचा कि वही अच्छा था। कोई भी व्यक्ति अपने अंदर एक टापू की तरह प्रचालित नहीं रह सकता है। हम सभी लोग अन्य लोगों के साथ भी डील करते हैं तथा दूसरों की मदद करने की इच्छा रखना एक महान् गुण है। शेक्सपीयर का भी एक उद्धरण है, जिसे मैं बहुत पसंद करता हूँ तथा मैंने इसे कई बार उद्धृत किया है, मेरी बेटी ने घर की दीवार पर लिख दिया है, जो यह कहता है, ''हमारी शंकाएँ ही हमारी दुश्मन होती हैं, जो हमें कमजोर बना देती हैं, हम इन पर विजय पा सकते हैं, लेकिन प्रयास करने में (शंकाओं के कारण) डरते हैं।''

मैंने रैल्फ वैल्डो इमर्सन को हमेशा पसंद किया है, विशेषकर उनके कुछ लेखनों को। आपने शायद इनको अपनी साहित्य की कक्षा में अवश्य पढ़ा होगा, लेकिन यदि नहीं तो मुझे आशा है कि आप ग्रेजुएट होने से पहले पढ़ लेंगे। इमर्सन ने एक लेख लिखा था, जो मुझे बहुत पसंद था, मैंने इसे कई बार अपने भाषणों को समाप्त करने में उद्धृत किया है। इमर्सन ने कहा है, ''यदि कोई ऐसा युग है, जिसमें कोई जन्म लेना चाहेगा तो यह आंदोलन का युग नहीं होगा जब नए और पुराने साथ-साथ खड़े होंगे तथा तुलना की अभिलाषा रखेंगे और जब मानव की ऊर्जाओं की खोज भय एवं आशा से की जाएगी तथा जब प्राचीन की ऐतिहासिक कीर्ति की भरपाई नए युग की धनाढय संभावनाओं से की जाएगी। अन्य कालों की भाँति यह बहुत अच्छा होगा, बशर्ते कि हमें यह पता हो कि हम इससे क्या करनेवाले हैं।''

मैं समझता हूँ कि यह बहुत तर्कसंगत है और यहाँ तक कि हमारे समय के लिए भी, जितना यह 19वीं सदी के लिए था, जब इमर्सन ने इसे लिखा था।

प्रश्न : क्या आपकी स्मृति में कुछ फिल्में हैं, जिन्हें आप प्रेरणादायक समझते हैं?

ग्लेन : हाल में मैंने कोई फिल्म नहीं देखी है। लोग मुझसे यह प्रायः पूछते हैं कि क्या मैं अंतरिक्ष से संबंधित फिल्में देखता हूँ। 'दी राइटस्टफ' फिल्म ने चीजों का प्रतिनिधित्व आशानुरूप नहीं किया। इसलिए मैं इसकी पैरवी नहीं करता हूँ। वास्तव में सर्वोत्तम अंतरिक्ष फिल्म 'अपोलो' है, क्योंकि यह उसी तरह की है, जिस तरह से यह घटित हुआ; यह एक डॉक्यूमेंटरी है। जिम लोवेल मेरे अच्छे दोस्त हैं, वे एक तकनीकी सलाहकार हैं।

प्रश्न : अंतरिक्ष कार्यक्रम के भविष्य के संदर्भ में आपकी क्या आशाएँ हैं? क्या उनको हम लोग अपने जीवन में साकार होते देख सकेंगे?

ग्लेन : मैं समझता हूँ कि इस समय हम लोग अंतरराष्ट्रीय अंतरिक्ष स्टेशन के

साथ सही दिशा में चल रहे हैं। अनेक राष्ट्रों के अपने-अपने कार्यक्रम हैं। वर्तमान में 16 राष्ट्र इस स्टेशन के निर्माण में सहयोग कर रहे हैं, जो पूर्ण होने के करीब है। अमेरिकी और रूसी नोड ऊपर पहुँच चुके हैं। एक साल हो चुका है, जो बेलनाकार रूप में स्टेशन से जुड़े हुए हैं। जापान भी अपना अलग नोड लगाएगा।

संपूर्ण परियोजना लगभग 4 वर्ष में पूरी होगी। वहाँ पर यह लंबे समय के लिए होगा तथा वहाँ पर मूल रूप से अनुसंधान कार्य किया जाएगा। हमारी शटल अंतरिक्ष यात्रियों, उपकरण और सामान के साथ अंतरिक्ष स्टेशन में आया-जाया करेगी।

प्रश्न : आप इस विषय में क्या सोचते हैं कि एक छोटे से कस्बे में आपके लालन-पालन ने आपके जीवन को प्रभावित किया?

ग्लेन : इस बात ने काफी प्रभावित किया, लेकिन इसका मतलब यह कदापि नहीं है कि बड़े शहरों में आपका लालन-पालन नहीं हो सकता है अगर आप बड़े आदमी नही हैं। ऐसा आप कर सकते हैं। लेकिन मैं सोचता हूँ कि एक कस्बे में लालन-पालन होना एक आदर्श की बात है, क्योंकि इससे हमें प्रारंभिक दिनों से ही अपने पैरों पर खड़े होने की आदत पड़ जाती है। मैं समझता हूँ कि मेरे लिए वह बहुत सुखद क्षण था। हम लोग (अपने कस्बे में) अपने निर्णय स्वयं लेते थे तथा कस्बे में हर व्यक्ति हमें जानता था। यह एक छोटा कस्बा था, जहाँ पर लगभग 1,200 लोग रहते थे तथा एक हजार विद्यार्थी मुस्किंगम कॉलेज में थे।

प्रश्न : इतनी महान् उपलब्धियों के साथ आपकी भविष्य की क्या योजनाएँ हैं?

ग्लेन : मैं नहीं समझता हूँ कि इन चीजों का कोई अंत है। मैं वैसा व्यक्ति नहीं हूँ, जो कभी रिटायर होने अथवा खाली बैठने के विषय में सोचता हो।

प्रश्न : क्या आप कुछ और कहना चाहेंगे?

ग्लेन : मैं कहना चाहूँगा कि मुझे आशा है, आपको सरकार, राजनीति और सार्वजनिक सेवा में दिलचस्पी है तथा अपने जीवन का कुछ भाग आप इसमें लगाना पसंद करेंगे। निस्संदेह आप विशिष्ट हैं, नहीं तो इन बातों के लिए साक्षात्कार का समय आप न निकालते। इसलिए मैं आपको बधाई देता हूँ तथा आशा करता हूँ कि सार्वजनिक मुद्दों में आपकी दिलचस्पी रहेगी।

□

2

डॉ. स्टोरी मुसाग्रेव : सभी अमेरिकी स्पेस शटलों से यात्रा कर चुके एकमात्र अंतरिक्ष यात्री

डॉ. फ्रैंकलिन स्टोरी मुसाग्रेव पेशे से एक डॉक्टर हैं तथा अमेरिकी अंतरिक्ष संस्था नासा के अंतरिक्ष यात्री हैं। उनका जन्म 19 अगस्त, 1935 को मैसाचुसेट्स के बोस्टन में हुआ। उन्होंने सन् 1958 में सैराक्यूज विश्वविद्यालय से गणित और सांख्यिकी में बी.एस. डिग्री, सन् 1959 में कैलीफोर्निया विश्वविद्यालय से एम.बी.ए. की डिग्री, सन् 1960 में मैरिएट्टा कॉलेज से बी.ए. की डिग्री, सन् 1964 में कोलंबिया विश्वविद्यालय कॉलेज ऑफ फिजीशियन एंड सर्जन से एम.डी. की डिग्री, सन् 1966 में केंटुकी विश्वविद्यालय से जैविक विज्ञान (फिजियोलॉजी) और जैव भौतिकी में एम.एस. की डिग्री तथा सन् 1987 में ह्यूस्टन विश्वविद्यालय क्लीयर लेक से साहित्य में एम.ए. की डिग्री प्राप्त की। अमेरिकी अंतरिक्ष संस्था नासा में उनका महान् योगदान रहा है तथा 4 अप्रैल, 1983 से 7 दिसंबर, 1996 के बीच वे 6 बार स्पेस शटल से अंतरिक्ष में गए। वे एकमात्र अकेले व्यक्ति हैं, जो अमेरिका की सभी स्पेस शटलों से अंतरिक्ष यात्रा कर चुके हैं। उन्होंने दो बार स्पेस शटल चैलेंजर (उड़ान संख्याएँ एस.टी.एस.-6 एवं एस.टी.एस.-51 ए), एक बार स्पेस शटल डिस्कवरी (उड़ान संख्या एस.टी.एस.-33) से, एक बार स्पेस शटल अटलांटीस (उड़ान संख्या एस.टी.एस.-44) से, एक बार स्पेस शटल एंड्यौर (उड़ान संख्या एस.टी.एस.-61) से तथा एक बार स्पेस शटल कोलंबिया (उड़ान संख्या एस.टी.एस.-80) से अंतरिक्ष यात्राएँ कर चुके हैं। डॉ. स्टोरी मुसाग्रेव ने अपना यह साक्षात्कार 'एकेडेमी ऑफ अचीवमेंट्स' को दिया।

चित्र–2.1 : अमरीका की सभी स्पेस शटलों से अंतरिक्ष यात्रा कर चुके विश्व के प्रथम अंतरिक्ष यात्री डॉ. स्टोरी मुसाग्रेव

प्रश्न : जो आज आप हैं, वह बनने का विचार आपको कब आया?

मुसाग्रेव : अंतरिक्ष ने मुझे काफी आकर्षित किया है। यह उस समय हुआ जब नासा ने उन लोगों को अंतरिक्ष में भेजने में दिलचस्पी दिखाई, जो मिलिटरी के टेस्ट पायलटों से हटकर कुछ अन्य थे। जब मैं मैरीन कार्प्स में कोरिया में था तो मैंने हाई स्कूल

से ग्रेजुएशन प्राप्त नहीं किया था, इसलिए मैं फ्लाई नहीं कर सकता था। इस तरह मैं मिलिटरी टेस्ट पायलट नहीं था। लेकिन जब नासा ने वैज्ञानिकों को अंतरिक्ष में भेजने के प्रति रुचि दिखाई तो मुझे एक अचानक अवसर प्राप्त हुआ। मुझे लगा कि जीवन में मैंने जो कुछ भी किया है, वह सब इस अभियान में उपयोग में लाया जा सकता है और यह सब ठीक तरह से हुआ।

प्रश्न : पहली बार अंतरिक्ष में जाने पर आपको कैसा लगा?

मुसाग्रेव : मुझे जो मिला, मैंने वह ग्रहण कर लिया। 3 वर्ष की उम्र से एक हजार एकड़ के डेयरी फार्म में जीवन बिताते हुए प्रकृति ही मेरी दुनिया बन गई थी। एक तीन साल के बच्चे के रूप में भी रात के अँधेरे में 7-8 बजे शाम को भी मैं जंगल में चला जाता था। जंगल, नदियाँ सब मुझे घर जैसे लगते थे। सूर्यास्त के बाद ठंडे अंधकारपूर्ण खेतों में जीवन गुजारते हुए आसमान की ओर देखते रहना ही मेरी दुनिया बन गई।

प्रश्न : क्या आपके बचपन में किसी धनात्मक प्रभाव का कोई अनुभव कभी रहा?

मुसाग्रेव : सभी घटनाएँ, जिन्हें मैं याद करता हूँ, वे एक धनात्मक अनुभव थे तथा मुझे वे अनुभव इस मुकाम पर लाए, जहाँ पर मैं आज हूँ।

जिस प्रकार से आप भूतकाल को याद करते हैं उससे तो यही लगता है कि आप भविष्य के प्रति एक आशा रखते हैं। जिस भविष्य को आप देख रहे हैं, उसमें यदि आशा नहीं है, क्षमता नहीं है तो आप भूतकाल को देखते हैं, जो आपको यहाँ तक लाया; तो ऐसा चिंतन अच्छा नहीं होता है। मेरे लिए ये सभी चीजें साधन की तरह थीं।

प्रश्न : जब आप बड़े हो रहे थे तो क्या कोई व्यक्ति था, जिससे आप प्रेरित हुए?

मुसाग्रेव : जब मैं छोटा था तो मैंने आइसोलेशन में जिंदगी गुजारी। हमारे पास हजार एकड़ का फार्म था और वहाँ कोई भी विजिटर नहीं आता था। या तो वहाँ आने की अनुमति नहीं थी अथवा उस पर्यावरण में कोई आने की हिम्मत नहीं करता था। इस तरह मैं कह सकता हूँ कि वहाँ मैं और ब्रह्मांड थे, जो एक-दूसरे से बातें करते थे।

प्रश्न : अपने अध्यापक के विषय में भी कुछ बताएँ?

मुसाग्रेव : जीव विज्ञान के हमारे अध्यापक फ्रेडरिक एविस थे, जो एक महान् व्यक्ति थे। एक युवा के रूप में मैंने कुछ सर्जरी के कार्य किए तथा जीव विज्ञान में कुछ अच्छे अनुसंधान कार्य किए।

प्रश्न : हब्बल अंतरिक्ष दूरबीन की मरम्मत के विषय में बताएँ? ऐसा लगता है कि इसके लिए आप के ऊपर काफी दबाव था?

मुसाग्रेव : बाह्य दाबों का कभी भी मेरे ऊपर दबाव नहीं रहा। मैं समझता हूँ कि अगर हम हब्बल अंतरिक्ष दूरबीन की मरम्मत अंतरिक्ष में न करते तो यह अंतरिक्ष स्टेशन

(जिसका निर्माण कार्य सन् 1998 से अंतरिक्ष में चल रहा है) का अंत हो जाता। इसका कारण यह है कि अंतरिक्ष स्टेशन के असेंबली कार्यों में अनेक स्पेस वॉकों (अंतरिक्ष यान से बाहर निकलकर मुक्त अंतरिक्ष में आना तथा अनेक प्रकार के कार्य, जैसे रिपेयर, उपग्रहों का डिप्लॉयमेंट इत्यादि करने को स्पेस वॉक कहते हैं) की आवश्यकता पड़ती है। मैं समझता हूँ कि स्पेस वॉकों के टेस्ट केस की भाँति हब्बल अंतरिक्ष दूरबीन का उपयोग कारगर सिद्ध हुआ।

प्रश्न : हब्बल अंतरिक्ष दूरबीन की मरम्मत में सबसे बड़ा चुनौतीपूर्ण कार्य क्या था?

मुसाग्रेव : सबसे मुश्किल काम था 'सौर किरण ड्राइव इलेक्ट्रॉनिकी का रिप्लेसमेंट'। मूलतः हम एक इलेक्ट्रॉनिकी बक्से को रिप्लेस कर रहे थे, लेकिन इसमें कुछ थोड़े से कनेक्शन भी होते हैं, जैसे आपके पर्सनल कंप्यूटर में तथा इन सबके खोलने में कुछ छोटे-छोटे स्क्रू प्रयोग होते हैं, जो 2-3 मिलीमीटर के आकार के होते हैं। उन्हें ढीला करके बाहर निकालना था, जिससे नया बक्सा लगाया जा सके। सूक्ष्म गुरुत्व में टूल्स एक स्थान पर पड़े नहीं रहते हैं, बल्कि वे डांस करते हुए तैरते रहते हैं। ये 2-3 मिलीमीटर वाले स्क्रू डिब्बे से निकलकर तैरने लगे।

प्रश्न : आपके पास गर्व करने के लिए यह उपलब्धि है कि आप एकमात्र अकेले व्यक्ति हैं जो सभी 5 स्पेस शटलों से यात्रा कर चुके हैं?

मुसाग्रेव : सभी स्पेस शटलों के द्वारा फ्लाई करने से मैं कोई गर्व महसूस नहीं करता हूँ और न ही अंतरिक्ष में बहुत वयोवृद्ध होने पर गर्व करता हूँ। मुझे इस बात पर भी गर्व नहीं है कि मैंने अनेक चीजें की हैं। ये चीजें इस बात से संयोग रखती हैं कि अंतरिक्ष मेरी जीविका है। मैंने केवल मात्र 7-8 साल ही ये काम करके नहीं छोड़ दिया है (जो कि औसत समय होता है), बल्कि इसे मैंने अपनी जीविका के रूप में अपना लिया है। मैंने इसे अपनी पहचान के साथ बाँध लिया है। यह बचपन से ही मेरे अंदर समाया हुआ है तथा यह मेरी आध्यात्मिक प्यास है। अगर मैं संख्या के रूप में आधा भी प्राप्त कर लेता हूँ तो भी यह (अंतरिक्ष) मेरी जीविका (कालिंग) रहेगी—चाहे मैं तीन बार या छह बार अंतरिक्ष में जाता या केवल एक ही शटल से अथवा सभी शटलों से यात्रा करता; जो भी मैंने प्राप्त किया है, उसमें महत्त्वपूर्ण बात यह है कि यह मेरी 30 साल की जीविका से मेल खाता है।

प्रश्न : आप अनेक लोगों के लिए प्रेरणा-स्रोत रहे हैं। आपके क्षेत्र के अधिकांश लोग जब आपकी उम्र तक पहुँचे तो वे उस क्षेत्र को छोड़ चुके थे (जिस पर आप अब भी चल पड़े हैं)।

मुसाग्रेव : हाँ, अधिकांश लोग छोड़ देते हैं। कुछ लोग 30 वर्ष तक तो कुछ 40

तक पहुँचकर छोड़ते हैं। मेरे लिए यह एक सुखद क्षण रहा है। मैं समझता हूँ कि मेरे सहयोगियों के लिए यह आशा का स्रोत रहा है। वे देखते हैं कि मेरे लिए '60 के दशक का जीवन अधिक बेहतर है। इसके अलावा मैं अंतरिक्ष में अपने को बेहतर पाता हूँ। जिन लोगों ने मुझे कई दशकों से देखा है, वे मुझे अच्छे तरह से जानते हैं।

प्रश्न : स्पेस शटल चैलेंजर की दुर्घटना से शायद आपको व्यक्तिगत रूप से काफी आघात पहुँचा होगा?

मुसाग्रेव : मुझे स्पेस शटल के जोखिमों का हर समय आभास रहा है। ये जोखिम काफी बड़े होते हैं। बिना पलायन क्षमता (इस्केप कैपेबिलिटी) के अंतरिक्ष में भेजा जानेवाला यह अंतरिक्ष यान है तथा इसका भान मुझे शुरू से ही था।

प्रश्न : अपने परिवार और अपनी जीविका (कालिंग अर्थात् अंतरिक्ष प्रेम) के बीच संतुलन बनाने में आपको कभी कोई परेशानी आई?

मुसाग्रेव : यह एक संतुलन प्रक्रिया है तथा इसमें कोई शक की बात नहीं है। यह एक मायावी दुनिया है। प्राथमिकताओं का विषय है तथा यह प्रत्येक व्यक्ति को फिट रखता है। जब मैं पीछे मुड़कर देखता हूँ तो कभी-कभी सोचता हूँ कि क्या मैं चीजों को भिन्न रूप में कर सकता था तथा वैसे करने में संतुलन भी शायद भिन्न प्रकार का होता। अन्य प्रोफेशनलों की भाँति आपका भी बहुमूल्य समय परिवार के साथ प्रयोग में खत्म होता रहता है तथा इसमें किसी तर्क की आवश्यकता नहीं होती है। इसके विपरीत मैंने अपने परिवार के साथ अच्छा समय गुजारा। यह इस तरह का नहीं था कि मैं टेलीविजन देख रहा हूँ और मेरे पास आपके लिए समय नहीं है।

प्रश्न : आपकी दृष्टि में अमेरिकी स्वप्न का क्या मतलब है?

मुसाग्रेव : हम लोग एक भिन्न कल्चर से आए। हम लोगों का जन्म अन्वेषणों के बीच हुआ, हम लोगों का जन्म अभियानों, समतल मैदानों और पहाड़ों में हुआ। इस तरह आप यदि अभियानों को देखें, अन्वेषणों को देखें तथा प्रकृति में विलीन हो जाने को देखें तो लगता है कि अंतरिक्ष उड़ान हम में समाहित है।

प्रश्न : जब आप अंतरिक्ष में होते हैं तो क्या वहाँ एकांतपन महसूस करते हैं?

मुसाग्रेव : मैं पृथ्वी को मिस नहीं करता हूँ। मैं चंद्रमा पर नहीं गया हूँ, जहाँ से पृथ्वी अँगूठे के निशान (थंबनेल) के बराबर दिखाई पड़ती है। पृथ्वी शक्तिशाली है तथा यह हम सब को भलीभाँति अपने में सँजोए हुए है। मुझे अंतरिक्ष में खाने की चिंता नहीं होती। मैं सीधे उन चीजों को खा लेता हूँ, जो पेट में सीधे जाकर फिर पानी में परिवर्तित (रिहाइड्रेटेड) हो जाती हैं। अंतरिक्ष में जो भी मुझे खाली सेकेंड मिलता है, उसमें मैं सीधे शटल की खिड़की में जाता हूँ और अपनी पृथ्वी की ओर देखता रहता हूँ। इसका नैसर्गिक सौंदर्य, आकार, सुंदरता और पैटर्न मुझे आकर्षित करते हैं।

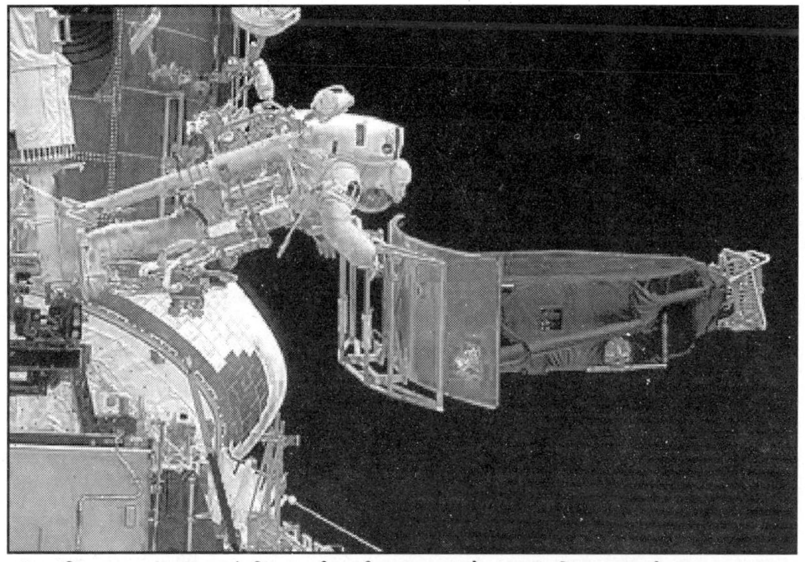

चित्र-2.2 : हब्बल अंतरिक्ष दूरबीन की मरम्मत (स्पेस शटल मिशन एस.टी.एस.-61) के समय स्पेस वॉक करते हुए अंतरिक्ष में डॉ. स्टोरी मुसाग्रेव।

प्रश्न : एक बच्चे के रूप में आपको कौन सी पुस्तकें महत्त्वपूर्ण लगी थीं?

मुसाग्रेव : बच्चे के रूप में मैंने कभी भी केवल अकेली पुस्तक नहीं पढ़ी। वैसे भी बच्चे के रूप में नहीं पढ़ता था। मैं फार्म में कार्य करता था। उस समय मेरी पुस्तकें केवल कक्षा में होती थीं।

प्रश्न : बाद में आपके लिए कौन सी पुस्तकें महत्त्वपूर्ण हो गईं?

मुसाग्रेव : निस्संदेह बाद में पुस्तकों के प्रति मेरी दिलचस्पी बढ़ी। एक पुस्तक हर समय मेरे पास होती थी। सामान्यतया मुझे पढ़ने में दिलचस्पी थी। साहित्य मेरा पहला पसंदीदा विषय रहा है, जिसे मैं सबसे अधिक पढ़ता था।

प्रश्न : आपने बताया है कि 19वीं सदी के कुछ अमेरिकी लेखकों से आपके अच्छे संबंध रहे हैं। आपकी दृष्टि में इमर्सन और थोरू जैसे लेखकों का क्या महत्त्व था?

मुसाग्रेव : इमर्सन और थोरू दोनों ही और विशेषकर मैं स्वयं भी व्हिट्मैन एवं भावातीत पुरुष; सभी ने प्रकृति में भगवान् को ढूँढ़ने का प्रयास किया। उनका अध्यात्म प्रकृति में निहित था। यद्यपि इमर्सन पुरोहित थे, लेकिन उन्होंने भी प्रकृति में ही भगवान् से सीधा संपर्क का रास्ता निकाला।

प्रश्न : आप स्वयं भी एक कवि हैं। कविता और अंतरिक्ष में क्या संबंध है?

मुसाग्रेव : मैं समझता हूँ कि अंतरिक्ष के अनुभव को इस प्रकार से संबोधित किया जाए, जिससे यह ठीक से स्पष्ट हो सके कि संबोधनकर्ता के मस्तिष्क और हृदय में क्या

है। अंतरिक्ष का अधिकांश इतिहास कर्म एवं सेक्शन के रूप में संबोधित किया गया है कि लोग क्या करते हैं तथा घटित घटनाक्रम को एक समुचित क्रम में बद्ध करना।

प्रश्न : अब आज हम अंतरिक्ष को एक फ्रंटियर के रूप में सोचने की आदत के शिकार हो गए हैं, लेकिन उस अनुभव को तब्दील करके लोगों तक पहुँचाना (जो अंतरिक्ष में कभी नहीं गए हैं) भी एक अपने आप में ही फ्रंटियर बन गया है, क्योंकि इसे पहले किसी ने नहीं किया।

मुसाग्रेव : किसी ने ऐसा नहीं किया है, लेकिन अपनी आजीविका (अर्थात् अंतरिक्ष) के रूप में ऐसा करना यथोचित है।

प्रश्न : अंतरिक्ष में शयन प्रक्रिया के विषय में कुछ बताएँ। आपका अपना अनुभव इस संदर्भ में कैसा रहा?

मुसाग्रेव : मेरा वहाँ निद्रा का अनुभव बेहतर रहा। अंतरिक्ष में आपको सोते समय पृथ्वी के समान पीठ से बिस्तर का स्पर्श अनुभव छोड़ना पड़ेगा। यहाँ केवल रात ही नहीं होती। प्रत्येक डेढ़ घंटे में सूर्य ऊपर नीचे जाता है। सोने के पहले हमें 10-15 मिनट यह सोचना पड़ता है कि किस प्रकार हमारा शयन पीरियड सुखमय होगा। यहाँ पर और अवसर भी हैं। मैं अतरिक्ष में हूँ। मेरे पास एक गुरुत्व वाले बिस्तर पर चढ़ना तथा लेटने के अलावा कुछ भिन्न अवसर हैं। मैं एक स्लीपिंग बैग के अंदर सीधे जाकर सो सकता हूँ। यह आम तरीका है (सोने का), जो सामान्य मानवयुक्त उड़ानों में अपनाया जाता है। स्लीपिंग बैग में घुसकर अपने को बाँध लेते हैं (स्ट्रैप करना)।

प्रश्न : सोते समय आप तैरते हैं—क्या यह सही है?

मुसाग्रेव : कभी-कभी। अपनी प्रथम उड़ान में मैं स्लीपिंग बैग के साथ इधर-उधर घूमने लगा। मेरी दूसरी उड़ान में 24 घंटे की शिफ्ट थी, जिसमें 12 घंटे कुछ लोग काम कर रहे थे तथा 12 घंटे कुछ दूसरे लोग इधर-उधर घूम रहे थे।

प्रश्न : अंतरिक्ष से दक्षिण प्रशांत (साउथ पैसिफिक) का नजारा कैसा दिखता है?

मुसाग्रेव : मेरे लिए दक्षिण प्रशांत संभवतः सबसे सुंदर स्थान है। मैं वहाँ कभी भी नहीं गया। लेकिन मैं शीघ्र वहाँ जाऊँगा। चूँकि उस स्थल पर हम नहीं गए, तो इसका यह मतलब कदापि नहीं कि उससे लगाव नहीं हो सकता (अंतरिक्ष से देखकर)। जब उसे पृथ्वी से देखते हैं तो उसी प्रकार का अनुभव होता है जैसे हम वास्तव में वहाँ मौजूद हों।

प्रश्न : आप अपनी उपलब्धियों के विषय में क्या कहना चाहेंगे, जिन्हें आप नहीं जानते थे जब आप छोटे थे?

मुसाग्रेव : जब मैं छोटा था तो मेरी सारी दुनिया मात्र एक हजार एकड़ का मेरा

फार्म ही था। पैमाने, दूरियाँ मेरे लिए असाधारण चीजें थीं। हमारा अंतरिक्ष का रिपेयर मिशन (अर्थात् हब्बल अंतरिक्ष दूरबीन रिपेयर) वह मिशन था, जिसमें स्पेस शटल अपने निर्धारित तकनीकी आँकड़े से हटकर 370 मील की ऊँचाई तक गई। जब आप फ्लोरिडा और प्रमोचन पैड को देख रहे होते हैं तो एक हजार मील लंबी ध्रुवीय ज्योति (अरोरा) देख रहे होते हैं, जो कि उत्तरी कनाडा के ऊपर एक जगमगाते हुए परदे के समान प्रतीत होता है। जब हमने हब्बल अंतरिक्ष दूरबीन को रिपेयर के लिए स्पेस शटल की कार्गो बे पर खड़ा किया तो यह एक 6 मंजिली इमारत की ऊँचाई की भाँति थी। वहाँ से हम पृथ्वी की अनेक चीजें देख रहे होते हैं। आप ऑस्ट्रेलिया नहीं गए हैं। लेकिन आप अंतरिक्ष से ग्रेट बैरियर रीफ देख रहे हैं। आप संपूर्ण महाद्वीप देख रहे हैं। इसी को ही अंतरिक्ष उड़ान कहते हैं।

प्रश्न : एक ऐसे व्यक्ति के लिए, जो कभी भी इस क्षेत्र (अर्थात् अंतरिक्ष क्षेत्र) से संबंधित नहीं रहा, उसके लिए आपकी क्या टिप्पणी होगी?

मुसाग्रेव : मेरे लिए जीवन 99 प्रतिशत आध्यात्मिक प्यास है तथा यह मेरे प्रकृति और ब्रह्मांड के बीच बचपन से ही प्रारंभ हुई। इसका प्रमुख उद्देश्य सत्य, निस्तब्धता का पता करना था उस संपूर्णता को अपने अंदर समाहित करके जो हमारा ही एक अंश है तथा जिसने हमारा सृजन किया और जिसके हम एक हिस्सा हैं। अंतरिक्ष उड़ान ने हमें उसको अविश्वसनीय सीमाओं में विस्तरित करने का अवसर दिया, जिसमें हम एक तिहाई दुनिया देख सकते हैं, जिसमें संपूर्ण महाद्वीप देख सकते हैं तथा भाँति-भँति के पैटर्न देख सकते हैं तथा अंतरिक्ष यान की खिड़की में पूर्व सभ्यताएँ तथा प्राचीन सभ्यताएँ देख सकते हैं। हम देख सकते हैं कि किस तरह प्रकृति कर्म में व्यस्त है, हम ज्वालामुखियों की विशाल रेखाओं को देख सकते हैं (दक्षिण अमेरिका की टिप से)।

प्रश्न : आपने बताया कि इतिहास, मनोविज्ञान और अंतरिक्ष के बीच में एक संबंध है तथा अंतरिक्ष वह स्थल है, जहाँ पर आप अपना स्वयं का तथा पृथ्वी का अध्ययन कर सकते हैं।

मुसाग्रेव : मैं जो भी देखता हूँ, उससे शिक्षित होना चाहता हूँ। चूँकि मुझे अंतरिक्ष उड़ान का सौभाग्य प्राप्त हुआ इसलिए यह मेरा नैतिक दायित्व बनता है कि मैं इसे सही रूप में प्रस्तुत करूँ, इसके मनोवैज्ञानिक पहलू, इसके इतिहास, इसके दर्शन शास्त्र को सही मायने में स्पष्ट करूँ कि इनके क्या अर्थ हैं। आप इसे कैसे प्रकट करते हैं? क्यों करते हैं? यह मानवता को कैसे ट्रांसफार्म करते हैं? ये सभी बातें मेरे अंतर्मन में हैं। इसलिए सन् 1986 से मैंने दर्शनशास्त्र, साहित्य, मनोविज्ञान एवं समाजशास्त्र के अध्ययन में लगभग 200 घंटे गुजारे हैं।

प्रश्न : आपके पास प्रभावित कर देनेवाली अनेक डिग्रियाँ हैं। क्या आप बताएँगे

कि 22 मई, 1997 तक आपके पास कौन-कौन सी डिग्रियाँ थीं?

मुसाग्रेव : ये डिग्रियाँ गणित एवं कंप्यूटर, रसायन शास्त्र, मेडिसिन, जैव विज्ञान (फिजियोलॉजी), साहित्य, दर्शनशास्त्र में हैं तथा मैं दो की थीसिस (इतिहास एवं मनोविज्ञान) पर फिलहाल काम कर रहा हूँ।

प्रश्न : आपने तो बहुत कुछ अध्ययन किया है। क्या आप अब भी महसूस करते हैं कि कुछ और भी अध्ययन किया जा सकता है?

मुसाग्रेव : अध्ययन के लिए बहुत कुछ है। लेकिन मैं समझता हूँ कि अब मैं अपनी औपचारिक शिक्षा समाप्त करने के करीब हूँ। लेकिन प्रत्येक कोर्स के लिए मैंने निर्धारित एक पुस्तक के साथ दो-तीन पुस्तकें और भी पढ़ी हैं। इतनी औपचारिक शिक्षा के बाद मैं अब भी एक स्वयं प्रशिक्षित व्यक्ति हूँ। मैंने औपचारिक शिक्षा की तुलना में स्वयं प्रशिक्षण से बहुत अधिक सीखा है। लेकिन मेरी औपचारिक शिक्षा अब भी चल रही है।

प्रश्न : आपके पास तो 8 उच्च डिग्रियाँ हैं।

मुसाग्रेव : कुछ और भी आनेवाली हैं। लेकिन ये डिग्रियाँ नहीं हैं। रात्रि स्कूल में जाना (पिछले 11 वर्षों से) मेरी आदत रही है। यह मेरा थियेटर तथा ओपेरा दोनों ही हैं। आप जीवन में वह ग्रहण करते हैं जो आप चाहते हैं तथा इसके लिए आपको एक कीमत चुकानी पड़ती है। मैंने उन्हीं चीजों को ग्रहण किया, जिनके प्रति मेरा लगाव रहा है।

प्रश्न : अंतरिक्ष का अगला महान् फ्रंटियर क्या होगा?

मुसाग्रेव : अभी 10 दिन पहले ही मैंने कांग्रेस को बताया है। मैं समझता हूँ कि अगला स्टेप होना चाहिए निम्न कीमत और विंश्वसनीयता के साथ अंतरिक्ष की पहुँच। यह पहुँच सबके लिए उपलब्ध होनी चाहिए। 40 वर्ष में हमने इस दिशा में अभी तक कोई प्रगति नहीं की है। अंतरिक्ष में जाने की कीमत अब भी वही है, जो 40 वर्ष पहले हुआ करती थी।

प्रश्न : आपके नाम के साथ 'स्टोरी' कहाँ से आया?

मुसाग्रेव : कुछ पीढ़ी पहले स्टोरी हम लोगों का आखिरी नाम हुआ करता था। मेरे माता-पिता ने इसे प्रथम नाम के रूप में प्रयोग किया। यह ठीक भी लगता है। हमें इसके अनुरूप रहना है तथा इसके प्रति भी हमारा एक दायित्व है।

प्रश्न : आपको अभी अंतरिक्ष की स्टोरी बताने की आवश्यकता है।

मुसाग्रेव : हाँ, और मैं ऐसा करूँगा। लेकिन शायद नाम इसमें मदद करे।

आपसे बात करने के लिए धन्यवाद, यह बातचीत बड़ी प्रेरणादायक रही।

□

3

सैली राइड : अंतरिक्ष में जानेवाली प्रथम अमेरिकी महिला

26 मई, 1951 को कैलीफोर्निया के लॉस एंजिल्स शहर में जन्मी सैली राइड ने स्टैनफोर्ड विश्वविद्यालय से मास्टर ऑफ साइंस और डॉक्टरेट की डिग्री सन् 1975 और 1978 में प्राप्त की। डॉ. सैली राइड स्पेस शटल चैलेंजर के द्वारा दो बार—जून 1983 (स्पेस शटल उड़ान एस.टी.एस.-7) और अक्तूबर 1984 में (स्पेस शटल उड़ान एस.टी.एस.-41 जी) अंतरिक्ष में गईं।

सैली राइड ने यह साक्षात्कार 20 नवंबर, 1990 को स्कोलैस्टिक वेब साइट को दिया।

प्रश्न : जब आपका प्रमोचन अंतरिक्ष के लिए किया गया तो क्या आप डरी हुई थीं ?

सैली राइड : वास्तव में तो मैं डरी नहीं थी, बल्कि बहुत अधिक रोमांचित थी और चिंतित थी। जब हम अंतरिक्ष में जाने की तैयारी कर रहे होते हैं तो एक बड़े धमाके का इंतजार कर रहे होते हैं, जो घटित होनेवाला होता है। इसलिए अधिकांश अंतरिक्ष यात्री, जो उड़ान के लिए तैयार हो रहे होते हैं, वे इस धमाके से चिंतित रहते हैं। इसका कारण यह है कि प्रमोचन के कुछ सेकंडों में अगर कुछ गलत होता है तो आपके पास ज्यादा कुछ कर पाने का मौका नहीं होता है।

प्रश्न : आपके अंतरिक्ष में जाने के विषय में आपका परिवार कैसा महसूस करता है ?

सैली राइड : वे बहुत रोमांचित होते थे तथा प्रमोचन देखने के लिए वे सब फ्लोरिडा जाते थे। उड़ान के दौरान नासा में कुछ समय गुजारते थे। संपूर्ण प्रक्रिया से वे

चित्र–3.1 : अंतरिक्ष में जानेवाली प्रथम अमरीकी महिला सैली राइड।

काफी रोमांचित रहते थे। लेकिन मैं निश्चिंत थी और वे थोड़ा घबराए रहते थे।

प्रश्न : उड़ान भरना अथवा वापसी में लैंडिंग में आप किसे ज्यादा पसंद करती थीं?

सैली राइड : मुझे प्रमोचन ज्यादा अच्छा लगता था। यह काफी रोमांचक होता है तथा पृथ्वी में प्राप्त किसी अनुभव से कहीं अधिक भिन्न होता है। भले ही हम प्रमोचन

प्रक्रिया को सिमुलेट करते हैं (उड़ान के पहले) तथा सिमुलेटर में उड़ान की प्रैक्टिस भी करते हैं। लेकिन यह वास्तविक उड़ान वैसी नहीं होती, बल्कि काफी भिन्न होती है। यह बहुत ही रोमांचक अनुभव होता है। वैसे तो लैंडिंग भी रोमांचक होती है। लेकिन स्पेस शटल की लैंडिंग वायुयान के समान ही होती है। इस तरह यद्यपि लैंडिंग सामान्य वायुयान से अनेक मामलों में भिन्न होती है। लेकिन कुछ मामलों में अनुभूति लगभग एक समान होती है।

प्रश्न : स्पेस शटल चैलेंजर की दुर्घटना के कारण क्या आप अंतरिक्ष में जाने से डरती हैं?

सैली राइड : नहीं, क्योंकि मैं समझती हूँ कि सभी अंतरिक्ष यात्री यह महसूस करते हैं कि स्पेस शटल कार्यक्रम काफी जोखिम भरा कार्यक्रम है, वे सब खतरे के लिए तैयार रहते हैं। स्पेस शटल चैलेंजर की दुर्घटना के बाद नासा ने स्पेस शटल की सुरक्षा बढ़ाने के लिए अनेक कदम उठाए तथा उन बातों का ध्यान रखा, जो गलत थीं। अब स्पेस शटल चैलेंजर शटल दुर्घटना के बाद अधिक अच्छा और सुरक्षित रॉकेट है।

प्रश्न : आपने कब महसूस किया कि आप अंतरिक्ष यात्री बनना चाहती हैं?

सैली राइड : कॉलेज की शिक्षा पूरी होने तक मैं यह निश्चित नहीं कर पाई थी कि मैं अंतरिक्ष यात्री बनना चाहती हूँ। लेकिन प्राइमरी स्कूल और हाई स्कूल विद्यार्थी के रूप में मैं अंतरिक्ष और अंतरिक्ष कार्यक्रम में बहुत दिलचस्पी रखती थी।

प्रश्न : जब आप बड़ी हो रही थीं तो पुरुष और महिलाओं में आपके पसंदीदा हीरो कौन थे?

सैली राइड : मेरी पसंद के पुरुष और महिला दोनों ही हीरो थे। एक हाई स्कूल की विज्ञान की एक अध्यापिका थीं, जो मुझे विज्ञान के प्रति रुचि पैदा करने में मेरी मदद करती थीं। चूँकि मैं एक टेनिस की खिलाड़ी थी तो बिली जीन किंग मेरे हीरो थे। प्रारंभिक अंतरिक्ष यात्रियों में जॉन ग्लेन और नील आर्मस्ट्रांग मेरे हीरो थे।

प्रश्न : जूनियर हाई स्कूल में आपका पसंदीदा विषय क्या था?

सैली राइड : मेरा विषय गणित था, इसे मैं बहुत पसंद करती थी। इसके अलावा मैं खगौलिकी और भौतिक विज्ञान में भी दिलचस्पी रखती थी।

प्रश्न : वह कौन सी चीज थी, जिसने आपको एक प्रोफेशनल टेनिस खिलाड़ी बनने के बजाय वैज्ञानिक बनने को प्रेरित किया?

सैली राइड : मैं हर समय विज्ञान के प्रति उत्सुक रही हूँ। मुझे मालूम था कि टेनिस की तुलना में विज्ञान मेरा बेहतर दीर्घ कालीन कैरियर था। इसलिए कॉलेज के दौरान ही मैंने विज्ञान को चुन लिया था।

प्रश्न : क्या आपका भी कोई 'निकनेम' (उपनाम) है, जैसे मुस्टंग सैली?

सैली राइड : (हँसी) मेरा कोई उपनाम नहीं है।

प्रश्न : आपके व्यक्तिगत शौक कौन-कौन से हैं? आपके कोई पालतू जानवर भी हैं?

सैली राइड : मैं दौड़ती हूँ और हाइकिंग करती हूँ। मुझे स्टैंप कलेक्ट करने का भी शौक है, जिनमें अंतरिक्ष और ओलंपिक से संबंधित स्टैंपों में मेरी बड़ी रुचि है। मेरा एक पालतू कुत्ता भी है।

नासा में महिलाओं का विषय

प्रश्न : अंतरिक्ष में जानेवाली प्रथम महिला के रूप में क्या आप महसूस करती हैं कि आपकी कोई खास जिम्मेदारी है?

सैली राइड : हाँ, प्रथम अमेरिकी महिला अंतरिक्ष यात्री के रूप में मैं एक विशिष्ट उत्तरदायित्व महसूस करती हूँ। इसके लिए मैं अपने को सम्मानित महसूस करती हूँ तथा लोग मुझसे ऐसी आशा रखते हैं कि मैं अच्छा काम करूँ।

प्रश्न : क्या आपको किसी समय भी ऐसा महसूस हुआ कि नासा में आपके साथ भेदभाव इसलिए रखा जाता है कि आप एक महिला हैं?

सैली राइड : नहीं, मुझे कभी भी ऐसा नहीं महसूस हुआ। जो अंतरिक्ष यात्री मेरे साथ अंतरिक्ष यात्री श्रेणी में आए, उनमें 29 पुरुष और 6 महिलाएँ थीं तथा इन पुरुषों को महिलाओं के साथ काम करने में कोई भी परेशानी नहीं आई, इस तरह किसी भी प्रकार की समस्या सामने नहीं आई।

प्रश्न : क्या आप सोचती हैं कि स्पेस शटल का एक ऐसा मिशन संपन्न हो, जिसमें सारी-की-सारी केवल महिलाएँ ही हों?

सैली राइड : निश्चित रूप से हाँ। संभवतः अप्रैल में एलीन कालिंस के रूप में हम प्रथम स्पेस शटल की महिला कमांडर रखने जा रहे हैं। आज अनेक महिला अंतरिक्ष यात्री हैं, जिनका बैकग्राउंड टेस्ट पायलट का है, जो कि पहले काफी समय से संभव नहीं था। काफी समय से नासा की महिलाओं का वैज्ञानिक बैकग्राउंड रहा है। इसलिए संपूर्ण महिला अंतरिक्ष यात्री दल होना असंभव है, क्योंकि महिला पायलट की संख्या ज्यादा नहीं है। लेकिन अब आगे संभव हो सकेगा।

स्पेस शटल मिशन

प्रश्न : आपको अंतरिक्ष में जाने के लिए कितनी लंबी तैयारी करनी पड़ी?

सैली राइड : एक अंतरिक्ष मिशन की तैयारी में कई वर्ष लगते हैं। मिशन की विस्तृत ट्रेनिंग में जाने के पहले ही कुछ वर्ष तो मिशन के बैकग्राउंड और जानकारी प्राप्त

चित्र-3.2 : स्पेस शटल (मिशन एस.टी.एस.-7) चैलेंजर की मिड डेक पर सैली राइड।

करने में लग जाते हैं। इसलिए अधिकांश यात्री किसी निर्धारित उड़ान के लिए चुने जाने से पहले कई वर्षों तक केवल अंतरिक्ष यात्री होते हैं। जब उसको किसी निर्धारित उड़ान के लिए मनोनीत कर दिया जाता है तो उसी समय संपूर्ण अंतरिक्ष यात्री दल की घोषणा कर दी जाती है तथा उसके बाद अंतरिक्ष यात्री इस उड़ान की पूरे वर्ष तैयारी करता है।

प्रश्न : आज की स्पेस शटल उस स्पेस शटल से किस तरह भिन्न है, जिसके द्वारा आप अंतरिक्ष में गई थीं?

सैली राइड : उसमें बहुत थोड़े से ही अंतर हैं। स्पेस शटल वही है। इसमें कुछ छोटे-छोटे परिवर्तन किए गए हैं, जिनमें एक तो यही है कि यह रूसी अंतरिक्ष स्टेशन मीर से जुड़ सकती है। इसके अलावा शटल के अंदर प्रयुक्त लैपटाप कंप्यूटर काफी पावरफुल हैं। लेकिन इलेक्ट्रॉनिकी हार्डवेयर एवं कंप्यूटर प्रोग्राम, जो स्पेस शटल का प्रचालन करते हैं, वे बिलकुल वही हैं। संभवत: मेरी उड़ान से तुलना की दृष्टि से सबसे बड़ा अंतर यह है कि अंतरिक्ष यात्री प्रमोचन के समय तथा पृथ्वी के वायुमंडल में पुन: प्रवेश (री एंट्री) के समय अब दाब सूट (प्रेशर सूट) पहनते हैं। मेरी उड़ान के समय एवं शटल की प्रारंभिक 25 उड़ानों में अंतरिक्ष यात्रियों ने केवल सामान्य सूट पहने, न कि दाब सूट।

दाब सूट उस समय मददगार सिद्ध होता है, जब प्रमोचन के समय अथवा वापसी में पृथ्वी के वायुमंडल में प्रवेश के समय कुछ गड़बड़ हो जाता है तथा ऐसी परिस्थिति में अंतरिक्ष यात्री पैराशूट के द्वारा शटल से निकलकर बाहर आ जाता है।

प्रश्न : क्या आज की अंतरिक्ष यात्री ट्रेनिंग आपके समय की ट्रेनिंग से भिन्न है?

सैली राइड : नहीं, ट्रेनिंग लगभग वही है। परीक्षणों के आधार पर छोटे-मोटे अंतर हो सकते हैं।

प्रश्न : स्पेस शटल चैलेंजर की उड़ान में आपकी क्या भूमिका रही?

सैली राइड : स्पेस शटल के स्टैंडर्ड अंतरिक्ष यात्री दल में दो अंतरिक्ष यात्री ऐसे होते हैं, जिनका अनुभव टेस्ट पायलट का होता है तथा जो टेस्ट पायलट बैकग्राउंड रखते हैं, ये होते हैं कमांडर और पायलट। मेरी बैकग्राउंड भौतिक शास्त्र की है, इसलिए मिशन में मेरी भूमिका 'मिशन विशेषज्ञ' की थी, जो किसी एयरलाइन में फ्लाइट इंजीनियर की भाँति होता है। कई वायुयान उड़ान में 3 सदस्य होते हैं—पायलट, सह-पायलट और फ्लाइट इंजीनियर। फ्लाइट इंजीनियर ठीक पीछे पायलट और सह-पायलट के बीच में बैठता है। स्पेस शटल के प्रमोचन और पुन: प्रवेश में मेरी यही भूमिका थी। मिशन के दौरान मैंने स्पेस शटल की रोबोट भुजा के द्वारा एक उपग्रह अंतरिक्ष की कक्षा में रिलीज किया। इसके अलावा मैंने कई परीक्षणों का प्रचालन किया तथा दो संचार उपग्रहों का प्रमोचन किया।

प्रश्न : चैलेंजर शटल में आपने किस प्रकार परीक्षण किए?

सैली राइड : एक उड़ान में केवल पृथ्वी परीक्षण के अध्ययन से संबंधित विषय थे। इसलिए पृथ्वी के वायुमंडल का अध्ययन करने के लिए हम अपने साथ उच्च विभेदन कैमरा, रेडार और परीक्षण साथ ले गए।

प्रश्न : क्या आपको स्पेस वॉक (मुक्त अंतरिक्ष में स्पेस शटल से बाहर निकलकर विचरण) का अवसर प्राप्त हुआ?

सैली राइड : मैंने स्पेस वॉक नहीं किया। हमारी एक उड़ान में दो अंतरिक्ष यात्रियों ने स्पेस वॉक किया। यह काम हर समय मिशन विशेषज्ञ करते हैं तथा यहाँ पर दो मिशन विशेषज्ञों को शटल से बाहर निकलकर कुछ पूर्व नियोजित परीक्षण करने थे। किसी भी अंतरिक्ष उड़ान में केवल दो ही व्यक्ति स्पेस वॉक करते हैं। लेकिन मुझे अन्य परीक्षण करने में मजा आया।

प्रश्न : अंतरिक्ष में आपने क्या किया जब आप खाली थीं, जब कोई परीक्षण नहीं कर रही थीं?

सैली राइड : हम अपना अधिकांश समय परीक्षणों को संपन्न करने में लगाते हैं तथा स्पेस शटल में बहुत व्यस्त दिनचर्या होती है। लेकिन जब हमें कोई काम नहीं होता है तो उस समय हमें शटल की खिड़की से नीचे पृथ्वी का अवलोकन करना बड़ा अच्छा लगता है।

प्रश्न : क्या आप अथवा अन्य अंतरिक्ष यात्रियों में कोई भी अपने साथ पालतू जानवर ले गया?

सैली राइड : नहीं, हमने ऐसा नहीं किया। मैं अपनी किसी भी शटल उड़ान में कोई भी पालतू जानवर साथ नहीं ले गई। लेकिन नासा कभी-कभी परीक्षण के तौर पर जानवरों को अंतरिक्ष यात्रियों के साथ अंतरिक्ष में भेजता है। उसका प्रमुख उद्देश्य होता है, यह समझना कि अंतरिक्ष की भारहीनता से जानवर कैसे प्रभावित होते हैं। इस संदर्भ में चींटियाँ, मकड़ियाँ, मधुमक्खियाँ, चूहे इत्यादि अंतरिक्ष में भेजे जा चुके हैं।

प्रश्न : अंतरिक्ष में आपको सबसे खतरनाक क्षण क्या लगा?

सैली राइड : मुझे याद नहीं है कि कोई खतरनाक क्षण हमारी उड़ान में आया। हमारी दोनों उड़ानों में सबकुछ ठीक-ठाक रहा। सबसे घबराहटवाला समय प्रमोचन के समय का था, क्योंकि यह बड़ा नाटकीय होता है।

स्पेस शटल के अंदर जीवन

प्रश्न : जब आप अंतरिक्ष में थीं तो आप कैसे सोईं? क्या आप इधर-उधर तैरती रहीं?

सैली राइड : विभिन्न अंतरिक्ष यात्री विभिन्न तरीके से सोते हैं। मैं स्पेस शटल

की फ्लाइट डेक के मध्य में (जो कि स्पेस शटल की अपर डेक होती है) तैरती हुई अवस्था में सोई। कुछ अंतरिक्ष यात्री एक प्रकार के बिस्तरों में सोते हैं, जिन्हें कंपार्टमेंट कहते हैं और जिन्हें खोलकर फैला सकते हैं तथा फिर उन्हें बंद कर सकते हैं (एक बिस्तर की भाँति)। कुछ अंतरिक्ष यात्री स्लीपिंग बैगों के अंदर सोते हैं, जो स्पेस शटल की दीवालों से संलग्न रहते हैं। इधर-उधर तैरते हुए सोना आसान होता है तथा यह आरामदेह भी होता है। लेकिन यह ध्यान रखना आवश्यक होता है कि हम किसी के ऊपर या किसी चीज के ऊपर तो नहीं तैर रहे हैं।

प्रश्न : अंतरिक्ष में आप अपने साथ कौन से कपड़े ले गई थीं?

सैली राइड : हमारे पास कपड़े चयन की ज्यादा स्वतंत्रता नहीं होती है। हम जो भी पहनते हैं, उसके लिए नासा की अनुमति आवश्यक होती है। इसलिए हमें कुछ कपड़ों में से ही चयन करना पड़ता है; जैसे—कमीजें, टी शर्ट इत्यादि, जो हम ज्यादा पहनते हैं। मैंने शार्ट स्लीव्ड शर्ट पहनी थी। (जूते और मोजे के बजाय हम हर समय मोजे पहने रहते थे। चूँकि हम प्राय: तैर रहे होते थे। इसलिए जूतों के न पहनने का अर्थ है कि आप किसी को किक कर सकते हैं और वह बुरा नहीं मानेगा (हँसी)। जूते भारी एवं वजनदार होते हैं, अत: उनकी आवश्यकता नहीं होती है।

प्रश्न : अंतरिक्ष में भोजन कैसा लगता है?

सैली राइड : वहाँ खाना ज्यादा खराब नहीं होता है। यह उस खाने से काफी भिन्न है, जो अंतरिक्ष यात्रियों ने अंतरिक्ष कार्यक्रम के प्रारंभिक दिनों में खाया था। अधिकांश खाना उसी प्रकार का होता है, जो सब कैंप ट्रिपों में खाते हैं। इनमें से कुछ में इसे बनाने के लिए इसमें पानी मिलाना पड़ता है। कुछ खाना नियमित खाने के रूप में पैक किया जाता है। हम लोग अपने साथ ब्रेड तथा पीनट बटर का जार ले गए थे।

प्रश्न : क्या अंतरिक्ष में भोजन का स्वाद मसालेदार लगता है?

सैली राइड : मैंने यह चीज नोटिस नहीं की। कुछ लोगों का कहना है कि उन्होंने यह ध्यान ही नहीं दिया, मैं भी उन्हीं लोगों में से एक थी।

प्रश्न : अंतरिक्ष में आप शौचालय कैसे जाती हैं?

सैली राइड : टायलेट की भाँति स्पेस शटल के अंदर भी एक स्थान बनाया जाता है। पृथ्वी पर एक टॉयलेट की कार्य प्रणाली गुरुत्व पर निर्भर करती है। यह हमारे शरीर का पानी अपने में ले लेता है। अंतरिक्ष में कुछ ऐसी प्रणाली का इस्तेमाल करना पड़ता है, जो शरीर से द्रव खींच सके। इसलिए अंतरिक्ष के टॉयलेट 'एयर सक्शन' प्रक्रिया का प्रयोग करते हैं। यह शरीर से द्रव खींच लेती है। यह बहुत अच्छी तरह कार्य करती है।

अंतरिक्ष से दृश्यावलोकन

प्रश्न : स्पेस शटल से देखने पर पृथ्वी कैसी दिखाई पड़ती है?

सैली राइड : स्पेस शटल से देखने पर पृथ्वी का दृश्य विहंगम होता है। स्पेस शटल पृथ्वी के काफी समीप से उड़ती है। यह पृथ्वी के ऊपर 200 से 350 मील की ऊँचाई पर उड़ती है। इस प्रकार यह पृथ्वी से वास्तव में काफी समीप है। इस प्रकार हम संपूर्ण ग्रह (पृथ्वी) को अन्य अंतरिक्ष यात्रियों की भाँति, जो चंद्रमा पर जा चुके हैं, नहीं देख सकते हैं। इस तरह हम अनेक विवरण देख सकते हैं। हम अंतरिक्ष से दिन और रात में शहर को देख सकते हैं, नदियों में जमा हुआ तलछट अवसाद (सेडीमेंट) देख सकते हैं, समुद्र देख सकते हैं तथा चक्रवात देख सकते हैं। खिड़की से बाहर देखना बड़ा दिलचस्प लगता है। अन्य ग्रह स्पेस शटल से देखने पर भी वैसे ही दिखाई पड़ते हैं, जैसे पृथ्वी से दिखते हैं। स्पेस शटल पृथ्वी से इतनी समीपता से उड़ती है कि हम इतने समीप नहीं होते हैं, जितना समीप पृथ्वी पर खड़े हुए हम आकाश को देखते हैं। इस प्रकार मैंने अनेक ग्रह देखे तथा वे पृथ्वी पर देखने की तुलना में थोड़ा अधिक चमकीले प्रतीत हुए। वे प्रकाश के चमकीले बिंदुओं की भाँति प्रतीत हुए।

प्रश्न : अंतरिक्ष से स्टार (तारे) कैसे दिखाई पड़ते हैं? क्या वे बड़े दिखाई पड़ते हैं?

सैली राइड : स्टार बड़े नहीं दिखाई पड़ते। जब हम पृथ्वी पर होते हैं तब यदि पर्वत की चोटी पर जाएँ तो स्टार समुद्र तल से देखने की तुलना में अधिक चमकीले दिखाई देते हैं। चूँकि स्पेस शटल पृथ्वी के वायुमंडल से ऊपर होती है तो यह ऐसा प्रतीत होता है जैसे कि हम अत्यधिक ऊँचे पहाड़ के ऊपर आसीन हों। इसलिए वे चमकीले दिखते हैं, बड़े नहीं।

प्रश्न : क्या अंतरिक्ष में अँधेरा रहता है?

सैली राइड : जब हम पृथ्वी की डार्क साइड में होते हैं तो यह बहुत अंधकारमय होता है। लेकिन जब सूर्य की ओर उन्मुख दिशा की ओर होते हैं तो यह चमकीला लगता है।

प्रश्न : क्या अंतरिक्ष में रहते हुए आपको ऐसा लगता है कि दिन तेजी से बीतते हैं?

सैली राइड : नहीं, ऐसा नहीं है। दिन तेजी से बीतते महसूस होते हैं। इसका कारण शायद यह है कि अंतरिक्ष में हमें बहुत सारा काम पूरा करना पड़ता है।

अंतरिक्ष की भारहीनता

प्रश्न : अंतरिक्ष में भारहीन होना कैसा लगता है?

सैली राइड : भारहीनता एक मस्ती जैसी होती है। यह हमारे शरीर को अथवा शरीर के अंत: को भिन्न नहीं बनाती। इसलिए हम वही महसूस करते हैं। लेकिन अंतर यह है कि कमरे के बीच में हम तैर रहे होते हैं और कमरे के मध्य में सोमरसाल्ट कर रहे होते हैं और वास्तव में हम फर्श पर खड़े नहीं हो सकते हैं, बल्कि फर्श पर तैर रहे होते हैं। भारहीनता के दीर्घकालीन और संक्षिप्त कालीन प्रभाव होते हैं और वे इसलिए घटित होते हैं, क्योंकि हमारा शरीर बड़ी शीघ्रता तथा बड़ी दक्षता से भारहीनता की परिस्थिति में अपने को ढाल लेता है। उस समय शरीर के लिए अंतरिक्ष में रहना पृथ्वी में रहने की तुलना में ज्यादा आसान हो जाता है। उस समय आपका शरीर यह संकेत देता है कि भार उठाने के लिए इसे अत्यधिक शक्तिशाली हड्डियों की आवश्यकता नहीं पड़ती है। इसलिए हमारा शरीर बहुत मद्धिम गति से और बहुत धीरे-धीरे अपनी हड्डियों को खोने लगता है। यदि हम अंतरिक्ष में एक या दो सप्ताह के लिए हैं तो इसका अनुभव बिलकुल नहीं कर पाते हैं। लेकिन यदि हम अंतरिक्ष में 6 महीने अथवा 1 वर्ष के लिए हैं तो हमारी अस्थियों में होनेवाली क्षति का आसानी से मापन किया जा सकता है। जब हम पृथ्वी पर वापस आते हैं तो हमारी अस्थि क्षति पूरी हो जाती है तथा हम पहले जैसा स्वस्थ महसूस करने लगते हैं। लेकिन मंगल ग्रह जैसे मिशनों के लिए यह एक बड़ी समस्या है, क्योंकि अंतरिक्ष यात्री पृथ्वी से काफी लंबे समय के लिए दूर रहेंगे तथा जब वे वापस आएँगे तो पतली-पतली हड्डियों के साथ आएँगे।

प्रश्न : क्या भारहीनता की परिस्थिति से पृथ्वी की गुरुत्व परिस्थिति में आना बड़ा अचरजपूर्ण कार्य लगता है?

सैली राइड : प्रारंभिक 20 मिनटों के लिए यह काफी विचित्र अहसास रहता है। इसका कारण यह है कि हमारा शरीर भारहीनता को बहुत अच्छी तरह से अपना लेता है। इसलिए पृथ्वी पर वापस आने पर एक विचित्र अनुभूति होती है तथा पृथ्वी के पर्यावरण के अनुसार पुन: ढलने में थोड़ा समय लगता है, जिससे कि हमारी मांसपेशियाँ एवं संतुलन तंत्र फिर से ठीक से काम करने लगें। लेकिन अधिकांश अंतरिक्ष यात्रियों के लिए 20 से 30 मिनट का समय लगता है, जिससे वे अपनी पूर्व सामान्य स्थिति में वापस आ जाते हैं।

प्रश्न : अंतरिक्ष में जाने में और क्या दिलचस्प चीजें होती हैं?

सैली राइड : मैं समझती हूँ कि दो चीजें हैं, जो प्रत्येक अंतरिक्ष यात्री वर्णित करना चाहेगा और वे चीजे हैं—भारहीनता तथा अंतरिक्ष से पृथ्वी का अवलोकन।

अंतरिक्ष में बच्चे

प्रश्न : जूनियर हाई और हाई स्कूल के विद्यार्थी अंतरिक्ष यात्री बनने के लिए कैसे तैयारी कर सकते हैं?

सैली राइड : सबसे महत्त्वपूर्ण चीज है कि यह काम प्रारंभ से ही शुरू कर दिया जाना चाहिए। आपको गणित और विज्ञान का अध्ययन करना चाहिए। विज्ञान के एक विशिष्ट क्षेत्र को चुना जाना महत्त्वपूर्ण नहीं है। नासा ऐसे वैज्ञानिकों की तलाश में है, जो अनेक क्षेत्रों की विशेषज्ञता रखते हों। लेकिन महत्त्वपूर्ण यह है विज्ञान या इंजीनियरिंग में कुछ उन क्षेत्रों को चुनें, जो आपको बहुत दिलचस्प लगते हों। आप इन्हें चुनें, अध्ययन करें (कड़ी मेहनत के साथ)।

प्रश्न : क्या आप सोचती हैं कि एक बच्चे को प्रशिक्षित करके अंतरिक्ष में भेजा जा सकता है?

सैली राइड : हो सकता है कि किसी दिन ऐसा संभव हो सके। यह ऐसा बच्चा होना चाहिए, जो बहुत कड़ी मेहनत करने के लिए तैयार हो तथा इस बात के प्रति पूर्णरूप से कटिबद्ध हो कि वह अंतरिक्ष यात्री दल के अंतरिक्ष यात्रियों के निर्देशों का अनुकरण करेगा; क्योंकि अंतरिक्ष में अनेक ऐसी चीजें होती हैं, जो गलत दिशा की ओर जा सकती हैं तथा हमें ठीक से यह पता रहना चाहिए कि यदि कोई चीज गलत हो जाती है तो हमें क्या करना है। अंतरिक्ष में हम अनेक गलतियाँ कर सकते हैं, जो समस्याएँ खड़ी कर सकती हैं। इसलिए अंतरिक्ष में जाने के पहले भली-भाँति प्रशिक्षण लेना नितांत आवश्यक है।

भावी अंतरिक्ष अन्वेषण

प्रश्न : क्या आप अंतरिक्ष में पुनः जाना पसंद करेंगी?

सैली राइड : मैं अवश्य पसंद करूँगी। लेकिन मैं भौतिकी में अनुसंधान करने तथा टीचिंग (जो मैं कैलिफोर्निया विश्वविद्यालय में करती हूँ) में आनंद महसूस करती हूँ। इसके अलावा नासा छोड़कर टीचिंग कैरियर में जाने की योजना मैंने पहले ही बना रखी थी। वैसे भी नासा में यह आम बात है कि अधिकांश अंतरिक्ष यात्री 10 वर्ष के बाद नासा छोड़कर अपने वास्तविक कैरियर में लौट जाते हैं। इसलिए अंतरिक्ष में मैं पुनः जाना चाहूँगी, लेकिन नहीं, यदि इसके लिए मुझे अपना वर्तमान जॉब छोड़ना पड़ा।

प्रश्न : क्या आप टीचिंग को एन्जॉय करती हैं?

सैली राइड : हाँ, मैं टीचिंग बहुत ज्यादा पसंद करती हूँ। यह बड़ा चुनौतीपूर्ण कार्य होता है। लोग कई बार यह नहीं महसूस करते हैं कि एक अध्यापक को कितनी मेहनत करनी पड़ती है।

प्रश्न : क्या आप सोचती हैं कि बाह्य अंतरिक्ष में जीवन है?

सैली राइड : मैं सोचती हूँ कि संभवत: ऐसा शायद हो तथा हो सकता है कि बाह्य अंतरिक्ष में प्रारंभ में जीवन रहा हो। हमारे सौर तंत्र में शायद प्रारंभ में जीवन रहा हो—एक कोशिका प्राणी के रूप में। शायद 5 या 10 वर्ष में हमें इसका उत्तर प्राप्त हो जाए। अन्य सौर तंत्रों में भी जीवन होने की काफी आशा है, विशेषकर अन्य स्टारों का चक्कर लगानेवाले तारों के इर्द-गिर्द। लेकिन शायद काफी लंबे समय तक हमें यह बात मालूम न हो सके।

प्रश्न : क्या आप मंगल ग्रह मिशन पर जाना पसंद करेंगी?

सैली राइड : मैं जाना चाहूँगी। लेकिन वह ट्रिप काफी लंबी होगी। कम-से-कम 10-15 वर्षों तक अंतरिक्ष यात्री मंगल ग्रह पर नहीं जाएँगे।

प्रश्न : क्या आप चंद्रमा पर जाना चाहेंगी?

सैली राइड : अभी तक चंद्रमा के लिए ऐसी कोई उड़ान सुनिश्चित नहीं की गई है। मैं चंद्रमा पर जाना चाहूँगी। लेकिन चंद्रमा पर पुन: वापसी के लिए अभी बहुत लंबा समय है।

प्रश्न : सैली, क्या आप श्रोताओं के लिए कुछ कहना चाहेंगी?

सैली राइड : धन्यवाद और गुडबाई!

□

4

जॉन यंग : विश्व के सबसे अनुभवी अंतरिक्ष यात्री एवं स्पेस शटल की प्रथम उड़ान के कमांडर

अंतरिक्ष अन्वेषण के क्षेत्र में जॉन यंग गहन अंतरिक्ष अनुभव का पर्याय माने जाते हैं। उनका जन्म 24 सितंबर, 1930 को कैलिफोर्निया के सॉन फ्रांसिस्को शहर में हुआ। उनका विवाह सेंट लुइस की रहनेवाली सुसी फेल्डमैन से हुआ। जॉन यंग के दो बेटे तथा तीन पोते हैं। उनके व्यक्तिगत शौकों में शामिल हैं—विंड सर्फिंग, साइकिल सवारी, पढ़ना एवं बागवानी। जॉन यंग ने फ्लोरिडा के ओर्लैन्डो हाईस्कूल से ग्रेजुएशन किया तथा सन् 1952 में ज्योर्जिय इंस्टीट्यूट ऑफ टेक्नोलॉजी से एरोनॉटिकल इंजीनियरिंग में बैचलर ऑफ साइंस की डिग्री प्राप्त की। यंग को अनेक सम्मानों से विभूषित किया जा चुका है, जैसे कांग्रेशनल स्पेस मेडल ऑफ ऑनर, 4 नासा डिस्टिंग्विश्ड सर्विस मेडल, नासा आउटस्टैंडिंग लीडरशिप मेडल, नासा आउटस्टैंडिंग अचीवमेंट मेडल इत्यादि।

जॉन यंग के पास प्राप्स, जेट, हेलीकॉप्टर, रॉकेट, जेट की उड़ानें का 15,275 घंटे का फ्लाइंग अनुभव है, टी-38 वायुयानों की उड़ानों का 9,200 घंटे का अनुभव है एवं 6 अंतरिक्ष उड़ानों के द्वारा उन्होंने 835 घंटे अंतरिक्ष में गुजारे। अंतरिक्ष में पृथ्वी से 6 बार जानेवाले वे प्रथम व्यक्ति हैं तथा चंद्र सतह से (वापसी में) अगर लिफ्ट ऑफ को उनकी 7वीं उड़ान माना जाए तो वे विश्व के ऐसे पहले व्यक्ति होंगे। लेकिन अंतरिक्ष उड़ान का अर्थ केवल पृथ्वी से की गई उड़ान को माना जाता है। इसलिए वे 6 बार जानेवाले प्रथम व्यक्ति हैं। 12 अप्रैल, 1981 को संपन्न स्पेस शटल की प्रथम उड़ान के कमांडर जॉन यंग थे। जॉन यंग का यह साक्षात्कार स्पेस शटल की प्रथम उड़ान की 25वीं वर्षगाँठ पर नासा

चित्र–4.1 : विश्व के सबसे अनुभवी अंतरिक्ष यात्री जॉन यंग।

के द्वारा लिया गया। यहाँ पर आगे लिया गया उनका साक्षात्कार ह्यूस्टन क्रॉनिकल के लिए था।

प्रश्न : स्पेस शटल की प्रथम उड़ान एस.टी.एस.–1 के प्रमोचन के 25 वर्ष हो चुके हैं। मैं फ्लोरिडा के केनेडी अंतरिक्ष केंद्र से जॉर्ज डिलर बोल रहा हूँ। अब हम ऐतिहासिक प्रमोचन तिथि (स्पेस शटल की) 12 अप्रैल, 1981 को राष्ट्रपति रीगन के संदेश को सुनते हैं, जिसे नासा के भूतपूर्व प्रमोचन निदेशक जॉर्ज पेज ने पढ़ा।

जॉर्ज पेज : एक बार हम गौरवान्वित महसूस कर रहे हैं यह जानकर कि हम प्रथम हैं और हम सर्वोत्तम हैं और हम वैसे इसलिए हैं कि हम स्वतंत्र हैं। अब तक के पृथ्वी निर्मित अंतरिक्ष यानों से हटकर किसी अन्य अंतरिक्ष यान के द्वारा जब हम पृथ्वी

की सतह से उड़ते हैं तो उसमें अमेरिकी तकनीकी और अमेरिकी इच्छा का समावेश होता है। आप पर ईश्वर की कृपा हो तथा आप सुरक्षित पृथ्वी पर वापस आएँ।

प्रश्न : हमें ज्वॉइन करने जा रहे हैं जॉन यंग, जो एक टेस्ट पायलट और जेमिनी और अपोलो परियोजनाओं के विख्यात अंतरिक्ष यात्री रहे हैं तथा जिन्होंने 12 अप्रैल, 1981 को एक इतिहास रचा, जब अंतरिक्ष यात्री बॉब क्रिपन के साथ प्रथम पुनः प्रयोज्यीय अंतरिक्ष यान स्पेस शटल के द्वारा वे अंतरिक्ष में गए।

प्रश्न : जॉन, आपको स्पेस शटल कार्यक्रम के लिए कब चुना गया?

जॉन यंग : मुझे ठीक से तो याद नहीं है। लेकिन मैं समझता हूँ कि यह शायद सन् 1978 की बात है। बॉब और मेरा निर्धारण उस समय इस मिशन के लिए किया गया था तथा हमें बताया गया कि यह उड़ान सन् 1978 या 79 में होगी। लेकिन यह उड़ान 12 अप्रैल, 1981 के पहले नहीं हुई। इस प्रकार प्रथम उड़ान संपन्न हुई। पामडेल में इस अंतरिक्ष यान पर हमने काफी टेस्टिंग की। जब वेहिकल को पानी के जहाज के द्वारा केप ले जाया गया तो यह कंप्लीट नहीं थी। मेरा कहने का मतलब यह है कि इसकी 7,400 टाइलें नहीं थीं तथा उस समय टाइल्स के विषय में अधिक जानकारी भी नहीं थी। मैं आज सोचता हूँ कि केप केनेवरल के लोगों ने वेहिकल (अर्थात् स्पेस शटल) के बनाने में काफी मेहनत की, क्योंकि इसे पूरी तरह तैयार करने में काफी काम बाकी था।

प्रश्न : स्पेस शटल की उड़ान पूर्व टेस्टिंग (प्रीफ्लाइट टेस्टिंग) किस प्रकार की थी?

जॉन यंग : काफी चीजें की गईं तथा कैंप में अनेक प्रकार के टेस्ट किए गए, जो पहले कभी नहीं किए गए, जैसे हमने एक इंटीग्रेटेड टेस्ट किया जो 27 घंटे चला। हमने नीत भार बे के खुलने और बंद करने के टेस्ट किए तथा स्पेस शटल वेहिकल के सभी आंतरिक तंत्रों को प्रचालित किया, जिसमें शामिल थे अंतरिक्ष यात्री कैबिन (जैसे कि यह अंतरिक्ष की कक्षा में होगा) भी तथा यह एक बड़ा टेस्ट था तथा निस्संदेह यह 'चेक आउट' था। स्पेस शटल के ऊपर कार्य कर रहे सभी कार्यकर्ताओं ने इसकी सभी टाइलें लगाईं और अंत में उड़ान के लिए तैयार कर लिया।

प्रश्न : इसके टेस्ट चरण के दौरान तत्कालीन मानवयुक्त अंतरिक्ष यान केंद्र (ह्यूस्टन, टेक्सास स्थित जॉनसन अंतरिक्ष केंद्र) के निदेशक डॉ. बॉब गिलरुथ ने एक अंतरिक्ष यान के तौर पर शटल की विश्वसनीयता पर टिप्पणी की थी। क्या आपको अब भी याद है कि उन्होंने क्या कहा था?

जॉन यंग : हाँ, मुझे याद है कि डॉ. गिलरुथ ने कहा था कि यह (स्पेस शटल) उतनी ही विश्वसनीय है जितना डी.सी.-8 वायुयान तथा ठीक उसके बाद उन्होंने कहा था कि क्रिप और मैं प्रत्येक बार जब भी रॉकेट डाइन कंपनी अथवा अन्य कहीं यह देखने

चित्र–4.2 : जेमिनी–3. मिशन के अंतरिक्ष यात्री जॉन यंग।

के लिए गए कि क्या चल रहा है तो इंजीनियर हर समय बुरी तरह व्यस्त लगे । इसलिए मैं इतना आश्वस्त नहीं था कि यह उतना ही विश्वसनीय होगा, जितना डी.सी.–8। काफी मजाक भी लगता था।

प्रश्न : स्पेस शटल के द्वारा किसी मिशन को फ्लाई करने की तुलना में अन्य अंतरिक्ष वेहिकल से फ्लाई करना आपको कैसा लगा, जिन्हें आपने फ्लाई किया है?

जॉन यंग : मैंने केवल यह सोचा था कि यह एक महान् प्रथम उड़ान होगी और बॉब क्रिपन को अपने सहयोगी के रूप में पाकर मैं बड़ा गौरवान्वित था। इसका कारण यह था कि क्रिपन को सॉफ्टवेयर की विस्तृत जानकारी थी। यह सच है कि यह वेहिकल (स्पेस शटल) पूरी तरह से सॉफ्टवेयर के द्वारा नियंत्रित है और इसमें लगभग 500 स्विच ऐसे हैं, जो सॉफ्टवेयर के द्वारा नियंत्रित हैं। हमें एरोडाइनॉमिक अनिश्चितताओं को भी हैंडल करना पड़ा था। यह वास्तव में बड़ी चीज थी तथा जब मैं मिशन से वापस लौटा तो मुझे याद है कि क्रिस क्रैफ्ट ने इसे सर्वोत्तम कहा था। क्रैफ्ट ने कहा था कि 'हम

लोगों ने मिशन में काफी निपुणता से कार्य किया तथा यह भी सच है कि प्रथम उड़ान में हमने काफी चीजें सीखीं।'

प्रश्न : क्रिस क्रैफ्ट जैसे महान् अंतरिक्ष विज्ञानिक के साथ आपने काम किया है जो मर्करी, जेमिनी और अपोलो अभियानों की अंतरिक्ष उड़ानों की एक विशिष्ट हस्ती थे। क्या जॉन, आप सोचते हैं कि अपोलो से स्पेस शटल तक मिशन परिवर्तन (ट्रांजीशन) में एक अंतरिक्ष यात्री का कार्य बदल जाता है?

जॉन यंग : मैं नहीं समझता कि इसमें किसी प्रकार का परिवर्तन होता है। आपको अनेक तंत्रों की जानकारी रखनी होती है और यह सीखना होता है कि उन्हें (तंत्रों को) किस प्रकार प्रचालित किया जाए, जिससे अमुक व्यक्ति तंत्र विशेषज्ञ बन सके। हम लोग भी वही थे। हम लोग तंत्र प्रचालक थे और निस्संदेह अब सॉफ्टवेयर हमारे समय की तुलना में काफी भिन्न है। यह काफी नाजुक सॉफ्टवेयर था। लेकिन मेरा मतलब है कि हम चंद्रमा पर गए और वहाँ से 36,000 शब्दों के साथ वापस लौटे। निस्संदेह ए.पी.-101 कंप्यूटर प्रथम बार 1966 में 'ए-6 इंट्रूडर' में फ्लाई कराए गए थे तथा इस तरह यह नहीं था कि यह बिलकुल नया हो। लेकिन यह ठीक प्रकार से जाँचा-परखा गया तथा इसके आरोहण (एसेंट) कक्षीय और प्रवेश प्रचालन मोड़ों ने बहुत अच्छी प्रकार से कार्य किया।

प्रश्न : आरोहण के समय एक बार जब ठोस रॉकेट बूस्टर स्पेस शटल से अलग हो गए तो स्पेस शटल का उड़ना कैसा लगा?

जॉन यंग : ऐसा लगा जैसे हम ग्लास के चेंबर के अंदर बैठे उड़ रहे हों। उड़ते समय मैं उपकरणों को पढ़ सकता था। इस तरह यह काफी अच्छा था। यह इतना अधिक हिल-डुल नहीं रहा था कि हम उपकरणों को न पढ़ सकें। हम ठोस रॉकेट मोटर स्टेज को अलग होकर पीछे जाते हुए देख सके थे। यह सबकुछ बहुत अच्छी तरह संपन्न हुआ और हम कक्षा में पहुँच गए तथा वहाँ पर नीतभार बे के दरवाजे खोले गए। सभी तंत्रों ने अच्छी तरह से काम किया।

प्रश्न : एक बार जब आप कक्षा में पहुँच गए तो स्पेस शटल कोलंबिया शटल एक अंतरिक्ष यान अथवा एक अंतरिक्ष कैप्सूल की तुलना में कैसा लग रहा था?

जॉन यंग : यह वह सभी कार्य कर रहा था जो इसे करने चाहिए थे। यह बहुत अच्छी तरह से कार्य कर रहा था। इसे इधर ले जाने तथा यह देखने में कि विभिन्न ऊँचाइयों में क्या तापक्रम होंगे, हमारा काफी अच्छा समय गुजरा। हमने बार-बार नीतभार बे के दरवाजे खोलने और बंद करने, सभी तंत्रों को प्रचालित करने तथा कक्षीय मनूवर तंत्र के इंजनों को प्रज्वलित करने का अभ्यास किया तथा यह कार्य हमने विभिन्न कक्षाओं में किया। यह सारा कार्यक्रम बड़ा अच्छा रहा।

प्रश्न : क्या इस मिशन ने किसी प्रकार से आपके जीवन को परिवर्तित किया?

जॉन यंग : नहीं, मैं ऐसा नहीं सोचता। मैं अंतरिक्ष यात्री कार्यालय का प्रमुख था। हम लोग अच्छे लोगों को ढूँढ़ रहे थे, जो स्पेस शटल को उड़ा सकें तथा उस तरह के कार्य कर सकें। मैंने जो कुछ भी किया, उसके विषय में काफी कुछ सीखा तथा इससे मुझे काफी अच्छी शिक्षा मिली। प्रथम उड़ान में तो निश्चित तौर पर हमने काफी कुछ सीखा। इसके बाद मैंने शटल मिशन एस.टी.एस.-9 भी उड़ाया तथा उससे भी काफी कुछ सीखा।

प्रश्न : आप यह सोचते हैं कि मूलत: आप अपनी ड्यूटी कर रहे थे?

जॉन यंग : हाँ, और अब भी कर रहा हूँ। मैं अब अंतरिक्ष यात्री एक्सप्लोरेशन वेहिकल पर कार्य कर रहा हूँ।

प्रश्न : यह चौथा तंत्र होगा, जिसके विषय में आपने अनेक चीजें सीखी हैं। इसलिए बताएँ कि आपने अंतरिक्ष यात्री एक्सप्लोरेशन वेहिकल के विकास से संबंधित अपने अनुभवों से क्या सीखा है?

जॉन यंग : मैं सोचता हूँ कि इसमें अनेक डिजाइन-चीजें शामिल हैं, जिनमें कोई जादुई बात नहीं होती है। यह तो सामान्य ज्ञान की बात है। निस्संदेह अंतरिक्ष उड़ान में समस्याएँ तो आती हैं तथा ऐसी समस्याएँ हम अंतरिक्ष मलबा (डेब्रिस) और उल्काओं के संदर्भ में नहीं महसूस करते हैं। हमें उल्काओं की कोई चिंता नहीं थी जब हम अपोलो मिशन फ्लाई कर रहे थे। लेकिन अब आरबिटर (स्पेस शटल का) को इस चीज का ध्यान रखना पड़ता है कि वह कहीं किसी उल्का या अंतरिक्ष मलबे से न टकरा जाए। यह आवश्यकता उस समय पड़ती है, जब हम अंतरिक्ष की कक्षा में पहुँच जाते हैं। इस प्रकार की बातों का ध्यान अंतरिक्ष यात्री एक्सप्लोशन वेहिकल के निर्माण में भी ध्यान में रखना पड़ेगा।

प्रश्न : आपके जीवन की उपलब्धियों में स्पेस शटल कोलंबिया की प्रथम उड़ान का क्या महत्त्व है?

जॉन यंग : जितनी भी अंतरिक्ष उड़ानें हमने कीं, वे सभी हमारे लिए आनंददायक थीं तथा प्रत्येक उड़ान से मैंने काफी चीजें सीखीं। जब हम किसी खास उड़ान पर यदि काम कर रहे हों तथा किसी चीज के लिए भी चिंतित नहीं होते हैं तो ज्यादातर मामलों में यही होता है कि शायद कोई समस्या न आए। इसलिए मैं अपनी प्रत्येक अंतरिक्ष उड़ान को अलग-अलग रूप में और अलग दृष्टि से देखता हूँ। जेमिनी-3 प्रथम उड़ान थी, जेमिनी प्रथम उड़ान थी, इस दृष्टि से कि इसमें दो बार समीपता उड़ान करनी पड़ी। अपोलो-10 प्रथम उड़ान थी, जिसके द्वारा मैं चंद्रमा के लिए गया। अपोलो-16 प्रथम उड़ान थी, जिसके द्वारा मैं चंद्र सतह पर उतरा। उसके बाद मैं स्पेस शटल की प्रथम

उड़ान में गया तथा प्रथम शटल उड़ान का अनुभव अच्छा था। उसके बाद मैं स्पेस लैब मिशन के लिए अंतरिक्ष में गया। वह मिशन भी अच्छा था। इस तरह इन सारी अंतरिक्ष उड़ानों में मुझे काफी मजा आया।

प्रश्न : प्रथम स्पेस शटल की प्रथम ऐतिहासिक उड़ान की याद में आपकी कोई समापन टिप्पणी ?

जॉन यंग : मैंने निश्चित तौर पर इसे एन्जॉय किया और मैं केनेडी अंतरिक्ष केंद्र के सभी लोगों को (स्पेस शटल की प्रथम उड़ान के समय) निष्ठा के साथ काम करने के लिए उनकी प्रशंसा करता हूँ। लेकिन हम लोगों ने काफी कार्य किया, हमने अनेक परीक्षण किए जो असामान्य थे तथा वे काफी सफल सिद्ध हुए। इसके अलावा स्पेस शटल वेहिकल ने ठीक उसी तरह कार्य किया जैसा हम लोगों ने आशा की थी। इसके द्वारा हम लोगों ने काफी चीजें सीखीं। अंतरिक्ष कार्यक्रम से संबद्ध होने में मैं अपने को अत्यंत गौरवान्वित महसूस करता हूँ तथा मेरी यह भी आशा है कि इस मिशन से संबंधित लोग भी (अपने योगदानों के लिए) स्वयं को गौरवान्वित महसूस करते होंगे।

प्रश्न : जॉन आपको धन्यवाद

ह्यूस्टन क्रॉनिकल द्वारा लिया गया जॉन यंग का एक साक्षात्कार

जॉन यंग का यह साक्षात्कार उनके अमेरिकी अंतरिक्ष संस्था नासा से रिटायरमेंट लेने के दो सप्ताह पहले लिया गया था। 74 वर्षीय जॉन यंग ने कहा कि वे अपना समय चंद्र सतह पर पुनः वापसी की पैरवी करने में तथा मानवयुक्त मंगल ग्रह मिशन की पैरवी करने में लगाएँगे।

प्रश्न : आप उस समय क्या सोच रहे थे जब आप अपोलो–10 अंतरिक्ष मिशन के द्वारा चंद्रमा के पास पहुँचे तथा अगली बार जब अपोलो–16 के द्वारा चंद्रमा की सतह पर उतरे ?

जॉन यंग : मैं अंतरिक्ष यान उड़ा रहा था तथा हम लोग चंद्र कक्षा में प्रवेश कर रहे थे। हम चंद्रमा की पीछे की साइड से चंद्रमा के उच्च स्थलीय क्षेत्रों के ऊपर से गुजरे। यह पूरा अंधकारमय था। इस प्रकार हम लोग अँधेरे में थे तथा जब सूर्य निकला तो हमने चंद्रमा के पीछे का हिस्सा देखा। बैक साइड के विषय में सबसे खास बात यह है कि यह जानकर बड़ा आश्चर्य होता है कि यहाँ पर कितने क्रेटर हैं। जब चंद्रमा की बैक साइड हम लोगों के ठीक सामने थी तो मुझे ऐसा आभास हुआ कि मानव इस बात को अच्छी तरह समझ सकेगा कि क्षुद्र ग्रहों और पुच्छल तारों ने हमारी पृथ्वी को किस प्रकार प्रताड़ित किया होगा। हम लोगों ने इसके कुछ फोटो लिये (ओझल होने के पहले)।

लेकिन चंद्र सतह का एक–छठा गुरुत्व अति सुंदर प्रतीत होता है। यह शून्य गुरुत्व

चित्र-4.3 : स्पेस शटल की प्रथम उड़ान (एस.टी.एस.-1) के कमांडर जॉन यंग (बाएँ) तथा पायलट क्रिपन (दाएँ)।

की भाँति नहीं होता है। आप शून्य गुरुत्व में एक पेंसिल गिराकर (ड्रॉप कर) उसे 3 दिन तक देखते रह सकते हैं। एक-छठे गुरुत्व में आप इसे नीचे जाते हुए देख सकते हैं।

प्रश्न : मानव चंद्रमा पर पुनः क्यों जाए?

जॉन यंग : चंद्रमा में अनेक संसाधन (रिसोर्सेज) उपलब्ध हैं, जिनके विषय में हम यह सीख सकेंगे कि उन्हें इस सदी में किस प्रकार प्रयोग में लाया जाए तथा वह एक बड़ी बात होगी। चंद्रमा पर रहने और कार्य करने के लिए जिन तकनीकों की आवश्यकता है, वे पृथ्वी ग्रह पर भी हमारी मदद करेंगी, लेकिन अनेक चीजें हमारे साथ असामान्य रूप से घटित हो सकती हैं, जैसे पुच्छल तारों एवं क्षुद्र ग्रहों के आघात और विशाल ज्वालामुखियों से होनेवाले संकट। यद्यपि अंतरिक्ष में उड़ान भरना एक जोखिम भरा कार्य है, लेकिन इस ग्रह (पृथ्वी) में रहना भी तो जोखिमपूर्ण है। आनेवाले 100 वर्षों में पुच्छल तारों एवं क्षुद्र ग्रहों के आघातों एवं विशाल ज्वालामुखियों के द्वारा मानव प्रजाति के लुप्त होने की संभावना है। यह संबंध कैसे बनता है? मुख्य बात यह नहीं है कि हम किसी अन्य ग्रह में मूव कर जाएँ बल्कि मुख्य बात यह है कि जो तकनीकें हमें किसी अन्य ग्रहों में रहने और कार्य करने के लिए आवश्यक होंगी, वही तकनीकें हमें पृथ्वी में लंबे अरसे तक सरवाइव करने में मदद करेंगी।

प्रश्न : आपने सन् 1981 में स्पेस शटल कोलंबिया की प्रथम उड़ान की कमांड सँभाली थी तथा आप नासा में सुरक्षा कदमों को बढ़ाने की पैरवी भी करते रहे हैं। आपकी सोच के अनुसार एजेंसी (नासा) इस संदर्भ में कितना प्रयास कर रही है तथा आपके अनुसार स्पेस शटल को कितने अरसे तक प्रयोग में लाया जाना चाहिए।

जॉन यंग : हमें अंतरिक्ष स्टेशन के निर्माण के लिए 28 स्पेस शटल फ्लाइटों की आवश्यकता पड़ेगी। उसके लिए शटल को ठीक से रखा जाए, प्रत्येक समस्या पर ठीक से ध्यान दिया जाए। मैं समझता हूँ कि इस संदर्भ में हम ठीक काम कर रहे हैं।

प्रश्न : सियन ओ केफी (नासा प्रशासक) के रिटायरमेंट के साथ अगला प्रशासक कैसा होना चाहिए?

जॉन यंग : मैं समझता हूँ कि ऐसे व्यक्ति की तलाश की आवश्यकता है, जो इस व्यवसाय (अंतरिक्ष से संबंधित) को ठीक से समझता हो। यह एक मुश्किल कार्य होता (जैसा आपको मालूम है) जो विज्ञान और तकनीकी से संबंधित होता है, जो दीर्घकालीन अवधि में इस क्षेत्र को उच्चतम करके उसे प्रगति के मार्ग पर लगाए। इस तरह के कार्य करनेवाले लोगों का आसानी से मिलना भी मुश्किल कार्य होता है।

चंद्रमा और मंगल ग्रह में पुन: वापस जाने का लक्ष्य यद्यपि इस काम में उन तकनीकों के विकास की आवश्यकता पड़ेगी, जो दीर्घ अवधि में पृथ्वी ग्रह में लोगों की रक्षा करेगी, अच्छा है लेकिन इसमें कोई इन्वेस्ट नहीं करना चाहता है। आप सोचते हैं कि लोग अपने बच्चों, पोतों और उनके बच्चों के लिए चिंतित होंगे, लेकिन वास्तव में ऐसा नहीं है। अब हमारे पास उन तकनीकों को विकसित करने की क्षमता है, जो हमारे भाग्य को नियंत्रित कर सकती हैं और मेरा मानना है कि हमें वह करना भी चाहिए। मैं ऐसा सोचता हूँ कि लंबे समय में मानव सभ्यता को सरवाइव कराने की दृष्टि से यह बहुत महत्त्वपूर्ण है। हम लोग एक विशाल दल—मानव प्रजाति से संबंधित हैं। यह बात बहुत महत्त्वपूर्ण है।

प्रश्न : आपकी रिटायरमेंट योजनाएँ क्या हैं?

जॉन यंग : मैं इस चीज की वकालत करने की सोच रहा हूँ, जो उन तकनीकों के विकास पर जोर देती हैं, जिसके द्वारा हम इस ग्रह से पलायन कर सकें (आवश्यकता पड़ने पर) तथा शटल को चलायमान रखें। हम एक अंतरिक्ष स्टेशन बनाएँ। हम वे सारे कार्य करें, जिससे विज्ञान और तकनीकी में प्रगति हो। लंबे अंतराल में इस प्रकार के कार्य करते हुए हम निश्चित तौर पर पृथ्वीवासियों के लिए अच्छे कार्य कर सकेंगे। मैं यह भी सोचता हूँ कि इस ग्रह की भावी सभ्यता के लिए ऊर्जा के वैकल्पिक स्रोतों की ओर जाना तथा पहल करना बहुत महत्त्वपूर्ण बात होगी और वही भविष्य की कुंजी होगी।

□

5

नायोको यामाजाकी : अंतरिक्ष में जानेवाली प्रथम जापानी माँ अंतरिक्ष यात्री

नायोको यामाजाकी जापानी अंतरिक्ष संस्था 'जाक्सा' की महिला अंतरिक्ष यात्री हैं। वे जापान की द्वितीय महिला अंतरिक्ष यात्री हैं। प्रथम महिला अंतरिक्ष यात्री चियाकी मुकाई हैं। यामाजाकी का जन्म जापान के मैटसूडो शहर में हुआ। उनके बचपन के दो वर्ष सैपोरो में बीते। सन् 1989 में ओचैनोमिजू विश्वविद्यालय के सीनियर हाई स्कूल से ग्रेजुएशन के बाद यामाजाकी ने सन् 1993 में टोक्यो विश्वविद्यालय से एरोस्पेस इंजीनियरिंग में बैचलर ऑफ साइंस की डिग्री प्राप्त की। सन् 1996 में उसी विश्वविद्यालय से एरोस्पेस इंजीनियरिंग में मास्टर ऑफ साइंस की डिग्री प्राप्त की। उनकी शादी टेची यामाजाकी से हुई तथा उनके एक बेटी है, जिसका नाम यूकी है। नायोको यामाजाकी के व्यक्तिगत शौकों में शामिल हैं स्कुबा डाइविंग, बर्फ पर चलना (स्नो स्कीइंग), फ्लाइंग और संगीत। यामाजाकी के माता-पिता एकिटों (पिता) और कीमी सुमीनों मैडसूडो में रहते हैं। यामाजाकी जापानी रॉकेट संस्था एवं एरोनॉटिकल और अंतरिक्ष विज्ञान से संबंधित जापानी संस्था की सदस्य हैं।

यामाजाकी की अंतरिक्ष उड़ान एस.टी.एस.-131 थी, जिसमें स्पेस शटल डिस्कवरी का प्रयोग किया। इस उड़ान में यामाजाकी के साथ 2 महिला अंतरिक्ष यात्री तथा 4 पुरुष अंतरिक्ष यात्री थे। उड़ान का गंतव्य स्थल अंतरराष्ट्रीय अंतरिक्ष 'अल्फा' था। यह उड़ान 5 अप्रैल, 2010 को सार्वत्रिक समय 10:21 बजे पृथ्वी से उड़ी तथा 20 अप्रैल, 2010 को 13:08 बजे पृथ्वी पर वापस आ गई।

नायोको यामाजाकी का नासा के द्वारा लिया गया प्री-फ्लाइट साक्षात्कार

यह एस.टी.एस.-131 उड़ान की मिशन विशेषज्ञ नायोको यामाजाकी का साक्षात्कार है—

प्रश्न : हमें अपने होम टाउन के विषय में बताएँ तथा वहाँ का रहना कैसा रहा?

यामाजाकी : मेरा जन्म जापान के मैटसूडो शहर में हुआ, जो कि एक छोटा सा

चित्र-5.1 : प्रथम जापानी माँ अंतरिक्ष यात्री नायोको यामाजाकी।

कस्बा है। चूँकि यह टोक्यो का सबर्ब है। इसलिए हमें दोनों प्रकार की दुनिया देखने का सौभाग्य प्राप्त हुआ। एक लघु कस्बे के रूप में मैंने प्रकृति का आनंद लिया (विशेषकर ईडो नदी का) तथा बड़े शहर टोक्यो का भी फायदा मिला।

प्रश्न : अपने स्कीइंग के अलावा अन्य शौकों के विषय में बताएँ?

यामाजाकी : सैपोरो में रात का आकाश बहुत सुंदर दिखता था तो वहाँ पर सितारों को देखना बहुत अच्छा लगता था, इसमें मुझे अंतरिक्ष के प्रति दिलचस्पी बढ़ी। मैटसूडो शहर में एक तारामंडल था, जहाँ पर मात्र 30 सेंट में मैं तारों और तारामंडल के विषय में ज्ञान प्राप्त कर सकती थी। मैं अपने बड़े भाई के साथ प्रायः वहाँ जाती थी।

प्रश्न : आप अपने जीवन में शिक्षा के महत्त्व को किस रूप में लेती हैं?

यामाजाकी : शिक्षा ने हमारे जीवन में काफी महत्त्वपूर्ण भूमिका अदा की है। जीवन में शिक्षा के प्रारंभ से ही गणित और विज्ञान मुझे प्रिय थे तथा इनसे प्राप्त ज्ञान के द्वारा मैंने अपने कैरियर को विस्तृत किया।

प्रश्न : क्या आप याद कर सकती हैं कि आपके मस्तिष्क में अंतरिक्ष यात्री बनने का खयाल कब आया?

यामाजाकी : हाँ, जब मैं एक छोटी बच्ची थी तो मैं फिक्शन फिल्में, जैसे 'स्टार वार्स' देखने का शौक रखती थी तथा यह विश्वास रखती थी कि बड़ी होने पर मैं भी अंतरिक्ष में जाऊँगी। 15 वर्ष की उम्र में मैं टेलीविजन देखने लगी तथा वहाँ पर मैंने स्पेस शटल का प्रमोचन देखा और यह महसूस किया, 'अरे! दुनिया में तो वास्तविक रूप से कार्य करनेवाला रॉकेट मौजूद है। यह कोई विज्ञान फिक्शन न होकर एक हकीकत थी।' इस तरह एक अंतरिक्ष यात्री बनने की ख्वाहिश मेरे मन में आई।

प्रश्न : सन् 1996 में आपने जापान की अंतरिक्ष संस्था के लिए काम करना प्रारंभ किया। इसका वर्तमान नाम 'जाक्सा' है तथा पहले इसका नाम 'नासदा' था। कृपया बताएँ कि प्रारंभ में आपने कौन-कौन से कार्य किए तथा ये कार्य करते हुए आप अंतरिक्ष यात्री कार्प्स तक कैसे पहुँचीं?

यामाजाकी : सन् 1996 में मैंने एक इंजीनियर के तौर पर 'नासदा' में कार्य करना प्रारंभ किया, जिसे अब 'जाक्सा' कहते हैं। मैंने जापानी परीक्षण मॉड्यूल 'किबो' के विकास में कार्य किया, जिसे अंतरराष्ट्रीय अंतरिक्ष स्टेशन 'अल्फा' से जोड़ दिया गया है। इस तरह इस प्रकार के कार्य से मुझमें अंतरिक्ष यात्री बनने की इच्छा जाग्रत् हुई तथा अंतरराष्ट्रीय अंतरिक्ष स्टेशन में जाकर 'किबो' में कार्य करने का विचार मन में आया। सन् 1998 में मैंने जापानी अंतरिक्ष यात्री कार्प्स में चयन के लिए आवेदन किया। यह मेरा द्वितीय प्रयास था तथा नासा की तरह ही जापानी अंतरिक्ष संस्था भी चयन प्रक्रिया संपन्न करती है। संपूर्ण प्रक्रिया पूरा होने के बाद मेरा चयन हुआ और मैं बहुत खुश थी।

प्रश्न : यहीं से अब आप अपनी कहानी प्रारंभ करें। बताएँ कि अंतरिक्ष यात्री बनने के बाद आप यहाँ जॉनसन अंतरिक्ष केंद्र कैसे आईं?

यामाजाकी : सन् 1991 में मैंने अपना मूल प्रशिक्षण प्रारंभ किया तथा यह मूल प्रशिक्षण कई देशों—जापान, कनाडा, अमेरिका, रूस तथा यूरोपीय देशों में संपन्न हुआ; क्योंकि ये देश अंतरराष्ट्रीय अंतरिक्ष स्टेशन कार्यक्रम में प्रमुख भागीदार हैं। मूल प्रशिक्षण के बाद 7 महीने का प्रशिक्षण मैंने रूस के स्टार सिटी में लिया, जहाँ मुझे फ्लाइट इंजीनियर के तौर पर रूसी सोयुज अंतरिक्ष यानों की जानकारी दी गई।

प्रश्न : एस.टी.एस.-131 आपकी प्रथम अंतरिक्ष उड़ान है। बताएँ कि उस समय आप कहाँ थीं और क्या कर रही थीं, जब आपको पता चला कि आपका चयन इस उड़ान के लिए कर लिया गया है?

यामाजाकी : मैं आगे के प्रशिक्षण के लिए जापान जा रही थी, जब मुझे अंतरिक्ष यात्री कार्यालय प्रमुख से एक संदेश प्राप्त हुआ (उस समय स्टी लिंडसी प्रमुख थे)। जब मैंने इसे पढ़ा तो मुझे बड़ी खुशी हुई तथा मैंने अपने परिवार और सभी लोगों का धन्यवाद किया, जिन्होंने मुझे सपोर्ट किया था।

प्रश्न : इस मिशन के विषय में आप क्या सोच रही हैं तथा इस मिशन के द्वारा आप किस प्रकार का अनुभव प्राप्त करने की आशा रखती हैं?

यामाजाकी : मैं आशा कर रही हूँ कि अंतरिक्ष दल के अपने साथियों के साथ मिलकर मैं इस मिशन के उद्देश्यों को पूरा कर पाऊँगी तथा उसके साथ-साथ मैं अंतरिक्ष से पृथ्वी को देखने के लिए भी बहुत उत्सुक हूँ। इसके साथ-साथ मैं सूक्ष्म गुरुत्व का आनंद लेने के लिए भी उत्सुक हूँ।

प्रश्न : यह मिशन जापानी अंतरिक्ष संस्था 'जाक्सा' के लिए एक यादगार क्षण होगा तथा यह वह क्षण होगा कि पहली बार दो जापानी अंतरिक्ष यात्री—आप और सोइची नागूची—एक साथ अंतरिक्ष में होंगे। आपके और जापान के लिए कितनी महत्त्वपूर्ण बात होगी?

यामाजाकी : हाँ, निस्संदेह जापान के लिए यह बहुत बड़ी बात होगी। अमेरिकी अंतरिक्ष यात्रियों के लिए यह एक सामान्य बात है। मैं और सोइची अल्फा स्टेशन में अनेक कार्य करेंगे तथा अन्य अंतरिक्ष यात्रियों के साथ हम जापानी कल्चर भी शेयर करेंगे।

प्रश्न : हमें बताएँ कि प्रारंभिक वर्षों से लेकर अंतरिक्ष स्टेशन 'अल्फा' में जापान की महत्त्वपूर्ण उपस्थिति और भूमिका की अवधि तक जापान ने अंतरिक्ष अन्वेषण के क्षेत्र में क्या-क्या प्रगति की है?

यामाजाकी : धन्यवाद, जापान ने एक पेंसिल रॉकेट से प्रारंभ होकर एच-2

रॉकेट का विकास किया तथा अंतरिक्ष स्टेशन के लिए एच-2 ट्रांसफर वेहिकल को सफलतापूर्वक डिलीवर किया है। 'अल्फा' स्टेशन के लिए जापान के महत्त्वपूर्ण योगदान के रूप में 'किबो' (जापानी परीक्षण मॉड्यूल) अल्फा स्टेशन से जोड़ा जा चुका है। इसके साथ अनेक जापानी अंतरिक्ष यात्रियों ने अंतरराष्ट्रीय अंतरिक्ष स्टेशन 'अल्फा' असेंबली कार्यों में महत्त्वपूर्ण योगदान प्रदान किया है।

प्रश्न : अंतरिक्ष कार्यक्रम की पृष्ठभूमि में अनेक लोगों की महत्त्वपूर्ण भूमिका होती है। लेकिन इसके अलावा हजारों लोग कार्य करते रहते हैं, जो मिशन को सफल बनाते हैं। कृपया बताएँ कि आप ऐसे लोगों के विषय में क्या सोचती हैं?

यामाजाकी : बिना अनेक कार्यकर्ताओं की मदद के अंतरिक्ष कार्यक्रम असंभव है। इन लोगों के योगदान महान् होते हैं। जब भी मैं फ्लोरिडा के ह्यूस्टन में वर्क साइट पर जाती हूँ (या अमेरिका अथवा जापान में जाती हूँ) तो मैं इन लोगों से बहुत सी बातें सीखती हूँ। मैंने उनसे बहुत कुछ सीखा है और उनके कठोर परिश्रम के लिए मैं उनकी प्रशंसा करती हूँ। इस तरह मैं जब अंतरिक्ष में जाती हूँ तो अपने हृदय में अनेक लोगों के विचारों के साथ अंतरिक्ष में जाऊँगी।

प्रश्न : इस मिशन (एस.टी.एस.-131) में आपकी मुख्य भूमिका और उत्तरदायित्व क्या होंगे?

यामाजाकी : इस मिशन में मेरी भूमिका 'लोड मास्टर' की है। इसका अर्थ है कि 120 घंटे से भी अधिक मिशन अवधि के दौरान होनेवाली सभी स्थानांतर गतिविधियों का मैं संचालन करूँगी। स्पेस शटल की जाँच करने के लिए मैं उसकी रोबोटिक भुजा का संचालन करूँगी। इसके अलावा मैं और स्टैफेनी मिलकर अंतरराष्ट्रीय अंतरिक्ष स्टेशन की रोबोटिक भुजा का भी संचालन करेंगे।

प्रश्न : एक 'लोड मास्टर' की हैसियत से बहूउद्देशीय लॉजिस्टिक्स मॉड्यूल और अल्फा स्टेशन के बीच विशालकाय भार को स्थानांतरित करने में आप किन चुनौतियों की उम्मीद करती हैं?

यामाजाकी : हाँ, बिलकुल सही है। 'लोड मास्टर' एक चुनौतीपूर्ण कार्य है। मैं एस.टी.एस.-131 मिशन में स्टीफैनी विल्सन के साथ 'लोड मास्टर' की भूमिका में हूँ तथा अल्फा अंतरिक्ष स्टेशन के लिए 6 टन से अधिक की सामग्री स्थानांतरित करूँगी और स्टेशन से अवांछनीय सामग्री पृथ्वी को वापस ले जाएँगे। इस प्रकार सामान स्थानांतरण का कार्य 120 घंटे से अधिक तक चलेगा और यह चुनौतीपूर्ण कार्य होगा।

प्रश्न : हमें बताएँ कि अल्फा स्टेशन से शटल की जुड़ी अवस्था में क्या भागीदारी के ऑपरेशन होंगे तथा मिशन की सफलता के लिए यह भागीदारी कितनी जटिल होगी?

यामाजाकी : अल्फा स्टेशन का अंतरिक्ष यात्री दल प्रत्येक शटल मिशन में एक

महत्त्वपूर्ण भूमिका निभाता है। वे हमारे लिए आवश्यक सभी औजारों की तैयारी करेंगे तथा स्टेशन में हमारी मदद करेंगे। इसलिए बिना उनकी मदद के मिशन सफल नहीं होगा और मैं स्टेशन के प्रत्येक अंतरिक्ष यात्री के साथ काम करने का इंतजार कर रही हूँ।

प्रश्न : जब आप अंतरिक्ष की कक्षा में प्रवेश करेंगी तो योजना के अनुसार अंतरिक्ष यात्री दल शटल के बाह्य भाग की जाँच करेगा। कृपया उस प्रक्रिया के विषय में बताएँ तथा उस प्रक्रिया में आपकी क्या भूमिका होगी?

यामाजाकी : स्पेस शटल की जाँच एक टीम कार्य होता है। हमारे अधिकांश अंतरिक्ष यात्री जाँच गतिविधियों में भाग लेंगे तथा जिम डटन, डाटी मेटकाफ लिंडेनबर्गन तथा मैं स्पेस शटल के प्रत्येक भाग की जाँच करेंगे। उत्तरदायी व्यक्ति यह सुनिश्चित करेंगे कि रोबोटिक भुजा योजना के अनुसार मनूवर कार्य कर रही है तथा वे यह भी सुनिश्चित करेंगे कि विभिन्न ढाँचों के बीच के निर्धारित रिक्त स्थान (क्लियरेंस) वही है जैसा नियोजित किया गया था। सपोर्ट देनेवाले व्यक्ति कैमरा दृश्यों को एडजस्ट करने में मदद करेंगे तथा सुनिश्चित निर्देशों का पालन करेंगे। इस तरह यह एक बड़ा टीम कार्य है।

प्रश्न : फिर अगले दिन किसी बिंदु पर शटल अंतरिक्ष यात्री दल स्टेशन को अपने समीप पाएगा और आप दोनों अंतरिक्ष यानों के बीच की दूरी को कम करती हुई अंत में गैप को समाप्त कर देंगी। कृपया बताएँ कि अल्फा स्टेशन के समीप अपने और उससे जुड़ने की क्या समय तालिका होगी?

यामाजाकी : मैं स्पेस शटल की डाकिंग अभियांत्रिकी को प्रचालित करूँगी (मेटकाफ लिंडेनबर्गन के साथ)। इस प्रकार एक बार जब स्पेस शटल स्पेस स्टेशन के पास पहुँच जाती है तब हम जुड़नेवाले तंत्र (डॉकिंग सिस्टम) को प्रचालित करेंगे, जिसके लिए हम कुछ स्विच और मॉनीटरों का प्रयोग करेंगे तथा दूरमिति (टेलीमीट्री) का भी प्रयोग किया जाएगा। इन प्रचालनों से यह सुनिश्चित किया जाएगा कि दोनों अंतरिक्ष यान आपस में सुरक्षित हैं।

प्रश्न : और दोनों अंतरिक्ष यानों (अल्फा अंतरिक्ष स्टेशन एवं स्पेस शटल) के जुड़ जाने के बाद (अर्थात् डॉकिंग) आप दोनों के हैच (दरवाजे) खोलेंगे तथा अंदर जाएँगे और एक-दूसरे को हाय कहेंगे। उस दिन आप इसके अलावा और क्या करेंगे जब दोनों अंतरिक्ष यानों की डाकिंग हो जाती है।

यामाजाकी : जब स्पेस शटल अंतरराष्ट्रीय अंतरिक्ष स्टेशन से जुड़ जाती है और जब दोनों अंतरिक्ष यानों के बीच के दरवाजे खोले जाते हैं, तब स्टैफनी और मैं स्पेस शटल की रोबोटिक भुजा का प्रचालन करेंगे। (संभवतः क्युपोला रोबोटिक वर्क स्टेशन को, जो एस.टी.एस.-130 मिशन में डिलीवर किया गया था)।

प्रश्न : प्रथम स्पेस वॉक के समय रिक मैस्ट्रेचियो और क्ले एंडर्सन, प्रत्येक

चित्र-5.2 : अपनी अंतरिक्ष उड़ान के पहले एस.टी.एस.-131 मिशन का अंतरिक्ष यात्री दल केनेडी अंतरिक्ष केंद्र में शटल लैंडिग सुविधा में। यामाजाकी मीडिया से बात कर रही हैं।

व्यक्ति अंदर स्टेशन के अंदर के कार्यों में व्यस्त होगा और आप सामान के स्थानांतरण में व्यस्त होंगी। आप स्थानांतरण कहाँ से प्रारंभ करेंगी तथा स्थानांतरण की क्या योजना होगी ?

यामाजाकी : स्पेस वॉक के समय स्थानांतरण गतिविधियाँ चुनौतीपूर्ण होंगी, क्योंकि हम बड़ी-बड़ी चीजों का स्थानांतरण नहीं कर सकते, क्योंकि ये स्पेस वॉक में बाधक बनेंगी। इसके लिए हमने एक विशिष्ट क्रम बनाया।

प्रश्न : अब हम स्पेस शटल के निर्धारित आखिरी छोर की ओर बढ़ रहे हैं। कुछ लोगों की तरफ से इसमें कुछ भावनात्मक बंधन संबद्ध है, जो अंतरिक्ष कार्यक्रम और स्पेस शटल से जुड़े हुए हैं अथवा जो आखिरी मददगार हैं।

यामाजाकी : मेरे लिए यह बहुत बड़ा मतलब रखती है। स्पेस शटल इंजीनियरों, अंतरिक्ष यात्रियों एवं प्रशासकों के लिए कठिन मेहनत और समर्पित प्रयासों का एक अभूतपूर्ण प्रतिरूप रहा है। मैं समझती हूँ कि इसकी उपलब्धियों को परंपरागत उत्सव के रूप में मनाना चाहिए और उसके साथ-साथ अंतरिक्ष का सपना जीवित रखना चाहिए।

प्रश्न : क्या आपके पास स्पेस शटल की कुछ यादें हैं, जो आप हम लोगों के साथ बाँटना चाहेंगी ? और यदि ऐसा है तो कृपया बताने का कष्ट करें कि उन क्षणों ने आपको इतना अधिक प्रभावित क्यों किया ?

यामाजाकी : हमारी स्पेस शटल की यादें जापानी अंतरिक्ष यात्रियों से संबंधित हैं। लगभग सत्रह वर्ष पहले मैमोरू मोहरी स्पेस शटल के द्वारा अंतरिक्ष में जानेवाले प्रथम जापानी थे। उसके बाद चियाकी मुकाई दो बार स्पेस शटल के द्वारा अंतरिक्ष में गईं तथा उनकी दूसरी उड़ान वह यादगार उड़ान थी, जिसमें वे जॉन ग्लेन के साथ गईं। इसके अलावा कोइची वकाटा स्पेस शटल के द्वारा अंतरराष्ट्रीय अंतरिक्ष स्टेशन में गए तथा वे प्रथम जापानी थे, जो दीर्घकालीन अवधि वाले अंतरिक्ष मिशन (एक्सपेडीशन क्रयू) में गए। इसके अलावा सोइची नोगूची फ्लाइट मिशन की वापसी में शटल से वापस आए तथा स्पेस वॉक करनेवाले प्रथम जापानी टकाओ डोई थे। आकी होशीडे प्रमुख किबो मॉड्यूल लेकर अंतरराष्ट्रीय अंतरिक्ष स्टेशन में आए। इस प्रकार ये सभी स्पेस शटल की स्मृतियाँ मेरे लिए एक खास मायने रखती हैं तथा हमारे प्रशिक्षण के समय ये हमारे लिए प्रेरणा की बड़ी स्रोत बनीं।

प्रश्न : आप इसकी कल्पना कैसे करती हैं कि एक ऐसी दुनिया में जहाँ पर विश्व के विभिन्न देशों के बीच अंतरिक्ष उड़ान एक सामान्य बात हो गई है, वहाँ पर स्पेस शटल को कैसे याद किया जाएगा?

यामाजाकी : स्पेस शटल का वास्तविक उद्देश्य मात्र एक शटल अथवा परिवहन तंत्र (जैसे एक वायुयान) की भाँति था और जब हम विभिन्न दुनियाओं के बीच यात्रा करते हैं (जैसे विभिन्न देशों के बीच) तो परिवहन तंत्र शटल तंत्र की भाँति ही होगा। इस प्रकार मूल उद्देश्य की पुनरावृत्ति होगी तथा उस तरह मेरा विश्वास है कि स्पेस शटल हर समय भविष्य में याद की जाएगी।

जापानी अंतरिक्ष संस्था के द्वारा लिया गया यामाजाकी का साक्षात्कार

प्रश्न : इस मिशन के लिए आपका प्रशिक्षण कैसा था?

यामाजाकी : नवंबर 2008 में मेरा निर्धारण एस.टी.एस.-131 मिशन के लिए कर दिया गया था तथा सन् 2009 के बसंत से मिशन के अंतरिक्ष यात्री के रूप में मेरा प्रशिक्षण प्रारंभ हुआ। हमने स्पेस शटल और अंतरराष्ट्रीय स्टेशन अल्फा के विषय में अपना ज्ञान बढ़ाना शुरू कर दिया। ग्रीष्म काल के प्रारंभ से दो या तीन लोगों के साथ हमारा प्रशिक्षण प्रारंभ हुआ। अंतरिक्ष की कक्षा में किसी प्रकार की गलती से बचने के लिए हमने शटल की रोबोटिक भुजा को टीम रूप में प्रचालित किया। अंतरिक्ष यात्रियों के बीच गलती न होने के उद्देश्य से अच्छी संचार प्रक्रिया आवश्यक होती है। प्रमोचन के कुछ समय पहले 7 अंतरिक्ष यात्रियों के दल ने संपूर्ण दिवस का प्रचालन वास्तविक फ्लाइट शेड्यूल में ग्राउंड नियंत्रण टीम के साथ (जो 24 घंटे कक्षा में हमें सपोर्ट दे सके)

सिमुलेट किया। हमारा 90 प्रतिशत प्रशिक्षण गलतियों को न करने के उद्देश्य से है।

प्रश्न : जब आपको प्रथम सूचना मिली कि आप अंतरिक्ष में जानेवाली हैं तो आपको कैसा महसूस हुआ? आपके परिवार की प्रतिक्रिया क्या थी?

यामाजाकी : जब मुझे एस.टी.एस.-131 मिशन के लिए नियत किया गया तो मैं बहुत खुश थी। मेरा एक निर्धारित लक्ष्य था और वह था कि मिशन में सर्वोत्तम कार्य करूँ। मैं अन्य अंतरिक्ष यात्रियों के साथ प्रशिक्षण लेने की प्रतीक्षा कर रही थी। मेरा परिवार भी बहुत खुश था। मेरी एक 7 वर्ष की बेटी है और मेरे पति एक बार उसे स्पेस शटल का प्रमोचन दिखाने ले गए, जिसमें एक जापानी अंतरिक्ष यात्री भी जा रहा था। मेरी बेटी ने कहा, ''मम्मी इस स्पेस शटल की अगली उड़ान से जाएगी।''

□

6

पेग्गी व्हिटसन : अंतरराष्ट्रीय अंतरिक्ष स्टेशन 'अल्फा' की प्रथम महिला कमांडर

पेग्गी व्हिटसन (जन्म 9 फरवरी, 1960) एक अमेरिकी जैव रसायन अनुसंधानकर्ता, नासा की अंतरिक्ष यात्री और नासा की मुख्य अंतरिक्ष यात्री हैं। उनका प्रथम अंतरिक्ष मिशन सन् 2002 में था, जिसके अंतर्गत अंतरराष्ट्रीय अंतरिक्ष स्टेशन अल्फा के एक्सपेडीशन-5 अंतरिक्ष यात्री दल की सदस्या के रूप में उन्होंने अल्फा स्टेशन में 184 दिन 22 घंटे का समय गुजारा। उनके दूसरे मिशन का प्रमोचन 10 अक्तूबर, 2007 को हुआ। इस मिशन में वे अंतरराष्ट्रीय अंतरिक्ष स्टेशन अल्फा की प्रथम महिला कमांडर बनाई गईं (स्थायी अंतरिक्ष यात्री दल-16 की)। इस मिशन में उन्होंने अंतरराष्ट्रीय अंतरिक्ष स्टेशन अल्फा में 191 दिन 19 घंटे गुजारे। इस तरह उनका कुल अंतरिक्ष प्रवास 376 दिन 17 घंटे का रहा, जो एक महिला विश्व रिकॉर्ड है। सबसे अधिक स्पेस वॉक करने का महिला विश्व रिकार्ड भी पेग्गी व्हिटसन के नाम है।

माउंट आयर आइवा में जन्मी व्हिटसन ने सन् 1978 में माउंट आयर कम्यूनिटी हाई स्कूल से ग्रेजुएशन किया। सन् 1981 में आइवा वेसलेयन कॉलेज से बैचलर ऑफ साइंस की डिग्री प्राप्त की तथा सन् 1985 में उन्होंने राइस विश्वविद्यालय से रसायन शास्त्र में डॉक्टरेट डिग्री प्राप्त की। पेग्गी व्हिटसन का यह साक्षात्कार नासा के द्वारा लिया गया है।

प्रश्न : विश्व में सैकड़ों-हजारों पायलट और वैज्ञानिक हैं, लेकिन उनमें से केवल 100 अंतरिक्ष यात्री हैं। वह क्या बात थी, जिसने आपको इसके लिए प्रेरित किया कि आप भी उनमें से (अंतरिक्ष यात्रियों में से) एक बनें?

व्हिटसन : मैं उन लोगों से प्रेरित हुई, जिन्होंने चंद्र सतह पर विचरण किया।

चित्र-6.1 : अंतरराष्ट्रीय अंतरिक्ष स्टेशन की प्रथम महिला कमांडर पेग्गी व्हिटसन।

वास्तव में यह मेरे लिए एक महान् प्रेरणा थी। यह प्रेरणा मेरे लिए लक्ष्य के रूप में तब तक परिणित नहीं हुई, जब तक मैंने हाई स्कूल से ग्रेजुएशन नहीं प्राप्त किया। संयोग से यह वही वर्ष था जब महिला अंतरिक्ष यात्रियों के प्रथम समूह का चयन किया गया था। मैं समझती हूँ कि यह वह समय था जब मैंने सोचा कि मुझे अंतरिक्ष यात्री बनना चाहिए। इसके बावजूद संपूर्ण प्रक्रिया के विषय में मुझे बहुत कम पता था। लेकिन मुझमें एक आशा की किरण थी, जिसने मुझे लक्ष्य के पीछे लगे रहने को प्रेरित किया। मुझे याद है कि मैं नासा का एक भाग बनने के प्रति उत्सुक थी। इसलिए मैं शिक्षा के क्षेत्र में उन लक्ष्यों को पाने के प्रति सजग हुई, जो नासा में कार्य करनेवाले किसी वैज्ञानिक के लिए आवश्यक है।

प्रश्न : आप नासा में एक वैज्ञानिक थीं तथा अब भी हैं। लेकिन इससे पहले आप

एक अंतरिक्ष यात्री थीं। आप प्रारंभ से शुरू करें और अपनी शिक्षा एवं प्रोफेशनल बैकग्राउंड के विषय में बताएँ कि इनके द्वारा आप इस मुकाम तक कैसे पहुँचीं?

व्हिटसन : मैं आइवा से आई—दक्षिणी केंद्रीय आइवा से। यह एक ग्रामीण क्षेत्र है। वहाँ बहुत कम लोग रहते हैं तथा इसके सबसे नजदीकी कस्बे में केवल 32 लोग रहते थे। हमारे हाई स्कूल में 300 विद्यार्थी थे, तो यह एक छोटा-सा पर्यावरण था, जिसमें मैं बड़ी हुई। लेकिन मेरे माता का काफी सपोर्ट मेरे लिए उपलब्ध था तथा उन्होंने मुझे इस चीज के लिए प्रोत्साहित किया कि मेरे मन में जो भी हो, उसे मैं पूरा करूँ। इसलिए मैंने प्रयास किया और मैं आइवा के एक छोटे से कॉलेज में गई तथा तीन वर्ष कॉलेज जाने के बाद मैं ह्यूस्टन (टेक्सास) स्थित राइस विश्वविद्यालय चली गई। मैंने अपना अंडरग्रेजुएट जीव विज्ञान और रसायन शास्त्र में किया। जीव विज्ञान मुझे प्रिय था। मैंने रसायन शास्त्र को चुनौतीपूर्ण पाया। इन दोनों विषयों के प्रति लगाव के कारण मैंने राइस विश्वविद्यालय से बायोकैमिस्ट्री में पी-एच.डी. प्राप्त की।

प्रश्न : जीव विज्ञान से आपको इतना अधिक लगाव क्यों हो गया?

व्हिटसन : यह ठीक कुछ ऐसा था, जिसके प्रति मैं बहुत उत्सुक थी। हो सकता है कि यह अध्यापकों की वजह से हुआ हो अथवा फार्महाउस में जानवरों और पेड़-पौधों के साथ रहने के कारण हुआ हो अथवा यह एक किसान की बेटी होने का असर हो। मेरा ऐसा सोचना है। राइस विश्वविद्यालय से शिक्षा प्राप्त करने के बाद मैं तुरंत नासा के जॉनसन अंतरिक्ष केंद्र में काम करने लगी। इस तरह मैं हर समय यह कहती रही हूँ कि मेरे पास ऐसा कोई वास्तविक जॉब नहीं था, क्योंकि मैंने वही किया जो मैं करना चाहती थी और जो नासा का कार्य भी था। जॉनसन अंतरिक्ष केंद्र में मैंने पोस्ट डाक्ट्रल कार्य करना प्रारंभ किया तथा यहीं पर मैं नासा के एक अनुबंध के तहत जैव रसायन शास्त्र सेक्शन के प्रमुख के रूप में कार्य करने लगी। यहीं से मुझे अमेरिकी/रूसी संयुक्त वैज्ञानिक कार्य (उस समय यह सोवियत संघ था) में शामिल होने का अवसर मिला तथा रूसी लोगों से मिलकर मैं नासा/मीर परियोजना में कार्य करने लगी। इसमें संपूर्ण विज्ञान कार्यक्रम और संयुक्त विज्ञान कार्यक्रम को विकसित करने का उत्तरदायित्व मुझे दिया गया। विभिन्न प्रकार के कार्य करने में मुझे बड़ा आनंद आता था।

प्रश्न : आपने अपने घर का वर्णन किया है। लेकिन इसका नाम नहीं बताया है। यह बकिंसफील्ड आइवा है। ठीक है न?

व्हिटसन : हाँ, यह सही है।

प्रश्न : अंतरिक्ष से आपका होम टाउन कैसा दिखता है?

व्हिटसन : मैंने कई बार अंतरिक्ष से इसे खोजने का प्रयास किया। यह बहुत छोटा है। इसलिए इसके विषय में बहुत कुछ कहने के लिए नहीं है।

प्रश्न : लेकिन आपको उसके ऊपर से फ्लाई करने का मौका तो मिला ही होगा?

व्हिटसन : निश्चित तौर पर।

प्रश्न : और आप उसे अंतरिक्ष की कक्षा से देख सकती हैं?

व्हिटसन : मैं समझती हूँ कि इसके मध्य-पश्चिम से (विशेषकर) फ्लाई करते समय विशिष्ट बात लगती है। इसके खेतों और फील्डों का विशिष्ट पैटर्न जो हम देखते हैं वह काफी रमणीय है क्योंकि सड़कें काफी चौड़ी हैं, जो इस स्टेट के अधिकांश भाग को विभाजित करती हैं। यह सब देखना बड़ा आसान है। ये फीचर बड़े दिलचस्प दिखते हैं।

प्रश्न : जब आप वहाँ के स्थल और लोगों को देखती हैं तो उन्हें कैसा पाती है, यह सोचकर कि उन्होंने आपको वह महान् व्यक्ति बनाया जो आप आज हैं?

व्हिटसन : मैं समझती हूँ कि मेरे माता-पिता शायद सबसे कठिन परिश्रम करनेवाले लोग हैं, जिन्हें मैं जानती हूँ। मैं सोचती हूँ कि शायद मुझे समर्पण और हठधर्मिता की दुगुनी खुराक ही प्रमुख बात रही है, जिसका मेरी सफलता में योगदान रहा। यह खुराक मुझे मेरे माता-पिता से मिली।

प्रश्न : जब आप वहाँ (अंतरराष्ट्रीय अंतरिक्ष स्टेशन अल्फा) पहुँचेंगी तो अंतरराष्ट्रीय अंतरिक्ष स्टेशन की कमांड सँभालनेवाली आप प्रथम महिला होंगी। क्या यह बात आप में विशेष प्रकार का दाब (जिम्मेदारियों का) या विशिष्ट गौरव पैदा करेगा?

व्हिटसन : मैं समझती हूँ कि इसमें स्वाभाविक तौर पर मेरे ऊपर काफी दबाव होगा। एक कमांडर के रूप में मुझे अपने अंतरिक्ष यात्री दल के स्वास्थ्य और सुरक्षा तथा साथ-ही-साथ अंतरिक्ष यान की सुरक्षा के प्रति उत्तरदायी होना पड़ेगा। इस प्रकार मैं समझती हूँ कि इसमें काफी जिम्मेदारियाँ शामिल हैं और इससे मेरे ऊपर काफी दबाव होगा। मैं यह भी सोचती हूँ कि जो दबाव मैंने अपनी प्रथम अंतरिक्ष उड़ान में महसूस किया था—जब मुझे अंतरिक्ष का कोई भी अनुभव नहीं था तथा यह भी ठीक से नहीं पता था कि आगे क्या आशाएँ हैं, उस तरह का इस उड़ान में कोई दबाव नहीं है। निस्संदेह अंतरिक्ष में 6 महीने रहने के बाद (वह भी आरामदायक परिस्थितियों में) मैं इस उड़ान में भी वैसा ही महसूस कर रही हूँ।

प्रश्न : क्या अंतरराष्ट्रीय अंतरिक्ष स्टेशन को कमांड करने जा रही प्रथम महिला के रूप में कोई विशिष्ट दबाव है?

व्हिटसन : मुझे ऐसी आशा (हँसी) है कि मैं ऐसा नहीं सोचती। जो अंतरिक्ष यात्री दल मेरे साथ जा रहा है, उसके साथ कार्य करने का अवसर मिलेगा, इससे मैं अपने को बहुत भाग्यशाली मानती हूँ। हमारे अंतरिक्ष यात्री दल में जो लोग हैं, वे अति विशिष्ट लोग हैं तथा प्रत्येक का अपना-अपना व्यक्तिगत महत्त्व है। ये सब इस मिशन को एक

यादगार मिशन बनाएँगे। यह एक दिलचस्प बात है कि ये सभी भिन्न-भिन्न बैकग्राउंड से हैं। मैं सोचती हूँ कि एक महिला होने का कोई खास मतलब नहीं है। मेरा मानना है कि यह एक विशेष मौका है। उस भूमिका को निभाने का मुझे एक अवसर प्राप्त हुआ है। लेकिन यह भी प्रदर्शित करने का अवसर है कि नासा में अन्य महिलाएँ कैसा काम करती हैं, तो मुझे उस योग्य भी बनना है।

प्रश्न : जब आप इस मिशन को पूरा करके वापस घर आती हैं तो आप दो दीर्घकालीन उड़ानों के द्वारा अंतरिक्ष में कुल इतना समय गुजार चुकी होंगी कि ऐसा करनेवाली आप प्रथम महिला होंगी। क्या आइवा के फार्म हाऊस में रहते हुए कभी ऐसा विचार आपके मस्तिष्क में आया था?

व्हिटसन : नहीं, कभी नहीं; यह मेरी चेतना में आया कि अंत शायद ऐसा होगा। इसमें अनेक चीजें शामिल हैं तथा मात्र सही समय पर सही स्थान पर होने से मैं इसका क्रेडिट अपने आप नहीं ले सकती। लेकिन यहाँ आकर तथा उस भूमिका को निभाने के योग्य बनने में मुझे खुशी है। मैं सोचती हूँ कि उस भूमिका का महत्त्वपूर्ण भाग होगा अन्य महिलाओं को प्रोत्साहित करना, जिससे वे उस रिकार्ड को तोड़ सकें।

प्रश्न : आपके जॉब का 'फ्लाइंग इन स्पेस' भाग एक अंतरिक्ष यात्री के रूप में यह दरशाता है कि यह बहुत खतरनाक हो सकता है। वह कौन सी चीज है, जिसके आधार पर आप यह विश्वास करती हैं कि जोखिम (रिस्क) के साथ भी अंतरिक्ष उड़ान मानव के लिए कल्याणकारी है?

व्हिटसन : मैं समझती हूँ कि अन्वेषण काल से ही खतरे इसके साथ जुड़े रहे हैं तथा अन्वेषण का मतलब भी यही है। मैं सोचती हूँ कि इतिहास ने यह सिद्ध करके दिखा दिया है कि अन्वेषण का किया जाना उपयोगी है। हमें ठीक से यह नहीं पता होता है कि पास में हम कोई अगला कोना प्राप्त करनेवाले हैं और इसको ढूँढ़ना उपयोगी होता है तथा अन्वेषण के रास्ते का प्रत्येक स्टेप अन्वेषणीय होता है। निस्संदेह हम खतरों को निम्नतम करना चाहते हैं, जितना कर सकते हैं। लेकिन हमें यह स्वीकार करना पड़ेगा कि अगले स्टेप में जाने के लिए हमें कुछ जोखिम तो उठाना ही पड़ेगा।

प्रश्न : आप अंतरराष्ट्रीय अंतरिक्ष स्टेशन के स्थायी अंतरिक्ष यात्री दल-16 की कमांडर हैं। संक्षिप्त में इस उड़ान के लक्ष्यों का वर्णन करें तथा इसमें आपके प्रमुख उत्तरदायित्व क्या होंगे?

व्हिटसन : निस्संदेह कमांडर के रूप में मेरा प्रमुख दायित्व अंतरिक्ष यात्रियों एवं अंतरिक्ष यान की सुरक्षा है। लेकिन हमने इस मिशन को बहुत रोमांचक बनाने की दृष्टि से नियोजित किया है। हम इस मिशन के द्वारा अंतरराष्ट्रीय अंतरिक्ष स्टेशन में कई नए अवयव लगानेवाले हैं। तीन नए मॉड्यूल आएँगे तथा रोबोटिक भुजा के लिए एक नया

संलग्नक (अटैचमेंट) भी आएगा। इस प्रकार वास्तविक अर्थों में हम अपने अंतरराष्ट्रीय भागीदारों का शामिल होना पहली बार इस मिशन के सभी चरणों के दौरान देखेंगे। इस प्रकार मेरा विश्वास है कि यह बड़ा रोमांचक मिशन होगा।

प्रश्न : आप वहाँ (अंतरराष्ट्रीय स्टेशन) पूरे 6 महीने यूरी मैलेनचेंको (फ्लाइट इंजीनियर) के साथ गुजारनेवाली हैं, जो सोयुज कमांडर भी हैं तथा आप और उन्होंने इस स्टेशन में दीर्घकालीन आवास बिताया है। क्या उससे आपकी ट्रेनिंग में काफी अंतर पड़ा है अथवा इससे आपको मदद मिलेगी जब आप वहाँ पहुँचती हैं?

व्हिटसन : निश्चित ही इससे ट्रेनिंग में काफी अंतर आया है। मैं सोचती हूँ कि जब मैं अंतरिक्ष में पहली बार गई (जिसका मुझे पहले कोई अनुभव नहीं था) तो मुझे हर चीज की चिंता थी। मैं यह निश्चित नहीं थी कि मुझे क्या-क्या पता होना चाहिए। इसलिए मैंने यह सोचा कि मुझे पूरी तरह से सबकुछ पता होना चाहिए। लेकिन दूसरी उड़ान में मैं अधिक रिलैक्स हूँ। अब मेरे लिए यह जानना आसान हो गया है कि किस चीज के लिए चिंता करना अधिक महत्त्वपूर्ण होगा, किस चीज को प्रोसीजर के रूप में लिखने की आवश्यकता होगी, अंतरिक्ष की कक्षा में प्रवास के दौरान मुझे किस चीज की आावश्यकता होगी इत्यादि। इस प्रकार अब मैं अधिक रिलैक्स हूँ। लेकिन कमांडर के रूप में विभिन्न भूमिका में आपातकालीन तरीकों के संदर्भ में मेरी कई जिम्मेदारियाँ होंगी तथा विभिन्न अंतरिक्ष यात्रियों की भी जिम्मेदारियाँ होंगी, जिनका निर्धारण मैं कमांडर के रूप में करूँगी। इस तरह भूमिका बड़ी है तथा इसके लिए कई बार मैं परेशान हो चुकी हूँ। एक बार जब मैं अंतरराष्ट्रीय अंतरिक्ष स्टेशन में पहुँचती हूँ तो समझती हूँ कि मैं और यूरी बड़ी शीघ्रता से काम में लग जाएँगे। मैं समझती हूँ कि ऐसा आवश्यक होगा, क्योंकि यह मिशन बहुत ही आक्रामक मिशन है। इसका नियोजन तीन भिन्न स्पेस शटल उड़ानों (जो अल्फा स्टेशन में आएँगी) को ध्यान में रखकर किया गया है। इसमें दो प्रोग्रेस सामान वाहक अंतरिक्ष यानों और एक ऑटोमैटेड ट्रांसफर वेहिकल (ए.टी.वी.) का आगमन भी अल्फा स्टेशन में होगा।

प्रश्न : तीन स्पेस शटल उड़ानें जो नया हार्डवेयर प्रदान करेंगी तथा जो (हार्डवेयर) 4 भिन्न अंतरिक्ष संस्थाओं से आनेवाला है, मैंने जोड़ लगाया है; उसके अनुसार 14 स्पेस वॉकों का नियोजन है। यह तो स्थायी अंतरिक्ष यात्री दल-5 (जो आपकी प्रथम अंतरिक्ष उड़ान थी) से भी अधिक हलचलवाला दृश्य होगा।

व्हिटसन : वास्तव में स्थायी अंतरिक्ष यात्री दल-5 के समय भी 3 शटल उड़ानें, 2 प्रोग्रेस अंतरिक्ष यानों की उड़ानें और एक सोयुज की उड़ान संपन्न हुई थीं। उस समय मैंने एक स्टेज वाली ईवा (स्पेस वॉक) की थी तथा इस बार मैं तीन स्टेज वाली ईवा (स्पेस वॉक) करूँगी। नोड 2 और कोलंबस मॉड्यूल के आने के बीच की जानेवाली

स्पेस वॉकें जटिल होंगी तथा बिना इन स्पेस वॉकों को पूरा किए हम अंतरिक्ष स्टेशन में नए मॉड्यूल स्वीकार नहीं कर सकते हैं। इसलिए इन स्टेज स्पेस वॉकों की जटिलता काफी गंभीर है।

प्रश्न : अब तक जितनी चीजों की चर्चा की गई है, उनके ऊपर एक फ्लाइट इंजीनियर की अदला-बदली भी है, जो तीन शटल फ्लाइटों में प्रत्येक के समय संपन्न होगी। क्या इस अदला-बदली की प्रक्रिया ने मिशन की तैयारियों और प्रशिक्षण को जटिल बना दिया है?

व्हिटसन : निश्चित ही इसने प्रशिक्षण को जटिल बना दिया है, क्योंकि इससे अनेक प्रकार के अंतरिक्ष यात्रियों को भिन्न तरीके से प्रशिक्षित करना पड़ा। मैं समझती हूँ कि इससे कक्षीय प्रचालन काफी दिलचस्प होंगे। विशिष्ट स्टेज से भिन्न अंतरिक्ष यात्रियों के संलग्न होने के बहुत से लाभ हैं। इससे अंतरिक्ष यात्री विशिष्ट परीक्षणों के विशेषज्ञ (उस मॉड्यूल अथवा अव्यय के, जो वे अपने साथ ला रहे हैं) हो जाते हैं। इससे प्रत्येक चरण में हमारे पास ज्ञान का विशाल भंडार बन जाता है।

प्रश्न : स्थायी अंतरिक्ष यात्री दल-16 की खास बात यह है कि आप इसकी कमांडर हैं—स्टेशन की प्रथम महिला कमांडर। इस उड़ान के विभिन्न चरणों में महिलाएँ अनेक लीडरशिप पदों पर होंगी। यह सही है?

व्हिटसन : वास्तव में यह भी रोमांचक बात है। एस.टी.एस.-120 शटल मिशन में पामेला मेलर्वाय इसकी कमांडर होंगी। मेरी लीड फ्लाइट डायरेक्टर होली राइडिंग्ज हैं। मेरे दो विभिन्न शटल मिशनों के अलग लीड डायरेक्टर हैं, जो उन चरणों के दौरान कार्यरत होंगे और वे हैं डैना वेगल और सैली डेविस। इस तरह हमारी एक लंबी टीम है।

प्रश्न : अब बात करते हैं शटल मिशन एस.टी.एस.-120 की, जो आपके वहाँ पहुँचने के बाद पहुँचनेवाला प्रथम होगा। यह आपके वहाँ पहुँचने के एक सप्ताह बाद पहुँचेगा। इसमें प्रमुख नीतभार है दूसरा कनेक्टिंग नोड, जिसका नाम हार्मोनी है। उस मॉड्यूल के विषय में बताएँ कि स्टेशन का इसके लिए क्या मतलब है?

व्हिटसन : नोड 2, हार्मोनी में 6 विभिन्न पोर्ट हैं, जिनमें हम स्टेशन की निर्माण प्रक्रिया में मॉड्यूल जोड़ सकते हैं। स्टेशन के लगातार विकास के लिए हार्मोनी एक महत्त्वपूर्ण अवयव है।

प्रश्न : एस.टी.एस.-120 शटल मिशन के दौरान जब नोड-2 का स्थापन किया जाता है तो आप स्पेस शटल एवं स्टेशन की रोबोटिक भुजाओं का प्रयोग करेंगे। मैं सोचता हूँ कि काम ही ऐसा होगा, जहाँ इनकी आवश्यकता होगी।

व्हिटसन : हाँ, जब नोड-2 का स्थापन किया जाएगा तो हम स्टेशन की रोबोटिक भुजा का प्रयोग करेंगे। इसके अलावा भी एस.टी.एस.-120 मिशन के दौरान कुछ और

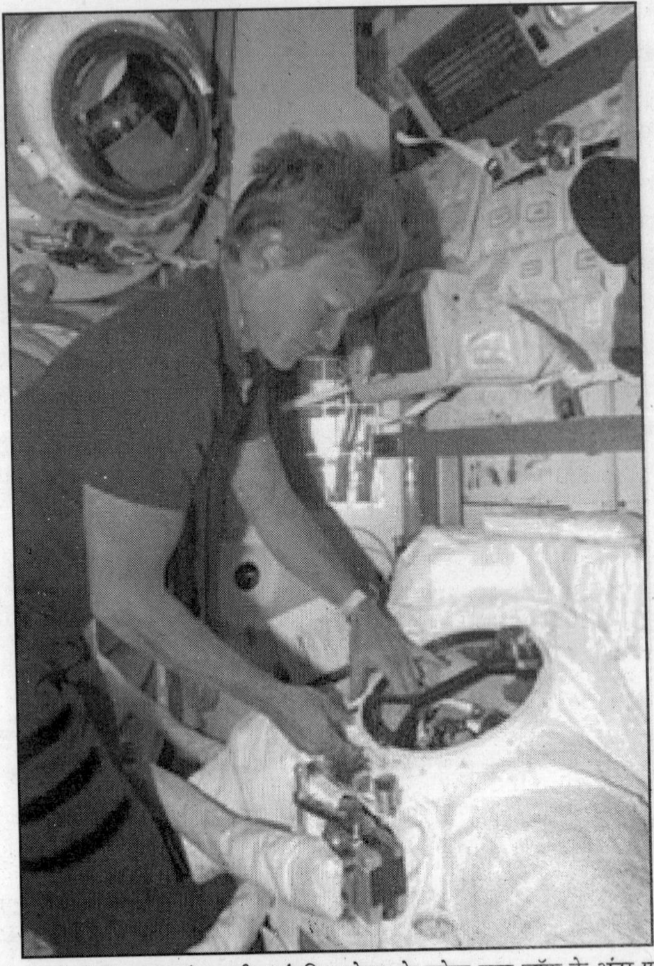

चित्र-6.2 : पेग्गी व्हिटसन अंतरराष्ट्रीय अंतरिक्ष स्टेशन के क्वेस्ट एयर लॉक के अंदर एक एक्स्ट्रा वेहिकुलर मोबिलिटी यूनिट के साथ कार्य करती हुई।

भी दिलचस्प कार्य होंगे। शटल के अंतरिक्ष यात्री शटल रोबोटिक् भुजा का तथा स्टेशन के अंतरिक्ष यात्री रोबोटिक भुजा का प्रचालन करेंगे।

प्रश्न : यह एक अच्छा उदाहरण है कि स्टेशन में गतिशील रोबोटिक तंत्र का होना एक जटिल बात है?

व्हिटसन : हाँ, वास्तव में इस रोबोटिक भुजा का स्टेशन के चारों ओर घूमने की क्षमता के कारण ही हम अल्फा जैसे जटिल स्टेशन का निर्माण कर पाने में सफल हुए हैं।

प्रश्न : जब स्पेस शटल (एस.टी.एस.-120 मिशन) वापस जाती है तो यह

अंतरिक्ष यात्री डैनियल टैनी को स्टेशन में ही छोड़कर जाएगी तथा नोड-2 यूनिटी मॉड्यूल से जुड़ा होगा। उसके बाद आप तीनों के लिए वहाँ क्या काम होगा?

व्हिटसन : डैन हमारे रोबोटिक विशेषज्ञ हैं। वे रोबोटिक प्रचालन की अगुवाई करेंगे तथा वहाँ पर मैं सी.बी.एम. (कॉमन बर्थिम ऑपरेटर) की भूमिका निभाऊँगी।

प्रश्न : इसके बाद आपके ही अंतरिक्ष प्रवास के दौरान एक अन्य शटल मिशन अल्फा स्टेशन में आएगा, जिसमें एक महत्त्वपूर्ण नीतभार होगा। आपके अनुसार यूरोपीय प्रयोगशाला कोलंबस का अंतरिक्ष की कक्षा में पहुँचना किस दृष्टि से महत्त्वपूर्ण होगा?

व्हिटसन : यह एक अंतरराष्ट्रीय अंतरिक्ष स्टेशन है। लेकिन यह (अर्थात् कोलंबस प्रयोगशाला) अंतरिक्ष स्टेशन में आनेवाला यूरोपीय अंतरिक्ष संस्था का सबसे बड़ा अवयव है। इसलिए यूरोपीय अंतरिक्ष संस्था निस्संदेह इससे बहुत अधिक रोमांचित है। इसके द्वारा उन्हें नए वैज्ञानिक मॉड्यूलों को प्रयोग करके बहुत बड़ा विज्ञान कार्यक्रम करने में मदद मिलेगी। हम लोग वैज्ञानिक महत्त्व की दृष्टि से इस प्रयोगशाला के आगमन की प्रतीक्षा कर रहे हैं।

प्रश्न : आपने फ्रांस के अंतरिक्ष यात्री ल्योपोल्ड यहार्टस का जिक्र किया था। वे उस दौरान स्टेशन में ही रहेंगे, जब कोलंबस प्रयोगशाला स्टेशन में पहुँचेगी और डैनियल टैनी वापस चले जाएँगे। क्या इसका मतलब यह है कि उस समय अधिकांश कार्य कोलंबस प्रयोगशाला से संबंधित ही किए जाएँगे?

व्हिटसन : हाँ, मैं समझती हूँ कि यह (कोलंबस प्रयोगशाला का स्थापन और प्रचालन कार्य) एक प्रमुख कार्य होगा। निस्संदेह स्टेशन में अनेक ऐसे कार्य हैं, जो हर समय चलते रहते हैं। ल्योपोल्ड को भी इनके लिए प्रशिक्षित किया गया है।

प्रश्न : यूरोपीय अंतरिक्ष संस्था का एक और 'प्रथम' है जो अगले वर्ष के प्रारंभ में आएगा। वह है 'ऑटोमेटेड ट्रांसफर वेहिकल (ए.टी.वी.)'। थोड़ा सा इस अंतरिक्ष यान के विषय में बताएँ तथा अंतरराष्ट्रीय अंतरिक्ष स्टेशन के प्रचालन में इसका क्या योगदान होगा?

व्हिटसन : इस अंतरिक्ष यान का भार रूसी मालवाहक अंतरिक्ष यान से 4 गुना ज्यादा है। यह अंतरिक्ष यान दाबयुक्त गैसों तथा पानी का स्थानांतरण कर सकता है। इसमें निस्संदेह अंतरिक्ष में भोजन, कपड़े तथा अंतरिक्ष यात्रियों की सुविधाजनक चीजें ले जाने के लिए काफी आयतन है। इस प्रकार एक मामले में यह काफी बड़ा प्रोग्रेस अंतरिक्ष यान है, जो कि रूसी आपूर्ति अंतरिक्ष यान के कार्य होते हैं। इसकी विशिष्ट बात यह है कि यूरोपीय अंतरिक्ष वैज्ञानिक एक नवीन डाकिंग तंत्र और समीपता से उड़ने वाले तंत्र की टेस्टिंग करना चाहते थे। इसलिए यह एक नया टेस्ट होगा। ये सभी कार्य स्वचालित रूप से होंगे।

प्रश्न : प्रोग्रेस अंतरिक्ष यान से हटकर (जो प्रमोचन के दो दिन बाद स्टेशन से जुड़ता है) 'ए.टी.वी.' अंतरिक्ष यान का अल्फा स्टेशन से समीपता से उड़ना काफी लंबी प्रक्रिया होगी।

व्हिटसन : हाँ ऐसा है, क्योंकि वे यह सुनिश्चित करने के लिए काफी टेस्ट करते हैं कि सबकुछ ठीक से काम कर रहा है।

प्रश्न : आपके अंतरिक्ष स्टेशन प्रवास के दौरान स्पेस शटल की एक और विजिट होगी (स्थायी अंतरिक्ष यात्री दल-16 की उपस्थिति में) और इसके द्वारा जापान व कनाडा से हार्डवेयर अंतरिक्ष स्टेशन में लाया जाएगा। कनाडा के द्वारा भेजे जानेवाले रोबोटिक हैंड (जिसका नाम डेक्सटर है) तथा जापानी प्रयोगशाला किबो के प्रथम कंपोनेंट के विषय में बताएँ?

व्हिटसन : वर्तमान स्टेशन रोबोटिक भुजा का डेक्सटर अतिरिक्त अवयव है। स्टेशन की रोबोटिक भुजा काफी लंबी है। सूक्ष्म मैनीपुलेशनों के लिए डेक्सटर एक अलग संलग्नक है। जापानी मॉड्यूल इतना बड़ा है कि इसे खाली अवस्था में ही प्रमोचित करना पड़ेगा। इसे नोड-2 से जोड़ा जाएगा।

प्रश्न : हमने अंतरिक्ष स्टेशन से संबंधित निर्माण स्थापन और डिलीवरी के विषय में काफी चर्चा की है। इसके अलावा अंतरराष्ट्रीय अंतरिक्ष स्टेशन में विज्ञान का और विशेषकर प्रयोगशाला विज्ञान का काफी स्कोप है तथा इन सबका प्रमुख उद्देश्य है कि अंतरिक्ष की भारहीनता की परिस्थिति में मनुष्य कैसे रह सकता है?

व्हिटसन : हमने कुछ एकीकृत इम्यून अध्ययनों की योजना बनाई है, जहाँ पर हम अंतरिक्ष उड़ान के प्रभावों (अंतरिक्ष यात्रियों के इम्यून तंत्र पर) का अध्ययन करेंगे। हम पौष्टिकता स्तरों का मॉनीटरन यह जानने के लिए कर रहे हैं कि ये स्तर अंतरिक्ष की कक्षा में अंतरिक्ष यात्रियों के स्वास्थ्य को कैसे प्रभावित करते हैं। इनमें से तो एक यही है कि विटामिन 'डी' का स्तर अस्थि घनत्व के लिए महत्त्वपूर्ण होता है।

प्रश्न : यह भी एक बड़ी अच्छी बात है कि विश्व के प्रथम कृत्रिम उपग्रह 'स्पुतनिक' के प्रमोचन की 50वीं वर्षगाँठ आपकी दूसरी अंतरिक्ष उड़ान के ठीक पहले पड़ रही है (4 अक्तूबर को)। उस विषय में आप क्या सोचती हैं कि अंतरिक्ष युग के 50 वर्षों में हम मानवों ने क्या प्रगति की है?

व्हिटसन : निस्संदेह यह बड़ा रोमांचक है। मैं सोचती हूँ कि 4 अक्तूबर को 50 वर्ष पहले उठाया गया कदम बहुत महत्त्वपूर्ण था। मुझे यह सोचकर बड़ा कौतूहल लगता है। प्रारंभिक अंतरिक्ष दौड़ में इतनी अधिक स्पर्धा थी। अंतरिक्ष अन्वेषण में एक विशाल अंतरराष्ट्रीय अंतरिक्ष स्टेशन की महानता यही है कि यह एक शांतिपूर्ण उद्देश्यों के लिए बनाई गई अंतरराष्ट्रीय परियोजना है, जिसे हम सबों ने एक साथ मिलकर बनाया है।

प्रश्न : जो देश इस अंतरिक्ष स्टेशन का निर्माण कर रहे हैं, जैसा कि आपने नोट किया होगा, उनकी योजना इस अंतरिक्ष स्टेशन के बाहर जाकर अन्वेषण करने की है। भावी मानवयुक्त अंतरिक्ष अन्वेषण के संदर्भ में आपके क्या विचार हैं तथा उसमें अंतरराष्ट्रीय अंतरिक्ष स्टेशन का क्या योगदान होनेवाला है?

व्हिटसन : अन्वेषण के प्रत्येक चरण में कुछ मील के पत्थर होते हैं। मैं समझती हूँ कि अंतरराष्ट्रीय अंतरिक्ष स्टेशन एक प्रमुख माइलस्टोन है—केवल अंतरराष्ट्रीय दृष्टि से ही नहीं, बल्कि अंतरराष्ट्रीय भाईचारा बनाने की दृष्टि से भी आवश्यक है, जिसके माध्यम से हमारी दुनिया हमारे ग्रह से बाहर तक फैल सकती है। मैं समझती हूँ कि यह बहुत महत्त्वपूर्ण है।

□

7

नील आर्मस्ट्रांग : चंद्रमा पर उतरनेवाले प्रथम अंतरिक्ष यात्री

चंद्र सतह पर पदार्पण करनेवाले प्रथम मानव नील अल्डेन आर्मस्ट्रांग का जन्म 5 अगस्त, 1930 को ओहियो प्रांत के वापाकोनेटा स्थान पर हुआ। वे विवाहित हैं तथा उनके दो बच्चे हैं। आर्मस्ट्रांग ने पर्ड्यू विश्वविद्यालय से एरोनॉटिकल इंजीनियरिंग में बैचलर ऑफ साइंस की डिग्री, दक्षिणी कैलीफोर्निया विश्वविद्यालय से एरोस्पेस इंजीनियरिंग में मास्टर ऑफ साइंस की डिग्री प्राप्त की। इसके अलावा उनके पास अनेक विश्वविद्यालयों की ऑनरेरी डॉक्टरेट की डिग्रियाँ हैं।

आर्मस्ट्रांग ने सन् 1949 से 1957 के बीच नेवल एवियेटर के रूप में काम किया तथा कोरिया युद्ध के दौरान उन्होंने 78 कांबैट मिशन उड़ाए। सन् 1971-79 के दौरान आर्मस्ट्रांग सिनसिनाटी विश्वविद्यालय में एरोस्पेस इंजीनियरिंग के प्रोफेसर थे, जहाँ पर वे प्रशिक्षण और अनुसंधान में व्यस्त थे। वर्तमान में वे ए.आई.एल. तंत्र नामक कंपनी के (न्यूयॉर्क स्थित) चेयरमैन हैं।

आर्मस्ट्रांग ने 'एन.ए.सी.ए.' (नेशनल एडवाइजरी कमेटी फॉर एरोनॉटिक्स—नासा का पूर्व नाम) संस्था को अनुसंधान पायलट के रूप में क्लीवलैंड की लेविस प्रयोगशाला में ज्वाइन किया तथा बाद में उनका ट्रासफर कैलीफोर्निया के एडवर्ड्स वायुसेना बेस में हो गया। आर्मस्ट्रांग को 200 से भी अधिक विभिन्न प्रकार के वायुयानों की उड़ानों का अनुभव है, जिनमें शामिल हैं—जेट, राकेट, वायुयान, हेलीकॉप्टर और ग्लाइडर्स। सन् 1962 में आर्मस्ट्रांग को अंतरिक्ष यात्री स्टेटस में ट्रांसफर किया गया। जेमिनी 8 मिशन में वे कमांड पायलट थे, जिसका प्रमोचन 16 मार्च, 1966 को किया गया तथा दो अंतरिक्ष यानों की प्रथम सफल डाकिंग (अंतरिक्ष में जुड़न क्रिया) में भाग

चित्र-7.1 : प्रथम चंद्र मानव नील आर्मस्ट्रांग

लिया। सन् 1969 में वे अपोलो-11 के कमांडर बने तथा इस मिशन के द्वारा चंद्र सतह पर पदार्पण करनेवाले वे प्रथम मानव बने। सन् 1970 से 1971 के बीच वे नासा के मुख्यालय में डिप्टी एसोसिएट एडमिनिस्ट्रेटर (एरोनॉटिक्स के लिए) रहे। आर्मस्ट्रांग का यह साक्षात्कार थिंक क्वेस्ट टीम के द्वारा लिया गया था।

प्रश्न : जब आपने चंद्र सतह पर पदार्पण किया तो आपको कैसा लगा?

आर्मस्ट्रांग : एक पायलट के रूप में मेरे लिए सबसे रोमांचक था—चंद्र सतह पर लैंड करना। यह वह समय था जब हमने अमेरिकी व्यक्तियों को चंद्र सतह पर लैंड कराने का राष्ट्रीय लक्ष्य पा लिया था। लैंडिंग तरीका उस उड़ान का सबसे मुश्किल भाग था।

चित्र–7.2 : 16 जुलाई, 1999 को नील आर्मस्ट्रांग केनेडी अंतरिक्ष केंद्र में

चंद्र सतह पर विचरण बहुत ही रोमांचक था। लेकिन इसका अनुभव उतना ही सुरक्षित महसूस हुआ जैसा हमने सोचा था। इस प्रकार लैंडिंग की अनुभूति चंद्र सतह पर विचरण से ज्यादा सुंदर लगी।

प्रश्न : आपकी चंद्र यात्रा का सबसे रोमांचक भाग क्या था?

आर्मस्ट्रांग : मेरे उपरोक्त उत्तर की भाँति उड़ान का सबसे दिलचस्प पहलू मॉड्यूल का सतह पर उतरना तथा लैंडिंग करना था। उड़ान का यह भाग पहले कभी

नहीं संपन्न किया गया था तथा उड़ान का यह सबसे खतरनाक पहलू था एवं इसके लिए बनाई गई पूर्व योजना अत्यंत जटिल थी। इसके साथ अंतरिक्ष यान तंत्र काफी ज्यादा लोड किया गया था।

प्रश्न : क्या अब भी आप पुनः चंद्रमा पर जाने का सपना देखते हैं?

आर्मस्ट्रांग : जहाँ दूर तक मैं अगर याद करता हूँ तो मुझे नहीं लगता है कि मैंने कभी चंद्र उड़ान अथवा इस तरह की किसी भी भावी उड़ान को सपने में नहीं देखा।

प्रश्न : आप अंतरिक्ष पर्यटन के विषय में तथा प्राइवेट तरीके से अंतरिक्ष अन्वेषण प्रक्रिया के विकास को किस रूप में देखते हैं, जो धीरे-धीरे शुरू हो रहा है?

आर्मस्ट्रांग : इस संदर्भ में जो प्रगति हो रही है तथा अंतरिक्ष पर्यटकों के प्रति प्रोत्साहनवर्द्धक विचार से मैं काफी उत्साहित हूँ। प्रारंभिक अंतरिक्ष पर्यटन उड़ानों को 50-70 मील ऊँचाई के लिए नियोजित किया गया। यह कई मिनटों की भारहीनता का अहसास कराएगी तथा नीचे देखने पर पृथ्वी का विहंगम और अविस्मरणीय दृश्य का अवलोकन कराएगी। उपर्युक्त वर्णित ऊँचाइयों पर मात्र 5 प्रतिशत ऊर्जा (पृथ्वी को कक्षा में पहुँचने के लिए आवश्यक ऊर्जा की तुलना में) के द्वारा पहुँचना संभव हो सकेगा। लेकिन यह स्पष्ट है कि पृथ्वी की कक्षा तथा उसके बाहर पहुँचना महँगा कार्य होगा। इस प्रकार की उड़ानों को संपन्न करने के लिए हमें नोदन तंत्र में और भी अधिक सुधार और विकास करना होगा, जिससे इस प्रकार की उड़ानें प्रायोगिक हो सकें।

प्रश्न : चंद्रमा पर लैंड करने जैसे विचित्र विषय पर प्रशिक्षण लेना कैसा लगा?

आर्मस्ट्रांग : अमेरिका सोवियत संघ के साथ अंतरिक्ष दौड़ की प्रतिस्पर्धा में था तथा किसी दौड़ में यह अत्यधिक महत्त्वपूर्ण और आवश्यक होता है कि प्रतिस्पर्धा में उम्मीदवार बहुत तेज दौड़ें। अपोलो कार्यक्रम के अंतरिक्ष यात्री, इंजीनियर और तकनीशियन 15 घंटे प्रतिदिन के हिसाब से काम कर रहे थे। इस कार्यक्रम के लिए अंतरिक्ष यात्रियों ने उड़ानों के नियोजन तथा अपने जटिल कार्यक्रमों को नियोजित करने में एक तिहाई समय लगाया। उड़ान के पहले एक-तिहाई समय अंतरिक्ष यान तथा इसके तंत्रों की जाँच में लगाया गया। आखिरी एक-तिहाई समय अंतरिक्ष यानों के अध्ययन तथा विभिन्न प्रकार के सिमुलेटरों के ऊपर अंतरिक्ष उड़ान का अभ्यास करने में खर्च हुआ।

प्रश्न : शीत युद्ध के समय तथा वर्तमान के अंतरिक्ष अन्वेषण प्रक्रियाओं में आप क्या प्रमुख अंतर पाते हैं?

आर्मस्ट्रांग : अंतरिक्ष में तो कोई परिवर्तन नहीं हुआ है। अनेक मायनों में तकनीकी में काफी परिवर्तन और काफी सुधार हुए हैं। इसका सबसे अच्छा उदाहरण है डिजिटल तकनीकी, जहाँ कि आज के सेल फोन अपोलो कमांड मॉड्यूल और चंद्र मॉड्यूल के कंप्यूटरों की तुलना में अधिक शक्तिशाली हैं, जिनका प्रयोग चंद्र सतह पर

मार्गदर्शन (नेविगेशन) तथा अंतरिक्ष यान के सभी नियंत्रक तंत्रों को प्रचालित करने के लिए किया गया।

प्रश्न : आपकी राय में अंतरिक्ष अन्वेषण के क्षेत्र में भविष्य में क्या होनेवाला है?

आर्मस्ट्रांग : अमेरिका की योजना है कि लगभग एक दशक में मानव को चंद्र सतह पर पुनः भेजा जाए तथा सन् 2030 तक मंगल ग्रह में जाने के लिए आवश्यक तकनीकी का विकास किया जाए। लेकिन सौर तंत्र के सुदूरस्थ पहुँचवाले क्षेत्रों के अन्वेषण के लिए मानव रहित प्रोबों का भेजना जारी रहेगा।

प्रश्न : क्या चंद्र सतह पर लैंडिंग और चंद्र अन्वेषण कार्य में आपको आनंद आया?

आर्मस्ट्रांग : चंद्र अन्वेषण में बड़ा आनंद आया। इसमें काफी अधिक मेहनत का कार्य शामिल है, जो यह सिद्ध करता है और मैं आशा भी करता हूँ कि कड़ी मेहनत करने में भी मजा आता है।

प्रश्न : क्या आप ऐसा सोचते हैं कि अंतरिक्ष अन्वेषण का भविष्य सरकारी कार्यक्रमों (जैसे नासा) के रूप में संपन्न होगा अथवा यह प्राइवेट कंपनियों के हाथ में चला जाएगा अथवा दोनों का मिला-जुला संगम होगा?

आर्मस्ट्रांग : अर्द्ध सदी के पहले के प्रथम उपग्रह और अंतरिक्ष उड़ानें सरकारी आर्थिक अनुदान से (अमेरिकी और सोवियत संघ की सरकारों के द्वारा) संपन्न हुईं। अब अनेक अंतरिक्ष यानों के निर्माण की परियोजनाएँ प्राइवेट कंपनी के हाथों में हैं। इसका अच्छा उदाहरण है, वे उपग्रह जो ग्लोबल स्तर पर संचार और दूरदर्शन सेवाएँ प्रदान करते हैं। मैं आशा करता हूँ कि इसी तरह का एक परिवर्तन (ट्रांजीशन) मानव के अंतरिक्ष स्थानांतरण क्षेत्र में भी घटित होगा। नासा इस प्रकार के विकास के कार्यक्रमों को 'काट्स' (व्यावसायिक कक्षीय परिवहन सेवाओं) जैसी परियोजनाओं के माध्यम से प्रोत्साहित कर रहा है, जहाँ पर आधा मिलियन डालर पूँजी का निवेश व्यावसायिक अंतरिक्ष गतिविधियों में अंतरिक्ष तंत्र के विकास के लिए किया गया है। इसके द्वारा अंतरराष्ट्रीय अंतरिक्ष स्टेशन को आपूर्ति पहुँचाने एवं अंतरिक्ष यात्रियों के स्थानांतरण का कार्य किया जा सकेगा। साथ-ही-साथ इसका प्रयोग अन्य बहुत से उपयोगी उद्देश्यों के लिए भी किया जा सकेगा। मुझे आशा ही नहीं, पूर्ण विश्वास है कि सरकार अंतरिक्ष उड़ान की गतिविधियों के क्षेत्र में एक महत्त्वपूर्ण भूमिका निभाती रहेगी।

□

8

स्कॉट केली और मार्क केली : विश्व के एकमात्र जुड़वाँ भाई अंतरिक्ष यात्री

विश्व में जुड़वाँ अंतरिक्ष यात्रियों का केवल एक ही जोड़ा है, और ये अंतरिक्ष यात्री हैं स्कॉट केली और मार्क केली। इन दोनों का जन्म 21 फरवरी, 1964 को न्यू जर्सी के ओरेंज स्थान पर हुआ। स्कॉट केली अंतरिक्ष में दो बार तथा मार्क केली अंतरिक्ष में तीन बार यात्रा कर चुके हैं। स्कॉट केली की प्रथम उड़ान शटल मिशन एस.टी.एस.-103 था जो हब्बल अंतरिक्ष दूरबीन का तीसरा सर्विसिंग मिशन था तथा इसमें उनकी भूमिका एक पायलट की थी। स्कॉट केली की दूसरी उड़ान एस.टी.एस.-118 थी, जिसमें वे मिशन कमांडर थे। मार्क केली की तीन अंतरिक्ष उड़ानें थीं—एस.टी.एस.-108 (पायलट की भूमिका), एस.टी.एस.-121 (पायलट की भूमिका) और एस.टी.एस.-124 (कमांडर की भूमिका)। मार्क केली और स्कॉट केली का यह संयुक्त साक्षात्कार नासा द्वारा लिया गया। स्कॉट केली का चयन भावी स्थायी अंतरिक्ष दल-26 के कमांडर के रूप में तथा मार्क केली का चयन आखिरी शटल मिशन एस.टी.एस.-134 के कमांडर के रूप में हो चुका था।

योजना के अनुसार स्थायी अंतरिक्ष यात्री दल-26 के कमांडर स्काट केली तथा स्पेस शटल की उड़ान एस.टी.एस.-134 के कमांडर मार्क केली को एक समय में अल्का अंतरिक्ष स्टेशन के अंदर होना था तथा यह उनका साक्षात्कार उसी प्लैनिंग के अनुसार लिया गया था, लेकिन बाद में तकनीकी कारणों से दोनों एक साथ अल्फा स्टेशन में नहीं रह सके (यद्यपि दोनों की निर्धारित उड़ानें संपन्न हुई)।

प्रश्न : आज (29 जुलाई, 2010) हम यहाँ केली भाइयों—स्कॉट केली (स्थायी अंतरिक्ष यात्री दल-25 के फ्लाइट इंजीनियर, जो स्थायी अंतरिक्ष यात्री दल-26 के

चित्र-8.1 : अंतरिक्ष यात्री मार्क केली (दाएँ) और स्कॉट केली (बाएँ)

कमांडर बनेंगे) तथा मार्क केली (भावी स्पेस शटल एंडयौर की उड़ान एस.टी.एस.-134 के कमांडर, जो अंतरराष्ट्रीय अंतरिक्ष स्टेशन के लिए होगी) के साथ हैं, जो एक अति विशिष्ट क्षण है। आप लोगों का जन्म 21 फरवरी, 1964 को हुआ—न्यू जर्सी के पश्चिमी ओरेंज स्थान पर। अंतरिक्ष की कक्षा में जब आप लोगों का आमना-सामना होगा तो आप 46 वर्ष के हो जाएँगे। एंडयौर शटल के प्रमोचन के ठीक पहले आप 46 वर्ष के हो जाएँगे। इसलिए पहला प्रश्न जो स्वाभाविक है, चूँकि आप अनुरूप 'टिंवस' (जुड़वाँ) हैं। इसलिए 'आप दोनों में बड़ा कौन है?'

मार्क : वास्तव में हम लोग सैंतालीस वर्ष के होंगे। इसलिए यदि आप सन् 1964 से सन् 2011 की गणना करते हैं तो हम लोग सैंतालीस के होंगे। ठीक है न, प्रमोचन के ठीक पहले! और मैं 6 मिनट बड़ा होऊँगा।

प्रश्न : छह मिनट बड़ा! इसलिए आप पहले हैं तथा स्कॉट आपके बाद आए, लेकिन उस प्रकार से आपके कैरियर के रास्ते नहीं चले, जिसका अन्वेषण हम बाद में करेंगे।

मार्क : लेकिन यह बात हम लोगों को तब तक मालूम नहीं थी जब हम लोग पंद्रह या सोलह के थे।

स्कॉट : हमारे माता-पिता हमें यह नहीं बताना चाहते थे कि हम में कौन बड़ा है; शायद उन्होंने यह सोचा होगा कि जो बड़ा है वह कुछ खास सोचेगा। इस प्रकार हम लोग

13 से 15 वर्ष की उम्र तक यह नहीं जान पाए कि कौन छोटा या बड़ा है।

प्रश्न : हाल में टेलीविजन पर न्यू जर्सी में कई कार्यक्रम आए हैं, लेकिन जिन्हें वेस्ट ओरेंज न्यू जर्सी के विषय में नहीं मालूम है (जहाँ पर आपका जन्म हुआ और आप बड़े हुए) उनके लिए आप थोड़ा-बहुत अपने होम टाउन का वर्णन करें।

स्कॉट : यह शहर और सबर्ब क्षेत्र का एक मिश्रण है। मैनहट्टन से जाने में 20 मिनट लगते हैं तथा रहने के लिए यह महान् स्थल है। इस क्षेत्र में अनेक विशिष्ट बातें हैं तथा हमारे लालन-पालन में उनका काफी फायदा मिला।

मार्क : यहाँ का स्कूल तंत्र बहुत अच्छा था। हम लोग कई बार स्कूल से न्यूयॉर्क सिटी म्यूजियमों को देखने जाते थे। इस तरह यह एक बहुत अच्छी जगह थी।

स्कॉट : हम लोग स्वयं भी न्यूयॉर्क शहर जाया करते थे।

प्रश्न : आप दोनों के अलावा वेस्ट ओरेंज कुछ अन्य विख्यात महाविभूतियों की जन्म-स्थली है। मैं कुछ का नाम बताता हूँ—इतिहास पुरुष थॉमस एडिसन।

मार्क : मैं नहीं समझता कि उनका जन्म वहाँ हुआ था, लेकिन वहाँ पर उनकी फैक्टरी और प्रयोगशाला थीं।

स्कॉट : और वे वहाँ पर कई वर्षों तक रहे।

मार्क : और उनका म्यूजियम—मैं समझता हूँ कि अब यह थॉमस एडिसन का राष्ट्रीय ऐतिहासिक म्यूजियम है (वेस्ट ओरेंज में)।

प्रश्न : जुड़वाँ (ट्विंस) बच्चों का विषय हमेशा ही लोगों के लिए आकर्षण का केंद्र रहा है। लोग या तो समझते हैं अथवा समझना नहीं चाहते हैं कि जुड़वाँ बच्चों का मामला क्या है। मुझे थोड़ा आश्चर्य लगता है यह सोचकर कि जब आपको पता है कि आपके बगल में आपका क्लोन रह रहा है, आपके साथ रोज खेलता है, स्कूल जाता है तो यह बात कैसी लगती है?

स्कॉट : जैसा मैंने कहा कि हम लोगों को यह कोई खास बात नहीं लगी और आपको पता है कि वह मेरा क्लोन नहीं है।

मार्क : आपको पता है कि लोग कई बार यह पूछते हैं तो ट्विन होना कैसा लगता है? और मेरा रिस्पांस होता है, 'हाँ, लेकिन ट्विन न होना कैसा लगता है?'

स्कॉट : मेरे लिए तो यही सब है कि वह मेरा भाई है, यह दूसरी बात है कि संयोगवश हम दोनों का जन्मदिन एक है।

प्रश्न : जब आप स्कूल में थे और वर्ष-के-वर्ष गुजर रहे थे तो उस समय (शायद आप लोग स्वीकार करना पसंद न करें) आप दोनों में किसके ग्रेड अच्छे थे? कौन बेहतर विद्यार्थी था?

स्कॉट : वह (मार्क) बेहतर था। जब तक हम कॉलेज नहीं गए तब मैं थोड़ा कम

चित्र-8.2 : एस.टी.एस.-108 मिशन के दौरान कमांडर डोमिनिक एल. गोरी (बाएँ) तथा मार्क केली (दाएँ) शटल के अंदर (अंतरराष्ट्रीय अंतरिक्ष स्टेशन से जुड़ने के पहले)

गंभीर था। मुझे कक्षा में संपन्न हो रही चीजों की तुलना में इस बात में ज्यादा दिलचस्पी रहती थी कि कक्षा के बाहर क्या हो रहा है। लेकिन बाद में मैं जब कॉलेज पहुँचा तो मैंने निश्चय कर लिया कि मैं नेवी में वायुयान उड़ाऊँगा और उसके लिए जरूरी था कि मैं एक टेस्ट पायलट बनूँ। इस प्रकार मैंने अपने स्कूल कार्य को गंभीरता से लेना प्रारंभ किया।

मार्क : मैंने उसे (स्कॉट) शायद ही कभी होमवर्क करते देखा होगा। मुझे याद नहीं है।

प्रश्न : अच्छा तो मार्क शायद यह स्वीकार करना नहीं चाहता है कि दोनों में वह सबसे ज्यादा स्मार्ट है।

स्कॉट : वह (मार्क) काफी ज्यादा होमवर्क करते थे तथा उनके ग्रेड भी अच्छे थे।

प्रश्न : अब आपके माता-पिता की बात करते हैं। उन्होंने जुड़वाँ बच्चों को कैसे सँभाला?

स्कॉट : मुझे नहीं पता कि मेरी माँ ने कैसे सँभाला हमें?

प्रश्न : जरा ठीक से याद करके बताएँ?

स्कॉट : मुझे याद नहीं कि छोटे बच्चों के रूप में मेरी माँ ने हम लोगों का लालन-पालन कैसे किया। हम लोग बड़े शरारती थे तथा लड़ते रहते थे। इसलिए मुझे माँ से शिकायत करनी पड़ती थी।

मार्क : हर दिन हम घूँसे-मुक्के की लड़ाई में भिड़ जाते थे और मेरी माँ के लिए यह एक बड़ी परेशानी का काम होता था। मेरी माँ हम दोनों को अलग करती थी तथा कई बार ये फाइटें घंटों चलती रहती थीं।

प्रश्न : क्या कभी आपके माता-पिता ने किसी के साथ भेदभाव दिखाया?

स्कॉट : बिलकुल नहीं।

मार्क : नहीं।

स्कॉट : हम लोगों को वे बहुत प्यार के साथ रखते थे तथा हमारे साथ एक सा बरताव करते थे।

मार्क : और आज भी। आप आज भी महसूस कर सकते हैं कि छियालीस वर्ष की उम्र (हम लोगों की उम्र) में भी वे हम लोगों के साथ एक समान व्यवहार करते हैं।

प्रश्न : जब आप लोग वृद्धि की ओर अग्रसर थे तो उन्होंने (आपके माता-पिता) आपके ऊपर क्या असर छोड़ा? सबसे महत्त्वपूर्ण चीज क्या थी, जिसके लिए उन्होंने आपको प्रोत्साहित किया?

स्कॉट : सबसे बड़ा प्रभाव जो उन्होंने हम दोनों के ऊपर छोड़ा (जो मुझे याद है), वह यह था कि उन्होंने हम दोनों को इस बात के लिए हर समय प्रोत्साहित किया कि कोई भी ऐसा कार्य नहीं है, जो आपकी क्षमता के बाहर हो।

मार्क : मैं समझता हूँ कि दूसरा प्रभाव यह है कि चूँकि दोनों ही पुलिस अधिकारी थे, इसलिए इस प्रकार का प्रभाव हमें उनसे मिला। हमारे माता-पिता दोनों ही हमारे कस्बे के पुलिस अधिकारी थे।

प्रश्न : क्या वे सख्त थे?

स्कॉट : उन्होंने हमें काफी स्वतंत्रता दे रखी थी। मेरे डैड अधिकतर रात की ड्यूटी में होते थे तथा जब हम बड़े हो रहे थे, मेरी माँ भी काम कर रही थीं। इसलिए कई बार ऐसा होता था कि घर पर हम केवल दो ही हुआ करते थे।

प्रश्न : क्या आप लोग खिलाड़ी भी थे?

मार्क : कई वर्षों तक हम लोग तैराकी टीम के को-कैप्टेन रहे (11वीं और 12वीं ग्रेड में)।

स्कॉट : हाँ 11वें और 12वें ग्रेड तक।

मार्क : और हम लोग दोनों ही ट्रैक टीम में थे। जब हम छोटे थे तो बेसबॉल खेलते थे, फुटबॉल खेलते थे।

प्रश्न : क्या आप लोग पोस्ट हाई स्कूल, कॉलेज से एक ही कैरियर पर चले अथवा आपके शौकों में अंतर होने के कारण आप अलग-अलग दिशाओं में गए?

मार्क : प्रारंभ में ऐसा था। मैं अमेरिकी मर्चेंट मैरीन एकेडेमी में चला गया और

स्कॉट ने सर्वथा भिन्न मार्ग चुना और विश्वविद्यालय चले गए।

स्कॉट : हाँ, मैं मेरीलैंड विश्वविद्यालय चला गया (यह सोचकर कि हो सकता है कि मैं मेडिकल डॉक्टर बन जाऊँ)। लेकिन मेरा दूसरा शौक था नेवी में वायुयान उड़ाना। उससे मेरा मन बदल गया और इस प्रकार मैं सौ प्रतिशत इस पर ध्यान देने लगा।

मार्क : मुझे याद है कि मैं जब उससे मिलने मेरीलैंड विश्वविद्यालय गया (उसके प्रथम वर्ष की समाप्ति के बाद) तथा उसे नेवी के वायुयानों के चित्र दिखाए और मैंने उसे बताया कि मैं इसमें जा रहा हूँ। मैंने उससे भी इसमें चलने के लिए कहा।

स्कॉट : यह चीज मुझे उस तरह याद नहीं है।

प्रश्न : आप में से किसने पहले पायलट बनने का विचार किया?

स्कॉट : शायद मैं ही था। लेकिन चूँकि वह कॉलेज में हमसे आगे थे। इसलिए वे नेवी में पहले गए और पहले फ्लाई किए। ऐसा मैं सोचता हूँ।

मार्क : मुझे ठीक से याद नहीं है।

प्रश्न : आप दोनों पाँच वर्ष के थे, जब नील आर्मस्ट्रांग और बज अल्ड्रिन ने अपोलो-11 मिशन के द्वारा चंद्र सतह पर पदार्पण किया। उस उम्र की क्या बातें आपको याद हैं, जिसने आपकी दिलचस्पी एरोस्पेस, अंतरिक्ष और अंतरिक्ष उड़ान की ओर मोड़ा?

मार्क : मैं नहीं समझता कि उस उम्र की अपोलो-11 की यादें मुझे याद हैं। लेकिन उसके कुछ समय की बाद की अपोलो-16 या 17 की उड़ानें याद हैं, जिनके प्रति मेरी दिलचस्पी बढ़ी।

स्कॉट : मुझे याद है। मैं अपने कमरे में था और अपने माता-पिता के साथ टेलीविजन देख रहा था। लेकिन कह नहीं सकता कि क्या इसने मुझे प्रभावित किया। निश्चित तौर पर अंतरिक्ष यात्री बच्चों के आकर्षण का केंद्र होते हैं, उस तरह से मेरी भी दिलचस्पी थी। लेकिन मैंने यह कभी नहीं सोचा कि यह एक हकीकत (मेरे लिए) बन जाएगी।

प्रश्न : इस तरह इस पृष्ठभूमि के संदर्भ में आप बताएँ कि आप दोनों का चयन अंतरिक्ष यात्री कार्प्स के रूप में एक साथ कैसे हुआ, जो कि अपने आप में एक विशिष्ट बात है?

मार्क : हम दोनों ने एक साथ अप्लाई नहीं किया। मैं उस संयुक्त कार्यक्रम में मांटेरी के ग्रेजुएट स्कूल में था, जिसमें नेवल टेस्ट पायलट स्कूल में जाना होता है और उसके बाद स्कॉट ने टेस्ट पायलट स्कूल के लिए अप्लाई किया। टेस्ट पायलट स्कूल के बाद हम लोग सौभाग्यशाली थे कि सन् 1996 में उसी क्लास के लिए चयनित हुए।

प्रश्न : तो स्कॉट, आपको चयन के बाद तीन साल लगे अंतरिक्ष में जाने के लिए

जब आपने पायलट के रूप में पहली बार एस.टी.एस.-103 हब्बल अंतरिक्ष दूरबीन सर्विसिंग मिशन को फ्लाई किया। मार्क, आप अपनी प्रथम उड़ान के पहले कई वर्षों तक फ्लाई नहीं कर पाए। आपकी पहली उड़ान अंतरराष्ट्रीय अंतरिक्ष स्टेशन के लिए थी। लंबे समय की इंतजारी से क्या आप हतोत्साहित नहीं हुए, जब आपने देखा कि आपका भाई उड़ान पर जा रहा है। क्या उस समय प्रतिस्पर्धा की भावना आ गई थी?

मार्क : बिलकुल नहीं। हमारी क्लास में वह प्रथम अमेरिकी था, जो 35 वर्ष की उम्र में फ्लाई करने जा रहा था तथा यह एक बड़ी बात थी। यदि यह मैं नहीं था तो मेरे लिए महानता की बात यह थी कि यहाँ मेरा भाई स्कॉट था। मैं समझता हूँ कि 2 या 3 साल बाद मुझे एस.टी.एस.-108 उड़ान में जाने का सौभाग्य प्राप्त हुआ।

प्रश्न : आप में से प्रत्येक जब अंतरिक्ष की कक्षा में पहुँचा तो आप लोगों के अंतरिक्ष के प्रति क्या विचार थे?

स्कॉट : निश्चित तौर पर जब स्पेस शटल के ठोस रॉकेट मोटर प्रज्वलित होते हैं तो पहली बार वे हमारा ध्यान विशिष्ट रूप में आकर्षित करते हैं। मेरा मतलब यह है कि कोई ऐसी शिक्षा हमें नहीं दी जाती है जो आपको भीषण ऊर्जा के साथ अंतरिक्ष में पहुँचने के विषय में बताए। यह 15 लाख पौंड का प्रणोद (थ्रस्ट) होता है, जो एक क्षण में चलायमान होता है। यात्री को ऐसा आभास होता है कि हम कहीं जा रहे हैं। हम निश्चित नहीं हो पाते हैं कि कहाँ? लेकिन हम बहुत शीघ्रता में होते हैं तथा फ्लोरिडा नहीं आ रहे होते हैं। मेरा मतलब यह है कि जब आप इस दृश्य को एक प्रेक्षक के तौर पर देख रहे होते हैं तो अजीब सा लगता है तथा जब आप अंदर होते हैं तो अलग बात होती है। वह एक बहुत महत्त्वपूर्ण प्रभाव छोड़ता है।

मार्क : मैं जब अपनी प्रथम उड़ान में लगभग मैच 15 की गति से उड़ रहा था तो वह दृश्य मुझे अब भी याद है। जब मैंने खिड़की से बाहर देखा तो नीले ग्रह को देखकर प्रभावित हुआ, जिसे मैंने पहले कभी नहीं देखा था। यह बड़ा प्रभावी था। यह बात मैंने अपने शटल कमांडर डौम गोरी से भी कही।

स्कॉट : निश्चित तौर पर हम लोगों के अनुभव एक समान थे, क्योंकि हम लोगों की बैकग्राउंड एक समान थी।

प्रश्न : स्कॉट, यह विशिष्ट क्षण कैसा था जब आपने साइड से खगौलिकी के महास्तंभ हब्बल अंतरिक्ष दूरबीन को खींचा। आपको एवं आपके अंतरिक्ष यात्री दल को इसकी सर्विसिंग करनी थी तथा इसे अपग्रेड करना था। मार्क, आपके अंतरराष्ट्रीय अंतरिक्ष स्टेशन के विषय में क्या विचार हैं?

स्कॉट : हब्बल अंतरिक्ष दूरबीन से हम समय को पीछे मुड़कर देख सकते हैं, इस दृष्टि से यह महत्त्वपूर्ण है। यह एक स्कूल बस के आकार की है तथा जहाँ तक

चित्र-8.3

दूरबीन का प्रश्न है, यह काफी बड़ी है। लेकिन ब्रह्मांड के विकास की कहानी को समझने में इसने एक बड़ा प्रभाव छोड़ा है। अंतरराष्ट्रीय अंतरिक्ष स्टेशन की तुलना में (विशेषकर जब मैंने इसे आखिरी बार देखा) हब्बल दूरबीन काफी छोटी है।

मार्क : स्पेस शटल के पायलट के तौर पर (स्टेशन के पास पहुँचने में उसके समीप से गुजरने में तथा उससे जुड़ने में) आप वास्तव में पायलटिंग के कार्य नहीं करते हैं, लेकिन कमांडर ये सारे कार्य करता है। वह फ्लाइंग तथा समीपता और अप्रोच के सभी

चरणों के कार्य करता है। मैं बाईं सीट में बैठा हूँगा, इसलिए मैं इसे पूरा नहीं देख रहा था। मैंने वर्षों के दौरान अल्फा स्टेशन की वृद्धि को देखा है। मैंने इसे सन् 2001, 2006 तथा 2008 में विजिट किया है। इसलिए मैंने इसकी विभिन्न स्टेजों को देखा है।

प्रश्न : स्कॉट एस.टी.एस.-118 के रूप में और मार्क एस.टी.एस.-124 के कमांडर के रूप में मुझे आपसे पूछना है कि किसने डाकिंग प्रक्रिया (स्पेस शटल का अल्फा स्टेशन से जुड़ना) सर्वोत्तम तरीके से कराई?

स्कॉट : मुझे नहीं मालूम।

मार्क : मैंने उसकी (स्कॉट की) अप्रोच प्रक्रिया देखी और निस्संदेह यह बहुत अच्छी थी। मैं समझता हूँ कि यह उतनी ही अच्छी थी जितनी मेरी।

प्रश्न : स्कॉट, एस.टी.एस.-118 उड़ान के बाद वह कौन सी चीज थी कि आपने अंतरिक्ष स्टेशन में जाने के लिए कमांडर के रूप में प्रशिक्षण लेना प्रारंभ कर दिया (सोयुज अंतरिक्ष यान के द्वारा) और मार्क, आप शटल तक ही क्यों सीमित रहे तथा अपने भाई का अनुकरण करते हुए सोयुज और रूसी प्रशिक्षण की ओर क्यों नहीं बढ़े?

स्कॉट : एस.टी.एस.-103 मिशन में एक अंतरिक्ष यात्री माइक फोले थे, जो उस समय दोहरी ड्यूटी कर रहे थे। वे एसोसिएट सेंटर डायरेक्टर भी थे। उन्होंने सोचा कि मैं स्टार सिटी में एक अच्छा प्रचालन निदेशक बन सकता हूँ। इसलिए हम लोगों ने उस पर चर्चा की। मैंने अपने कैरियर के विषय में सोचा कि पहले मैं कुछ शटल उड़ानें पायलट के रूप में उड़ाऊँगा, फिर कुछ शटल उड़ानों में कमांडर बनूँगा तथा बाद में हो सकता है कि मैं दीर्घकालीन अंतरिक्ष उड़ानों में जाऊँ, लेकिन उसके बाद 9 महीने में स्टार सिटी (रूस) में डायरेक्टर ऑफ ऑपरेशंस रहा तथा उसके बाद मैं वापस आ गया। मैंने सोचा कि शायद मुझे पुनः शटल का पायलट बनाया जाए, लेकिन जो भी हुआ हो, अंतरिक्ष यात्री कार्यालय के प्रमुख ने मुझे स्थायी अंतरिक्ष यात्री दल-5 के बैकअप सदस्य बनाने का निर्णय लिया। उन्होंने कहा कि पहले मुझे शटल का कमांडर तथा बाद में अंतरिक्ष स्टेशन का कमांडर बनाया जाएगा। लेकिन कोलंबिया दुर्घटना के कारण इस प्लान में विलंब हुआ।

मार्क : मैं काफी सौभाग्यशाली रहा मैं 3 शटल उड़ानें फ्लाई कर चुका हूँ तथा यह उड़ान जो मैं उड़ाने जा रहा हूँ, वह स्पेस शटल एंड्यौर की आखिरी उड़ान होगी।

प्रश्न : यह कितना अलग लगता है जब आप सोयुज अंतरिक्ष यान से जाते हैं, यह सोचकर कि आप मूलतः एक यात्री हैं (टाइट स्ट्रैप पहने हुए)। यह टाइट कैप्सूल उसी प्रकार है जैसे मर्करी, जेमिनी कैप्सूल। क्या इसमें विरोधाभास नहीं लगता है?

स्कॉट : शटल के चढ़ने और उतरने की तुलना में मेरे पर काफी कम उत्तरदायित्व होगा, लेकिन एक फ्लाइट इंजीनियर (नंबर-2) के तौर पर आप एक पैसेंजर हैं। निश्चित

ही आपकी कुछ जिम्मेदारियाँ हैं, लेकिन यह रोल मिशन विशेषज्ञ (नंबर-1) और मिड डेक में आसीन होने के बीच की बात है।

प्रश्न : मार्क, आप कजाकिस्तान स्थित बेकानूर कॉस्मोड्रोम की यात्रा पर जा रहे हैं, जहाँ पर आप अपने भाई को अंतरिक्ष में प्रमोचित होते देखेंगे। आप क्या सोचते हैं कि इस प्रकार की बात आपके लिए भी होगी—यह जानते हुए कि आखिर में आप उससे (भाई से) अंतरिक्ष में मिलनेवाले हैं?

मार्क : मैं एक बार बहुत पहले रूस जा चुका हूँ। इसलिए मैं पुनः वहाँ जाने का आतुरता से इंतजार कर रहा हूँ। मैं इस समय रूसी भाषा सीख रहा हूँ।

प्रश्न : आपके लिए स्कॉट, यह जानते हुए कि आपका भाई वहाँ पर है तो सपोर्टिंग दृष्टि से आपको यह कैसा लगता है?

स्कॉट : यह एक बहुत बड़ी बात होगी। हमारे दोस्त होंगे और अन्य पारिवारिक सदस्य होंगे। वह (मार्क) हमारा एक पारिवारिक एस्कार्ट होगा।

मार्क : और यदि उसे कुछ हो जाता है (दुर्घटनावश) तो उसे एक बैकअप मिल जाएगा।

प्रश्न : आप दोनों में किसका कार्य जटिल है। यह एक मुश्किल प्रश्न है और आप अपने उत्तर में निस्संदेह बायस्ड होंगे। शटल कमांडर की तरह के संक्षिप्त अवधि वाले मिशन के कार्य मुश्किल हैं अथवा अंतरिक्ष स्टेशन के कमांडर के कार्य मुश्किल हैं। जिसे आधा वर्ष एक विशाल कॉम्प्लेक्स के बहुपर्यावरणीय परिस्थितियों में अनेक रख-रखाव के कार्य करने पड़ते हैं?

स्कॉट : शायद मैं इसका बेहतर जवाब दे सकता हूँ। मैं कभी स्टेशन का कमांडर नहीं रहा हूँ। लेकिन समुचित प्रशिक्षण लेने तथा जॉब की समुचित जानकारी लेने से यही लगता है कि दोनों जॉब (शटल और स्टेशन के) भिन्न हैं। शटल मिशन समय सारणी थोड़ा विशिष्ट होती है। जिस काम को आप अनेकों बार करने जा रहे हैं, उसका प्रशिक्षण बार-बार लेते हैं। आपके पास विशाल सपोर्ट स्ट्रक्चर होता है। यहाँ पर जॉनसन अंतरिक्ष केंद्र में जब आप ट्रेनिंग लेते हैं, यह बात स्पष्ट हो जाती है। लेकिन अंतरिक्ष स्टेशन के दल के सदस्य के रूप में स्वयं ही काफी चीजें करते हैं। स्टेशन का मिशन दीर्घकालीन मिशन होता है, जिसमें आप अपने दोस्तों और पारिवारिक सदस्यों से लंबे अरसे तक आइसोलेट रहते हैं। स्टेशन के लिए प्रशिक्षण में यह भी एक पहलू होता है कि आप को प्रशिक्षण के लिए अनेक देशों की यात्रा करनी पड़ती है।

प्रश्न : क्या यह कभी आप दोनों का सपना रहा है कि आप दोनों कभी एक स्पेस शटल मिशन में एक साथ फ्लाई करें या किसी भी रूप में अंतरिक्ष में एक साथ हों तथा कैरियर में इस प्रकार का मौका आए?

मार्क : हम इसके विषय में काफी बात कर चुके हैं। हम यहाँ (अंतरिक्ष अन्वेषण के क्षेत्र में) 14 वर्षों से हैं और यह सोचा कि यदि ऐसा होता है तो बड़ी अच्छी बात होगी। जब स्कॉट को स्थायी अंतरिक्ष यात्री दल (अर्थात् स्टेशन की) की ड्यूटी दी गई (दीर्घकालीन अंतरिक्ष प्रवास की) तो एक वर्ष पहले मुझे एस.टी.एस.-134 शटल मिशन का कमांडर बनाया गया और इन दो महान् कार्यों के लिए आप आज हमारा साक्षात्कार ले रहे हैं।

प्रश्न : जब एस.टी.एस.-134 मिशन विलंबित होकर फरवरी 2011 की प्रमोचन तिथि पर पहुँचा तो आपने कैलेंडर पर तुरंत नजर डाली, तब लगा कि आप दोनों अंतरिक्ष में एक साथ होंगे, केवल बहुत साधारण स्वरूप में नहीं, बल्कि दो कमांडर जुड़वाँ भाई एक समय में अंतरिक्ष में होंगे। यह कितना विलक्षण और मधुर क्षण होगा?

मार्क : हाँ, लेकिन ये चीजें ऐसे ही और अचानक नहीं हो जाती हैं। इस तरह की चीजें धीरे-धीरे घटित होती हैं।

स्कॉट : इसकी बिलकुल संभावना है कि यह प्रमोचन एक महीने के लिए विलंबित हो जाए।

प्रश्न : मैंने कहीं पर पढ़ा था तथा इस पर विश्वास करना मुश्किल लगता है कि आप लोग कभी हाथ नहीं मिलाते हैं।

मार्क : मैं ऐसा नहीं सोचता, विशेषकर जब आप छोटे बच्चे हो।

स्कॉट : हाँ।

मार्क : आपको पता है कि छोटे बच्चे हाथ नहीं मिलाते। जब आप 3 या 4 वर्ष के हों या हमारे मामले में 15 वर्ष के हों तो यह सही है कि तब तक हम लोगों ने वास्तव में हाथ नहीं मिलाया था।

प्रश्न : ठीक है, स्पेस शटल और अंतरिक्ष स्टेशन के बीच का अब हैच खुलता है (डाकिंग के बाद)। आप क्या करने जा रहे हैं? आप कहेंगे, 'हाय, नाइस टु सी यू' आप अंदर जाते हैं और निश्चित है कि आपको हाथ मिलाना पड़ेगा या एक-दूसरे को गले लगाना पड़ेगा या कुछ और?

मार्क : नहीं, जो हम चाहते हैं, वह करते हैं। वह (स्कॉट) अंतरिक्ष स्टेशन का कमांडर है। मैं स्पेस शटल का कमांडर हूँ। तो इस चीज को हम लोग स्पष्ट करेंगे।

स्कॉट : हम लोग इसी तरह जाएँगे।

प्रश्न : मार्क, जब एंड्यौर स्पेस शटल के कमांडर के रूप में आप अंतरिक्ष स्टेशन में पहुँचते हैं और जैसा स्कॉट ने बताया कि स्कॉट कुछ सप्ताह में घर वापस आनेवाले होंगे (यदि वर्तमान तिथियाँ ऐसी ही बनी रहती हैं)। यदि एक सप्ताह के लिए आप लोग एक साथ अंतरिक्ष स्टेशन में रहते हैं तो आपको यह कितना आनंददायक लगेगा, जिसका

सपना आपने देखा था तथा जिसकी चर्चा हम लोगों ने की थी?

मार्क : यह बड़ा ही आनंददायक होगा। मेरा कहने का मतलब यह है कि ये मिशन वास्तव में ही जटिल हैं। इसमें काफी काम किया जाना है तथा अधिक ध्यान केंद्रित किया जाना है। मेरा मतलब है कि हम लोगों के पास थोड़ा खाली समय होगा तथा मैं अनुमान लगाता हूँ कि आप यही कहेंगे कि इस विशिष्ट क्षण में हम क्या बात करेंगे या यह भी निश्चित है कि क्या हम इसकी चर्चा भी करेंगे। उस समय मैं इसकी भी चर्चा करूँगा कि स्पेस शटल किस तरह फ्लोरिडा में लैंड करनेवाली है तथा मुझे अपने बॉस को इस चीज के लिए आश्वस्त करना होगा कि वह मुझे बेकानूर भेजे, जब वह (स्कॉट) लैंड करता है।

स्कॉट : आपको पता है कि अंतरिक्ष में फ्लाई करना हम लोगों का कोई सपना नहीं था या यह वैसी भी कोई चीज नहीं थी, जिसका सपना हमने बचपन में देखा हो। यह एक उस प्रकार की चीज है, जिसके विषय में हम दोनों ही सोचते हैं कि यह अच्छी चीज होगी। अंतरिक्ष में मात्र फ्लाई करना तथा बिना एक साथ फ्लाई करना आश्चर्यजनक बात थी और मैंने हर समय सोचा कि यह एक महान् चीज होगी यदि ऐसा हुआ तो। लेकिन यदि ऐसा न हुआ (एक साथ अंतरिक्ष में फ्लाई करना) तो इस पर मेरा कोई वश नहीं है।

प्रश्न : आप दोनों की अंतरिक्ष की कक्षा में एक साथ होने की टाइमिंग के अलावा आप स्पेस शटल में उस समय फ्लाई कर रहे होंगे जब शटल कार्यक्रम बंद होनेवाला है। क्या एक क्षण के लिए (आपमें से प्रत्येक) यह टिप्पणी दे सकते हैं कि स्पेस शटल कार्यक्रम का आपकी दृष्टि में क्या महत्त्व है तथा सभी दशकों में इस कार्यक्रम का क्या महत्त्व रहा था?

मार्क : जब स्पेस शटल का डिजाइन किया गया था तो इसका डिजाइन अंतरिक्ष स्टेशन के निर्माण के लिए किया गया था। प्रारंभ में इस अंतरिक्ष ट्रक का निर्माण इसलिए भी किया गया था, जिससे हम अंतरिक्ष में अनेक प्रकार का सामान पहुँचा सकें तथा अंतरिक्ष में उपग्रहों की मरम्मत की जा सके। लेकिन वास्तव में अंतरिक्ष स्टेशन के निर्माण के लिए इसे बनाया गया था तथा इसका निर्माण कार्य 10 वर्ष पहले से प्रारंभ हुआ।

स्कॉट : निस्संदेह हम शटल कार्यक्रम पर चर्चा करना चाहेंगे तथा इसकी सफलताओं के लिए मैं मार्क से सौ फीसदी सहमत हूँ। यह एक विस्मयकारी अंतरिक्ष यान है तथा यह एक महान् कार्यक्रम था।

प्रश्न : मार्क, जैसा आपने बताया कि आपकी सभी चारों अंतरिक्ष उड़ानें (एस.टी.एस.-134 को शामिल करते हुए) अंतरराष्ट्रीय अंतरिक्ष स्टेशन के लिए होंगी। इस प्रकार आपका कैरियर इस काम्प्लेक्स के विस्तार और विकास के इर्द-गिर्द घूमा है।

शटल और स्टेशन के बीच के हैच को बंद करते समय (एस.टी.एस.-1134 मिशन समाप्ति पर) अपने भाई को गुड बाई कहते समय आपको कैसा लगेगा, जब स्पेस शटल की आखिरी उड़ान अंतरिक्ष स्टेशन से विदाई लेगी?

मार्क : ये बहुत भावुक और मुश्किल क्षण होंगे। मैंने अंतरिक्ष स्टेशन को देखा है तथा मैं निश्चित रूप से नहीं कह सकता कि यहाँ पर क्या मैं फिर कभी आऊँगा। व्यक्तिगत रूप से एक ऐसे स्थान को छोड़ना बड़ा मुश्किल कार्य है, जो इतना आकर्षक है।

प्रश्न : और स्कॉट, आपके लिए—मार्क को गुड बाई कहना कैसा लगेगा, यह जानते हुए कि आप मात्र कुछ ही दिन दूर हैं जब आप स्वयं कज़ाकिस्तान होते हुए अपने घर वापस आएँगे?

स्कॉट : निश्चित तौर पर मैं नहीं कह सकता कि अनडाकिंग (अंतरिक्ष स्टेशन से स्पेस शटल का अलग होना) प्रक्रिया कब होगी। मैं समझता हूँ कि यह प्रक्रिया 8 मार्च या 10 मार्च के आसपास होगी। योजना के अनुसार 16 को लैंड करना है तथा मैं 17 को घर पहुँच जाऊँगा।

प्रश्न : जब आपका फ्लाइंग कैरियर समाप्त हो जाता है तब के लिए आपकी क्या योजनाएँ हैं?

स्कॉट : मैं समझता हूँ कि अभी मेरा फ्लाइंग कैरियर समाप्त नहीं हुआ है। मैं फिर फ्लाई करना चाहूँगा अगर मुझे अवसर प्राप्त होता है। इसलिए इसे मैं अपनी आखिरी उड़ान नहीं मानता। सब चीज अगर ठीक चलती हैं तो अंतरिक्ष में 6 महीने रहना मुझे बुरा नहीं लगता। इसके बाद मैं दूसरी दीर्घकालीन अंतरिक्ष उड़ान में जाना चाहूँगा।

मार्क : यह एक ऐसी चीज है, जिसका छोड़ना बड़ा मुश्किल है। फिलहाल मेरा ध्यान एस.टी.एस.-134 शटल मिशन पर केंद्रित है।

प्रश्न : आप दोनों बच्चों के लिए, टिवंस के लिए और अन्य लोगों के लिए भावी प्रेरणाओं के संदर्भ में क्या सलाह देना चाहेंगे। उन्हें कौन सा रास्ता चुनना चाहिए?

मार्क : बच्चों को हम कोई विशिष्ट सलाह नहीं देंगे। मैं उन्हें हर समय कहता हूँ, ''जो सबसे अच्छी बात आप कर सकते हैं वह है, स्कूल में बहुत अच्छी तरह से पढ़ाई करना। मेरी लोगों को भी यही सलाह है कि वही करें, जिसमें उनकी दिलचस्पी हो।''

स्कॉट : कई बार हम लोग सार्वजनिक रूप से बच्चों के सवालों का जवाब देते हैं। बच्चे पूछते हैं, 'मैं किसी दिन अंतरिक्ष यात्री बनना चाहता हूँ। आपके पास मेरे लिए क्या सलाह है?' मैं उन्हें सलाह देता हूँ, 'आपको अपने कैरियर को सर्वोत्तम बनाने के लिए प्रयास करना चाहिए।' लेकिन जहाँ तक अंतरिक्ष यात्री बनने का प्रश्न है तो उसके लिए मेरा कहना है कि उन्हें उस चीज का चयन करना चाहिए, जिसमें उनकी सबसे अधिक दिलचस्पी हो।

प्रश्न : और आखिर में, जब आप पीछे मुड़कर अपने कैरियर को टिवन्स के रूप में बढ़ते हुए देखते हैं, अपनी शिक्षा को देखते हैं, अपनी मिलिटरी सर्विस को देखते हैं, नासा में अपने कैरियर को देखते हैं और अंतरिक्ष कार्यक्रम में अपने योगदानों को देखते हैं तो आप दोनों के जीवन के सबसे महत्त्वपूर्ण क्षण क्या होंगे? यदि उनमें से आप एक चुन सकें तो वह क्षण क्या होगा, जिससे आप सारे जीवन भर आनंदित होते रहेंगे?

मार्क : मैं समझता हूँ कि मेरे लिए बड़ी बात यह थी कि मैं स्पेस शटल मिशन एस.टी.एस.-124 का कमांडर था, जिस मिशन के द्वारा जापानी प्रयोगशाला (नाम-किबो) अंतरिक्ष स्टेशन से लगाई गई जो कि जापानी अंतरिक्ष कार्यक्रम का एक महत्त्वपूर्ण भाग था। इस कार्यक्रम में कार्य करना, जापानी लोगों के साथ कार्य करना तथा उस मिशन को सफलतापूर्वक पूरा करना निश्चित ही एक बहुत बड़ी उपलब्धि थी। मैं आशा करता हूँ कि इसी प्रकार एस.टी.एस.-134 मिशन भी सफलतापूर्वक पूरा होगा तथा ए.एम.एस. और अन्य दूसरे नीतभार समुचित तरीके से स्थापित और स्थानांतरित किए जा सकेंगे, लेकिन स्पेस शटल को दो बार कमांड करना निश्चय ही मेरे कैरियर की एक बहुत बड़ी उपलब्धि है।

स्कॉट : स्थायी अंतरिक्ष यात्री दल-26 के मेरे लक्ष्यों में प्रमुख उद्देश्य है कि किसी को कोई चोट न लगे, कोई चीज टूटे नहीं तथा हमारा संपूर्ण मिशन और इसके उद्देश्य पूरे हों। यदि हम इन तीन चीजों को पूरा कर सकते हैं तो मुझे बड़ा संतोष मिलेगा तथा आज की तिथि तक के अंतरिक्ष यात्री के रूप में वह मेरी सबसे बड़ी उपलब्धि होगी।

प्रश्न : स्कॉट केली एवं मार्क केली जुड़वाँ भाई, कमांडर अंतरिक्ष में एक अविस्मरणीय क्षण गुजारने की दिशा में अग्रसर हैं, सबकुछ योजना के मुताबिक चलेगा। आप लोगों को बहुत धन्यवाद।

मार्क : यू आर वेलकम!

स्कॉट : धन्यवाद!

□

९

एलीन कालिंस : स्पेस शटल की प्रथम महिला कमांडर

एलीन कालिंस का जन्म न्यूयॉर्क के एल्मीरा स्थान पर 19 नवंबर, 1956 को हुआ। उन्होंने सन् 1974 में एल्मीरा फ्री एकेडेमी से ग्रेजुएशन किया। सन् 1976 में कार्निंग कम्युनिटी कॉलेज से विज्ञान डिग्री में एसोसिएट का कोर्स किया, सन् 1978 में सैराक्यूज विश्वविद्यालय से गणित और अर्थशास्त्र में बैचलर ऑफ आर्ट्स की डिग्री, सन् 1986 में स्टेनफोर्ड विश्वविद्यालय से ऑपरेशंस रिसर्च में मास्टर ऑफ साइंस की डिग्री तथा सन् 1989 में वेबस्टर विश्वविद्यालय से अंतरिक्ष तंत्र प्रबंधन में मास्टर ऑफ आर्ट्स की डिग्री प्राप्त की। सन् 1987 से 1989 के बीच वे अमेरिकी वायुसेना एकेडेमी (कोलैरैडो में) में सहायक प्रोफेसर बन गईं। कालिंस का चयन नासा के द्वारा सन् 1990 में हुआ तथा जुलाई 1991 में वे अंतरिक्ष यात्री बन गईं।

एलीन कालिंस चार बार अंतरिक्ष यात्रा कर चुकी हैं तथा चारों यात्राएँ स्पेस शटल से संपन्न हुईं। उनकी प्रथम स्पेस शटल उड़ान एस.टी.एस.-63 थी, जो संयुक्त रूसी अमेरिकी अंतरिक्ष कार्यक्रम की प्रथम उड़ान थी, जिसमें उनकी भूमिका एक पायलट की थी। दूसरी उड़ान एस.टी.एस.-84 थी तथा इसमें भी वे एक पायलट थीं। इस उड़ान में स्पेस शटल छठी बार मीर अंतरिक्ष स्टेशन से जुड़ी। कालिंस की तीसरी उड़ान एस.टी.एस.-93 थी, जिसमें वे प्रथम स्पेस शटल महिला कमांडर बनीं। इस मिशन के द्वारा चंद्रा एक्स-किरण प्रेक्षणशाला का अंतरिक्ष में प्रस्तरण किया गया। उनकी चौथी उड़ान एस.टी.एस.-114 थी, जो स्पेस शटल कोलंबिया की दुर्घटना के बाद स्पेस शटल की प्रथम उड़ान थी तथा उस उड़ान में भी वे स्पेस शटल कमांडर थीं। एलीन कालिंस का यह साक्षात्कार उनकी स्पेस शटल उड़ान एस.टी.एस.-93 (जिसमें वे पहली स्पेस शटल

चित्र-9.1 : स्पेस शटल की प्रथम महिला कमांडर एलीन कालिंस

महिला कमांडर बनी) के पहले नासा के द्वारा लिया गया था।

प्रश्न : एलीन, वह कौन सी चीज थी, जिसने आपका ध्यान अंतरिक्ष यात्री बनने की ओर आकर्षित किया? क्या यह विचार तब आया जब आप छोटी बच्ची थीं अथवा यह विचार आपके जीवन में बाद में आया?

एलीन कालिंस : अंतरिक्ष यात्री बनने की इच्छा मेरे जीवन में बाद में आई, लेकिन एक बच्चे के रूप में उड़ान के प्रति मेरी हर समय दिलचस्पी रही।

प्रश्न : विज्ञान में आपकी बैकग्राउंड क्या थी। निश्चित तौर पर आपने नासा में पायलट के बजाय एक मिशन विशेषज्ञ के लिए शायद आवेदन किया होगा?

एलीन कालिंस : सन् 1989 में मैंने अंतरिक्ष यात्री कार्यक्रम के लिए पायलट और विशिष्ट कार्यों, दोनों के लिए ही आवेदन किया था। मेरी दिलचस्पी अंतरिक्ष कार्यक्रम तथा ब्रह्मांड के विषय में जानने की थी। इसीलिए मैंने अंतरिक्ष यात्री बनना चाहा। मैं उस ब्रह्मांड के विषय में जानकारी रखना चाहती थी, जिसमें हम रहते हैं। वास्तव में मेरे लिए इसका कोई मतलब नहीं था कि मैं मिशन विशेषज्ञ अथवा पायलट के लिए चयनित होती हूँ। इसीलिए मैंने दोनों कार्यों के लिए आवेदन किया। मैं समझती हूँ कि नासा के द्वारा पायलट के रूप में मेरे चयन के कारण मेरा उड़ान का अनुभव था। मिशन विशेषज्ञ के रूप में चयनित हो जाना निस्संदेह एक बड़ी बात होती। मुझे स्पेस वॉक करने अथवा रोबोट भुजा के प्रचालन का सौभाग्य प्राप्त होता। मैं वास्तविक विज्ञान के विषय में इससे अधिक जानकारी प्राप्त कर पाती। दोनों ही कार्यों में काफी कुछ चीजें थीं।

प्रश्न : आपने अंतरिक्ष के प्रति अपनी प्रारंभिक दिलचस्पी की बात की है। क्या आपको याद है कि यह दिलचस्पी कैसे पैदा हुई?

एलीन कालिंस : हाँ, मैं मानती हूँ। चौथे ग्रेड में मेरे स्कूल में एक पत्रिका आती थी, जिसका नाम था जूनियर स्कोलैस्टिक। मुझे याद है कि इसमें मैंने एक लेख पढ़ा था, जिसका विषय था—'प्रास एंड कान्स : क्या हमें अंतरिक्ष कार्यक्रम के ऊपर धन खर्च करना चाहिए या नहीं?' जैसे ही मैंने वह लेख पढ़ा, मैं यह बात नहीं समझ सकी कि इसके लिए कोई 'नहीं' क्यों कहेगा। एक चौथे ग्रेड के रूप में मेरे लिए यह स्वाभाविक था कि मुझे अंतरिक्ष के ऊपर धन प्राप्त करने की आवश्यकता है। मैं उसके प्रति ज्यादा आकर्षित थी, जिसका ज्ञान मुझे नहीं था, अपेक्षा कि जिसके विषय में मैं जानती थी। मैं अंतरिक्ष के प्रति हर समय आकर्षित रही। दुर्भाग्य से सन् 1960 के दशक के स्कूलों में अंतरिक्ष पर इतना ध्यान नहीं दिया जाता था, जितना आज दिया जाता है। मैं देखती हूँ कि आज इसके (अंतरिक्ष) विषय में बच्चों के पास ज्ञानार्जन के बहुत अवसर हैं। मेरे लिए जो सबसे ज्यादा आकर्षण और प्रेरणा का बिंदु रहा, वह था जैमिनी कार्यक्रम, जिसने अपोलो कार्यक्रम का मार्ग प्रशस्त किया और जिसके द्वारा आदमी चंद्र सतह पर उतरा।

प्रश्न : आप स्पेस शटल के पायलट के रूप में दो बार अंतरिक्ष में जा चुकी हैं तथा अब आप प्रथम स्पेस शटल मिशन को कमांड करने जा रही हैं। एक अंतरिक्ष यात्री के तौर पर इस प्रकार के समाचार सुनकर आपको कैसा लगा। इस प्रकार के उत्तरदायित्व का प्रदान किया जाना क्या मतलब रखता है?

एलीन कालिंस : स्पेस शटल के कमांडर की जिम्मेदारी दिया जाना निस्संदेह

एक महान् चुनौती है। मिशन को सुचारु रूप से संपन्न कराना बहुत बड़ी जिम्मेदारी का काम है तथा उसके लिए नेतृत्व प्रदान करनेवाले व्यक्ति के लिए यह आवश्यक है कि वह अपने अंतरिक्ष यात्री दल (जिसको उसे नेतृत्व प्रदान करना है) तथा मिशन के सभी अंतरिक्ष यात्रियों को प्रेरित करे तथा उन्हें 'मोटीवेट' करे। मैं समझती हूँ कि यदि वास्तव में हमको उस चीज के प्रति लगाव है, जो हम कर रहे हैं तथा जिस मिशन को हम नेतृत्व प्रदान कर रहे हैं, उसके प्रति यदि आपको निष्ठा है तो आपका कार्य आनंददायक और सुगम बन जाता है। मुझे उस मिशन को कमांड करने की जिम्मेदारी दी गई है, जिसके द्वारा चंद्रा एक्स-किरण प्रेक्षणशाला को अंतरिक्ष में ले जाकर प्रस्तरित डिप्लाय किया जाना है। मुझे इस पर पूर्ण विश्वास है कि मैं वास्तव में इस मिशन में क्या करने जा रही हूँ तथा चंद्रा प्रेक्षणशाला वैज्ञानिकों तथा इस ग्रह (पृथ्वी) के लोगों को क्या प्रदान करेगी। यह हमें ब्रह्मांड के विषय में बताने वाली है, जिसमें हम सभी रहते हैं और मैं इससे अधिक दिलचस्प मिशन नहीं सोच सकती।

प्रश्न : स्पेस शटल की प्रथम महिला कमांडर (बननेवाली है) के रूप में आप सभी का ध्यानाकर्षण कर रही हैं। यहाँ तक कि आपकी कमांडर बनने की सूचना की घोषणा करने के लिए आपको व्हाइट हाउस बुलाया गया था। इस ऐतिहासिक उपलब्धि का आपकी दृष्टि में क्या मतलब है?

एलीन कालिंस : मेरे लिए यह एक सम्मान की बात है कि मुझे स्पेस शटल की प्रथम महिला कमांडर के रूप में चुना गया है। लेकिन मैं इसे एक विकास की प्रक्रिया के रूप में भी देखती हूँ। आज मैं यहाँ पर न बैठी होती यदि अवसर सभी के लिए (विशेषकर महिलाओं के लिए) उपलब्ध न होता, जो मेरे पहले भी अंतरिक्ष में जा चुकी हैं तथा अंतरिक्ष अन्वेषण में महिलाओं की भागीदारी का रास्ता प्रशस्त किया है। इस सदी के प्रारंभ में एक महिला के रूप में फ्लाई करना बड़े हौसले की बात मानी जाती थी, जब वास्तव में वह महिलाओं का स्थान नहीं हुआ करता था। इसमें केवल उन्हीं महिलाओं की बात नहीं है, जिनमें बहुत हिम्मत थी, बल्कि उन महिलाओं की भी बात है, जिनमें फ्लाइंग के प्रति लगन थी। उन्हें वास्तव में उस चीज से प्यार था, जो वे करती थीं और इसीलिए वे वह कर भी सकीं। द्वितीय विश्वयुद्ध के दौरान वायुसेना में महिला पायलट थीं। बाद के पचास और साठ के दशक में महिलाएँ अंतरिक्ष यात्री बनने की स्पर्धा में आगे आईं। साठ के दशक के बाद मिलिटरी में काफी महिलाएँ आने लगीं और सक्रिय ड्यूटी करने लगीं। यह वह समय था, जब मुझमें भी दिलचस्पी बढ़ी। '80 के दशक में फ्लायर महिलाओं की संख्या बढ़ी। अब नब्बे के दशक में अवसर वास्तव में काफी बढ़ गए हैं। सन् 1993 में महिलाओं को काम्बैट वायुयानों को उड़ाने की अनुमति दी गई। उसके बाद निस्संदेह अंतरिक्ष कार्यक्रम था। आज मुझको मिलाकर तीन महिला पायलट अंतरिक्ष

यात्री हैं। मेरे बाद और भी महिलाएँ कमांडर बनेंगी। अंतरिक्ष स्टेशन में भी महिलाएँ जाएँगी। आज महिलाओं को दीर्घकालीन अंतरिक्ष मिशनों के लिए प्रशिक्षण दिया जा रहा है। मीर अंतरिक्ष स्टेशन में शैनन ल्युसिड ने एक रिकॉर्ड स्थापित किया है।

प्रश्न : क्या प्रथम (अर्थात् स्पेस शटल की प्रथम महिला कमांडर) बनने में अधिक जिम्मेदारी और दबाव पड़ता है अथवा क्या रोल मॉडल के रूप में कार्य अधिक चुनौतीपूर्ण होता है?

एलीन कालिंस : हाँ, 'प्रथम' बनने में जिम्मेदारी और दबाव बढ़ता है। थोड़ा सा दबाव वहाँ के लोगों से नहीं आता है, जिस संस्था में मैं कार्य करती हूँ। यह दबाव संस्था के बाहर के लोगों की ओर से आता है, विशेषकर मेरे दोस्त और मेरे परिवार के लोगों से। वे मेरे ऊपर दायित्व के रूप में उन आशाओं का बोझ रख देते हैं कि अन्य लोग इस देश के नागरिक के रूप में मुझे देख रहे हैं। इससे एक व्यक्ति के ऊपर अतिरिक्त दबाव पड़ता है। इसका अनुभव मैंने अपनी प्रथम अंतरिक्ष उड़ान में महसूस किया, जब मैं शटल उड़ान एस.टी.एस.-63 में प्रथम महिला शटल पायलट के रूप में अंतरिक्ष में गई। पायलट के रूप में मेरी दूसरी उड़ान में मीडिया में इसकी इतनी ज्यादा चर्चा नहीं थी, क्योंकि पहले से ही एक शटल महिला पायलट थी।

प्रश्न : यह आपकी अंतरिक्ष में तीसरी यात्रा होगी। अपनी पिछली दो उड़ानों (स्पेस शटल पायलट के रूप में) से प्राप्त अनुभव आपको इस उड़ान में किस प्रकार उपयोगी होगा?

एलीन कालिंस : इसके पहले के जिन दो मिशनों में मैंने फ्लाई किया, वे दोनों ही काफी चुनौतीपूर्ण थे। इन दो मिशनों ने मुझे मेरी वर्तमान उड़ान के लिए तैयारी करने में मदद की। मेरी प्रथम उड़ान एस.टी.एस.-63 अनेक घटनाक्रमों से भरी थी। हमने स्पेस वॉक की, स्पेस हैब प्रयोगशाला की, जो अनेक गौण परीक्षणों से भरी थी, हमने स्पार्टन दूरबीन का प्रस्तरण किया तथा इसे पुनः वापस लिया। हम प्रथम अंतरिक्ष यात्री दल थे, जो मीर अंतरिक्ष स्टेशन के समीप आए। हम मीर अंतरिक्ष स्टेशन से नहीं जुड़े, लेकिन इसे देखनेवाले हम प्रथम अमेरिकी थे। यह चुनौतीपूर्ण था; क्योंकि हम यह सुनिश्चित करना चाहते थे कि तीन महीने के बाद हमारी निर्धारित मीर अंतरिक्ष स्टेशन के साथ डाकिंग (जुड़न प्रक्रिया) सही तरीके से होगी। अपनी दूसरी अंतरिक्ष उड़ान में हम मीर अंतरिक्ष स्टेशन के समीप आए और जुड़ गए। मुझे यह जानकर काफी अच्छा लगा कि एक अंतरिक्ष स्टेशन कैसे प्रचालित किया जाता है तथा इसके अंदर सामान का स्थानांतरण कैसे किया जाता है। इन अंतरिक्ष अभियानों ने मुझे वर्तमान उड़ान में कमांडर के रूप में कार्य करने की तैयारी में काफी मदद की है।

प्रश्न : आप चार अंतरिक्ष यात्रियों के दल के साथ एक वर्ष से अधिक से मिशन

तैयारी में लगी हैं। इनमें से तीन अनुभवी अंतरिक्ष यात्री है तथा उनमें से एक प्रथम बार फ्लायर बनेगा। बताएँ कि सारे समय और प्रशिक्षण के दौरान आप लोग एक टीम के रूप में किस प्रकार उभरे?

एलीन कालिंस : हमारे अंतरिक्ष यात्री दल को इस उड़ान का निर्धारण एक वर्ष पहले किया गया था। हम सभी एक-दूसरे को जानते थे, क्योंकि हम सभी एक ही क्षेत्र में काम करते हैं। लेकिन आप किसी व्यक्ति को तब तक ठीक से नहीं जान सकते हैं, जब तक आप उसके साथ दैनिक रूप में कार्य नहीं करते हैं। हम सभी एक ही कार्यालय में शिफ्ट किए तथा मैंने दल के प्रत्येक अंतरिक्ष यात्री से बात की। एक कमांडर के रूप में मेरे लिए यह आवश्यक था कि उनकी क्या क्षमताएँ और दिलचस्पी हैं। इसके आधार पर हमारे लिए यह सुनिश्चित करना आसान हो गया कि कौन व्यक्ति कौन सी ड्यूटी करेगा तथा यदि आवश्यक हुआ तो इसमें परिवर्तन भी किया जाएगा। इसके कारण वर्क लोड बेहतर तरीके से शेयर किया जा सकेगा। जब हमने 8 से 16 घंटे प्रतिदिन के हिसाब से कार्य करना प्रारंभ किया तो धीरे-धीरे हम एक परिवार बनने लगे। हम एक-दूसरे को इतनी अच्छी तरह से समझने लगे कि भाई-बहनों की तरह कार्य करने लगे।

प्रश्न : चूँकि आपके मिशन की प्रमोचन तिथि कई बार परिवर्तित हुई थी इसलिए आप लोगों को एक साथ मिलकर काम करने का काफी समय मिला। इस समय-तालिका के परिवर्तन का कारण प्राइमरी नीतभार और संबंधित हार्डवेयर में आनेवाली समस्याएँ थीं। क्या आप बताएँगी कि आपने अतिरिक्त प्रशिक्षण समय का प्रयोग किस प्रकार किया?

एलीन कालिंस : विलंबन को सुनकर निराशा होती है। लेकिन यह जानकर हर्ष होता है कि दूरबीन को बेहतर बनाने की दिशा में हम कुछ और कर रहे हैं। चंद्रा एक्स-किरण प्रेक्षणशाला के सर्किट बोर्ड का रिप्लेस किया जाना था तथा यह जानकर हमें खुशी हुई कि यह बात हम लोगों को प्रमोचन के पहले मालूम हो गई। इसका कारण यह था कि हम चाहते थे कि यह दूरबीन अपनी निर्धारित अवधि तक कार्य करे। इसके द्वारा हमें अपनी टीम का पुन: मूल्यांकन करने में मदद मिलती है तथा प्रत्येक व्यक्ति को स्वयं अपना आकलन करने में मदद मिलती है। सामान्य प्रस्तरण गतिविधियों पर प्रशिक्षण हम पहले ही ले चुके थे (कि अंतरिक्ष उड़ान में क्या करना है), इसलिए विलंबन ने हमें यह जानने का मौका दिया कि मिशन के दौरान क्या-क्या गलतियाँ हो सकती हैं।

प्रश्न : अब हम चंद्रा एक्स-किरण प्रेक्षणशाला के प्रस्तरण (डिप्लॉयमेंट) पर अपना ध्यान केंद्रित करते हैं, जिसके विषय में कहा जाता है कि यह एक अत्यधिक सूक्ष्मग्राही एक्स-किरण दूरबीन है, जो वैज्ञानिकों को उन बलों को समझने में मदद करेगी, जिन्होंने ब्रह्मांड का सृजन किया तथा अब भी वे (बल) इसकी शेपिंग में लगे हुए

हैं। क्या आप बता सकती हैं कि एक्स-किरण दूरबीन क्या होती है? एक्स-किरण स्पेक्ट्रम प्रेक्षण में वैज्ञानिक क्या सीखते और समझते हैं?

एलीन कालिंस : एक एक्स-किरण दूरबीन एक दृष्टिगोचर प्रकाश दूरबीन (जैसे हब्बल अंतरिक्ष दूरबीन) से काफी भिन्न होती है। वे दूरबीन जो दृष्टिगोचर प्रकाश का परावर्तन करती हैं, उनमें दर्पण होते हैं, जिन्हें डिश का सा आकार दिया जाता है। प्रकाश आता है, डिश के द्वारा परावर्तित किया जाता है तथा यह उस बिंदु पर फोकस किया जाता है, जहाँ पर प्रतिबिंब की रिकॉर्डिंग और अवलोकन किया जाता है। यदि आप उस प्रकार से एक्स-किरण का प्रेक्षण करते हैं तो एक्स-किरणें दर्पणों के अंदर से सीधे गुजर जाएँगी, क्योंकि एक्स-किरण अत्यधिक लघु और उच्च ऊर्जावाले होते हैं, इसलिए एक्स-किरणों के प्रेक्षण के लिए दर्पणों का डिजाइन भिन्न प्रकार से करना पड़ेगा। इस दूरबीन के निर्माणकर्ताओं ने चार दर्पणों का डिजाइन थोड़ा वक्राकार बैरल की तरह किया है। प्रकाश इस बैरल के एक आखिरी छोर पर आएगा तथ उच्च ग्रेजिंग कोण के साथ परावर्तित होकर दूसरे छोर में उपकरण पर फोकस करेगा। यह डाटा उपकरण में रिकार्ड और संचित किया जाता है तथा बाद में इसे डाउन लिंक संचार लिंक के द्वारा पृथ्वी के नियंत्रण केंद्र को भेज दिया जाता है। मैं यहाँ पर यह कहना चाहूँगी कि चंद्रा एक्स-किरण बहुत-बहुत शक्तिशाली एक्स-किरण दूरबीन है। इसके पहले अंतरिक्ष की कक्षा में तीन लघु एक्स-किरण दूरबीनें भेजी गईं, लेकिन चंद्रा एक्स-किरण दूरबीन बहुत महान् है। यदि आप आधा मील की दूरी से अखबार पढ़ सकते हैं तो निश्चित मानिए कि आप की आँखें उतनी ही शक्तिशाली है, जितनी चंद्रा एक्स-किरण प्रेक्षणशाला।

प्रश्न : आपने कहा कि अंतरिक्ष में कुछ एक्स-किरण प्रेक्षणशालाएँ पहले से ही हैं। उनका प्रमोचन एक्सपेंडेबुल रॉकेटों के द्वारा किया गया। क्या कारण है कि इस दूरबीन (चंद्रा एक्स-किरण प्रेक्षणशाला) का प्रमोचन स्पेस शटल के द्वारा करना पड़ा?

एलीन कालिंस : चंद्रा का प्रमोचन स्पेस शटल के द्वारा किया जाएगा, क्योंकि इसमें अंतरिक्ष यात्री का दखल होगा। शटल से प्रमोचन में एक जाँच और चेक आउट क्षमता होती है तथा यदि प्रमोचन के बाद इसमें कुछ गड़बड़ी आ जाती है, तो इसे पुनः वापस लिया जा सकता है। स्पेस शटल के द्वारा प्रमोचन में यही सुविधा और फायदा रहता है। यदि इसे एक्सपेंडेबुल रॉकेट के द्वारा प्रमोचन किया जाता तो कुछ गड़बड़ हो जाने पर हम कुछ न कर पाते।

प्रश्न : यह उपग्रह (चंद्रा एक्स-किरण प्रेक्षणशाला) पृथ्वी से चंद्रमा की एक तिहाई दूरी पर स्थापित किया जानेवाला है। प्रमोचन दिवस से ही आप और आपका अंतरिक्ष यात्री दल इस काम में लग जाएँगे। कुछ उन घटनाक्रमों की जानकारी दें, जो आपके अंतरिक्ष की कक्षा में पहुँचने के बाद प्रारंभ होंगे?

एलीन कालिंस : एक सामान्य शटल की भाँति हमारा प्रमोचन और आरोहण बहुत सामान्य ढंग का होगा। लेकिन जब सामान्य इंजन (शटल के) बंद हो जाएँगे, घटनाक्रम सामान्य से भिन्न होगा। उड़ान के 7 घंटे और 17 मिनट के बाद हमारी विंडो प्रस्तरण कार्य (डिप्लायमेंट) के लिए खुलेगी। यह अवधि 8 मिनट की होगी। इसलिए हम लोग अत्यधिक व्यस्त रहेंगे (दूरबीन के सफलतापूर्वक प्रस्तरित होने तक)। इस बात को ध्यान में रखते हुए हमें बहुत सारे कार्य करने होंगे।

प्रश्न : जब आप बड़ी हो रही थीं, उस समय आप के प्रिय विषय क्या हुआ करते थे?

एलीन कालिंस : जब मैं पीछे मुड़कर ग्रामर स्कूल के विषय में सोचती हूँ तो पाती हूँ कि गणित और विज्ञान मेरे प्रिय विषय हुआ करते थे। यह वह विषय हुआ करते थे, जिनमें मैं सबसे अच्छा करती थी। मैं युवाओं को स्कूल में उन अनेक कोर्सों और विषयों को लेने के लिए प्रोत्साहित करने का प्रयास करती हूँ, जो उन्हें पसंद हैं। बाद में आप पाएँगे जो कि चीज आप प्रारंभिक स्कूल में पसंद करते थे, वह हाई स्कूल में शायद बहुत अधिक भिन्न लगे। मैंने यह देखा कि जैसे ही मैं हाई स्कूल में गई, मुझे भाषाओं के प्रति दिलचस्पी बढ़ गई। वास्तव में भाषाओं के प्रति कभी भी मुझमें कोई भी प्रतिभा नहीं रही तथा भाषाओं में मुझे हर समय कड़ी मेहनत करनी पड़ी। लेकिन हाई स्कूल में जाने के बाद मुझे इसमें दिलचस्पी आने लगी; क्योंकि मुझे विभिन्न कल्चर और इतिहास पढ़ने में मजा आने लगा। मैंने यह भी पाया कि मैं गणित और विज्ञान में अच्छी थी और उसके लिए मैं यह सोचती हूँ कि वह सब ईश्वर की कृपा थी। यहीं से मैंने अपने कैरियर पर ध्यान देना शुरू किया। मैंने यह आशा की थी कि गणित के प्रति मेरा प्यार तथा संख्याओं के साथ कार्य करना उस प्रकार की चीज थी, जिसे मैं विद्यार्थियों को स्थानांतरित कर सकती थी। मैं अनेक विद्यार्थियों को जानती हूँ जो गणित में संघर्ष करते हैं, लेकिन यदि कड़ी मेहनत करें तो सफलता अवश्य मिलेगी।

प्रश्न : जब आप वृद्धि की ओर अग्रसर थीं तो उस समय आपके हीरो कौन थे? क्या आप कुछ विशिष्ट लोगों की प्रशंसक थीं?

एलीन कालिंस : हाँ, प्रत्येक युवा व्यक्ति का एक प्रकार का हीरो होता है। मेरे हीरो मेरे माता-पिता थे। यह बात मैं इसलिए कहती हूँ, क्योंकि मुझे लक्ष्य की ओर उन्मुख करने (मोटीवेट) में वे काफी अच्छे थे। वे कहा करते थे कि जब तक मैं कठिन मेहनत करूँगी तब तक वह सब पा सकती हूँ जो मैं चाहती हूँ। इसके बाहर मेरे हीरो संगीत, टेलीविजन और खेलकूद की दुनिया से थे, लेकिन वे मेरे साथ लंबे समय तक नहीं रहे। केवल मेरे माता-पिता मेरे साथ लंबे समय—मेरे बचपन से लेकर मेरे वयस्क होने तक रहे। यह कहना बहुत महत्त्वपूर्ण है कि चूँकि हमें यह नहीं पता होता है कि क्या

कभी माता-पिता अपने बच्चों को बड़ा करने में इस बात को सोचते हैं कि वे कितना बड़ा (और वह भी प्रेरणादायक) कार्य कर रहे हैं। मेरा एक तीन वर्ष का बच्चा है तथा वह अपने माता-पिता की तुलना में औरों को अधिक सुनना पसंद करता है। कम-से-कम मुझे तो ऐसा ही लगता है। जब मैं खुद पीछे मुड़कर देखती हूँ तो सोचती हूँ कि शायद मैंने अपने माता-पिता को कभी भी यह नहीं जानने दिया कि मैं उन्हें कितना प्यार करती हूँ तथा वे मेरे लिए क्या थे जब मैं बड़ी हो रही थी। उसका पता मुझे अब लगता है, जब मैं बड़ी हो गई हूँ। मैं ईश्वर को धन्यवाद करती हूँ कि मेरे माता-पिता का स्वास्थ्य अब भी अच्छा है।

प्रश्न : चंद्रा प्रेक्षणशाला नासा के महान् प्रेक्षणशाला कार्यक्रम की तीसरी कड़ी है। चंद्रा प्रेक्षणशाला किस प्रकार हब्बल अंतरिक्ष दूरबीन और कॉम्पटन गामा किरण प्रेक्षणशाला के द्वारा किए गए अनुसंधानात्मक प्रेक्षणों की पूरक बनेगी। इस प्रकार की सहायता किस प्रकार वैज्ञानिकों को उन बलों को समझने में सहायक होगी, जो ब्रह्मांड के स्वरूप को प्रभावित करते हैं?

एलीन कालिंस : नासा के महान् प्रेक्षणशाला कार्यक्रम को समझने के लिए हमें प्रकाश के स्पेक्ट्रम को समझने की आवश्यकता है तथा उन चीजों के विषय में जानने की आवश्यकता है, जिन्हें हम अंतरिक्ष में देख सकते हैं। स्पेक्ट्रम के मध्य में दृष्टिगोचर प्रकाश होता है, जिसे आप अपनी आँखों से देख सकते हैं। रंग दृष्टिगोचर प्रकाश स्पेक्ट्रम का सृजन करते हैं। उच्च ऊर्जा की ओर एक्स-किरणें, गामा-किरणें और अल्ट्रा वायलेट प्रकाश होता है। निम्न ऊर्जा की तरफ माइक्रोवेव, रेडियो तरंगें और इन्फ्रारेड प्रकाश होता है। नासा का महान् प्रेक्षणशाला कार्यक्रम स्पेक्ट्रम के चार महत्त्वपूर्ण भागों पर अपना ध्यान केंद्रित करता है। हब्बल अंतरिक्ष दूरबीन दृष्टिगोचर प्रकाश का प्रेक्षण करती है। कॉम्पटन गामा किरण प्रेक्षणशाला स्पेक्ट्रम के अत्यधिक ऊर्जा वाले छोर का प्रेक्षण करता है। चंद्रा प्रेक्षणशाला हब्बल और कॉम्पटन दूरबीनों के रिक्त स्थान (गैप) को पूरा करती है। भविष्य में हम एक और दूरबीन 'स्पेस इन्फ्रारेड दूरबीन' प्रमोचित करेंगे।

प्रश्न : आपके मिशन में अनेक नीतभार जा रहे हैं तथा उनमें आखिरी मिशन है व्यायामवाली ट्रेडमिल, जिसका कक्षा में (ऑन-आरबिट) आकलन किया जाना है तथा जिसका प्रयोग अंतरराष्ट्रीय अंतरिक्ष स्टेशन में होना है। हम लोगों को बताएँ कि इस ट्रेड मिल का डिजाइन किस प्रकार किया गया है, जिससे यह व्यायाम के द्वारा जनित कंपनों को आइसोलेट कर सके। आप अपनी योजनाओं की भी चर्चा करें कि आपका अंतरिक्ष यात्री दल किस प्रकार अपने अनुभव का उपयोग इस ट्रेडमिल की टेस्टिंग के लिए करेगा।

चित्र-9.2 : स्पेस शटल मिशन एस.टी.एस.-114 के दौरान कालिंस एर्गोमीटर पर व्यायाम करती हुईं।

एलीन कालिंस : हमें अंतरराष्ट्रीय अंतरिक्ष स्टेशन में एक ट्रेडमिल भेजना है। अगले साल हम एक ट्रेडमिल ऊपर ले जाने की योजना बना रहे हैं। कुछ वर्षों से यदा-कदा यह एक ट्रेडमिल स्पेस शटल के द्वारा अंतरिक्ष में भेजते रहे हैं तथा यह अनुभव काफी अच्छा रहा है। लेकिन जब कोई अंतरिक्ष यात्री ट्रेडमिल पर व्यायाम करता है तो पूरी स्पेस शटल में इसका आभास (कंपन के कारण) हो जाता है। ये कंपन सूक्ष्म गुरुत्व परीक्षणों में बाधा पहुँचा सकते हैं। इसलिए हम इसे ट्रेडमिल के कंपनों को आइसोलेट करने का प्रयास कर रहे हैं। हम नहीं चाहते हैं कि वे कंपन अंतरिक्ष स्टेशन में किए जानेवाले परीक्षणों को प्रभावित करें। इसके साथ-साथ हम यह भी सुनिश्चित करना चाहते हैं कि अंतरिक्ष यात्री अंतरिक्ष में व्यायाम करें। अंतरिक्ष में व्यायाम करना बहुत महत्त्वपूर्ण होता है। क्योंकि वहाँ पर हमारा शरीर उन प्रतिबलों को (स्ट्रेस) ग्रहण नहीं कर पाता है, जो हम पृथ्वी पर ग्रहण करते हैं। अंतरिक्ष में हमको चलना नहीं पड़ता है, हमारी हड्डियाँ संपीडित (कंप्रेस) नहीं होती हैं, हमारी मांसपेशियों का अधिक उपयोग नहीं होता है तथा अंतरिक्ष में हमारे हृदय को उतने (जितना पृथ्वी पर) हार्ड तरीके से कार्य नहीं करना पड़ता है। इसलिए अंतरिक्ष के लिए ट्रेडमिल आवश्यक है तथा वहाँ पर व्यायाम किया जाना आवश्यक है।

प्रश्न : आपके मिशन में कुछ अन्य परीक्षण भी जा रहे हैं। हमें उनमें से एक या दो अन्य परीक्षणों के विषय में बताएँ, जिनके विषय में आप अपने 5 दिवसीय मिशन में

गंभीरता से प्रतीक्षा कर रही हैं।

एलीन कालिंस : हम वायुसेना के लिए कुछ परीक्षण 'बर्न्स एंड जेट फायरिंग' करेंगे। वायु सेना के अपने उपग्रह अंतरिक्ष में हैं तथा पृथ्वी के विभिन्न स्थलों से हम जेट फायरिंग्स को देखेंगे। मिशन में हम एक हैम रेडियो का प्रयोग करेंगे, जिसके द्वारा हम विश्व के अमैच्योर हैम रेडियो ऑपरेटरों और स्कूली बच्चों से बात करेंगे। इसके लिए हम निर्धारित संपर्क स्थापित करेंगे तथा यह हर समय संभव है कि हम अचानक संपर्क भी कर सकेंगे। वहाँ पर हम प्रोटीन क्रिस्टल ग्रोथ परीक्षण भी करेंगे। चूँकि यह केवल 5 दिवसीय मिशन है। इसलिए इस मिशन में हम केवल वे ही परीक्षण करेंगे, जो कुछ उपयोगी सूचना प्रदान कर सकते हैं। हम इस प्रकार वहाँ पर काफी व्यस्त रहेंगे। अपने इस मिशन में चंद्रा एक्स-किरण प्रेक्षणशाला के प्रस्तरण के बाद 13 या 14 गौण परीक्षण करेंगे।

प्रश्न : अपने अंतरिक्ष मिशन (स्पेस शटल की उड़ान एस.टी.एस.-93 के द्वारा) के द्वारा अंतरिक्ष अन्वेषण के लक्ष्यों को नासा के बाहर के लोगों के लिए (जिन्हें मूल रूप से यह नहीं पता है कि आप क्या करनेवाले हैं) आप किस तरह वर्णित (एक्सप्लेन) करेंगे?

एलीन कालिंस : मैं एस.टी.एस.-93 मिशन को एक खगौलिकी मिशन के रूप में देखती हूँ। हमारे मिशन का प्रमुख लक्ष्य चंद्रा एक्स-किरण प्रेक्षणशाला का प्रस्तरण करना है। हमारे अंतरिक्ष में जाने का प्रमुख कारण यही है। चंद्रा एक्स-किरण प्रेक्षणशाला हमें भी (जिसमें हम रहते हैं) अधिकाधिक जानकारी प्रदान करेगी; क्योंकि यह ब्रह्मांड को स्पेक्ट्रम के उस भाग से देखेगी, जिसे हमारी आँखें नहीं देख सकती हैं। वैज्ञानिक लोग चंद्रा प्रेक्षणशाला के माध्यम से जो देखने के लिए व्याकुल हो रहे हैं, वह है हमारे ब्रह्मांड का उद्‌गम, विकास और भाग्य। इसके माध्यम से हम उच्च ऊर्जा पिंड जैसे स्पंदन तारा (पल्सर), ताराकल्प (क्वासार) और द्रव्य (जो ब्लैक होलों में गिरता है) का प्रेक्षण कर सकेंगे।

□

10

वैलेंतीना तेरेस्कोवा : अंतरिक्ष में जानेवाली प्रथम महिला

वैलेंतीना ब्लैडिमिरोवना 'वैल्या' तेरेस्कोवा अंतरिक्ष में जानेवाली प्रथम महिला थीं, जिनका जन्म 6 मार्च, 1937 को मैस्लेनिकोवो के वोल्गा रिवर विलेज में हुआ। उनके पिता ब्लैडिमिर तेरेस्कोव एक ट्रैक्टर ड्राइवर थे, जो रूसी सेना में द्वितीय विश्वयुद्ध (सन् 1939-45) के दौरान सिपाही के पद पर कार्यरत थे। युद्ध के दौरान उनकी मृत्यु हो गई तथा उस समय वैलेंतीना तेरेस्कोवा की उम्र 2 वर्ष की थी। वैलेंतीना की माँ एलेना फ्योडोरोवना तेरेस्कोवा एक कॉटन मिल में कार्य करती थीं। वैलेंतीना की माँ ने अपने पति की मृत्यु के बाद वैलेंतीना, उसके भाई ब्लैडिमिर और उसकी बहन ल्युडमिला को आर्थिक तंगी की हालत में बड़ा किया। वैलेंतीना घर में अपनी माँ की मदद करती थी तथा इसके कारण वह दस वर्ष की उम्र तक स्कूल नहीं जा सकी। बाद में तेरेस्कोवा अपनी नानी के पास यारोस्लावल स्थान में चली गई तथा वहाँ पर सन् 1954 में एक टायर फैक्टरी में काम करने लगी। सन् 1955 में वैलेंतीना ने अपनी माँ और बहन के साथ एक कॉटन मिल में एक लूम ऑपरेटर के रूप में काम करना प्रारंभ किया। बाद में वैलेंतीना ने करेंसपोंडेंस कोर्स के द्वारा ग्रेजुएशन प्राप्त किया। सन् 1959 में तेरेस्कोवा ने यारोस्लावल एयर स्पोर्ट्स क्लब ज्वॉइन किया तथा वहाँ पर एक स्किल्ड पैराशूट जंपर बन गई। यूरी गगारिन की उड़ान से वैलेंतीना को काफी प्रेरणा प्राप्त हुई। उन्होंने सोवियत अंतरिक्ष कार्यक्रम के लिए अपनी सेवाएँ ऑफर कीं। यद्यपि तेरेस्कोवा को पायलट के तौर पर कोई अनुभव नहीं था, लेकिन 126 पैराशूट जंप उड़ानों के द्वारा प्राप्त अनुभव के आधार पर उनका सोवियत अंतरिक्ष कार्यक्रम में चयन हुआ। 16 जून, 1963 को दिन के 12 बजकर 30 मिनट पर तेरेस्कोवा अंतरिक्ष में जानेवाली प्रथम महिला बनीं।

वैलेंतीना तेरेस्कोवा के ये साक्षात्कार रूसी पत्रिका के द्वारा तथा दूसरा साक्षात्कार उनकी अंतरिक्ष उड़ान की 45वीं वर्षगाँठ पर किए गए थे।

चित्र–10.1 : अंतरिक्ष में जाने वाली प्रथम महिला वैलेंतीना तेरेस्कोवा

वैलेंतीना तेरेस्कोवा की अंतरिक्ष उड़ान की 45वीं वर्षगाँठ पर लिया गया एक साक्षात्कार (17 जून, 2008, 23:44 घंटे)

प्रश्न : किस उत्साह के साथ आप आज की वर्षगाँठ मनाने जा रही हैं और आपकी भावी योजनाएँ क्या हैं ?

वैलेंतीना : मैं काफी उत्साह में हूँ, क्योंकि आज मैं अपने उन दोस्तों से मिलने वाली हूँ, जिन्होंने मेरे साथ प्रशिक्षण लिया था। हमारे प्रथम अंतरिक्ष यात्री दल में 5 सदस्य (महिलाएँ) थे, जिन्होंने सन् 1961 में मेडिकल सेलेक्शन बोर्ड पास किया। सन् 1962 के प्रारंभ से हमने अपनी तैयारी प्रारंभ कर दी। हमारे चयन में आवश्यकताएँ काफी अहम थीं। दिन भर के लिए हम लोग थ्योरी का अध्ययन करने के लिए एक कमरे में बंद कर दिए जाते थे। हमारे अभ्यासों में शामिल चीजें थीं अंतरिक्ष यानों के विषय में अध्ययन तथा वायुयानों में उड़ना एवं पैराशूट जंपिंग। यद्यपि हम लोग (एक महिला को छोड़कर) पैराशूट जंपिंग पहले कर चुके थे। हममें से तान्या कुजनेट्सोवा और वाल्या पोनोमारेवा मास्को से थीं। इरीना सोलोविया (जो मेरी वैकल्पिक कॉस्मोनट थी) स्वेरड्लोवस्क से थीं। जाना सेर्गीचिक र्याजान से थी तथा मैं योरोस्लावल से थी। यही लोग थे जो प्रथम अंतरिक्ष यात्री दल के रूप में चयनित हुए थे।

आज मैं अपने मित्रों से मिलूँगी, जिनमें कुछ अंतरिक्ष पायलट हैं, जिन्होंने यहाँ पर कार्य करते हुए अपने कैरियर का आधा समय यहाँ गुजारा है। यहाँ पर जो भी पौधा लगा है, उसमें हमारा योगदान शामिल है तथा यह योगदान इस स्थान को सुंदर बनाने के लिए था।

प्रश्न : पाँच महिलाओं में आपका ही चयन किया गया था। यह बड़े सौभाग्य की

चित्र-10.2 : गगारिन कास्मोनट प्रशिक्षण केंद्र में महिला अंतरिक्ष यात्री कैथरीन कोलमैन के साथ दिसंबर 2010 में बाईं और तेरेस्कोवा हैं।

बात थी। आपके अनुसार अन्य लोगों ने कैसा महसूस किया? क्या उन्हें ईर्ष्या हुई थी?

वैलेंतीना : निस्संदेह हर एक अपने-अपने तरीके से निराश थी। विशेषकर इरीना सोलोविया, जो मेरे वैकल्पिक कॉस्मोनट के रूप में स्पेस सूट पहने हुए (मेरे अंतरिक्ष गमन से लेकर मेरी वापसी तक) तैयार रही। आपको पता होना चाहिए कि बहुत वर्षों के बाद आज भी हम लोगों की दोस्ती कायम है। हमने अपने सभी प्रियजनों के सभी दुख, सुख एक-दूसरे के साथ शेयर किए हैं। दूसरी ओर सरगेई कोरोलेव ने वादा किया था कि महिला अंतरिक्ष यात्रियों की उड़ानें संभव होंगी और लड़कियाँ (5 में से 4 अन्य महिलाएँ) निश्चित ही बाद में फ्लाई करेंगी। दुर्भाग्य से जनवरी 1966 में कोरोलेव की मृत्यु हो गई। उसके बाद हमें अनेक असफलताएँ झेलनी पड़ीं। ब्लैडिमिर कोमारोव की मृत्यु एक अंतरिक्ष यान की जाँच के समय हो गई। उसके बाद एक स्वैच्छिक अंतरिक्ष यात्री दल की मृत्यु हो गई। इस तरह महिलाओं के अंतरिक्ष यात्री दल को अंतरिक्ष में भेजने का विचार हर बार स्थगित होता गया।

प्रश्न : आज हमारे देश की महिलाएँ अंतरिक्ष उड़ान में नहीं जाती हैं। क्या आप सोचती हैं कि निकट भविष्य में यह परिस्थिति बदलेगी?

वैलेंतीना : हमारी महिलाएँ अब प्रशिक्षण में हैं। वे इस ओर कार्य कर रही हैं।

हमारे अंतरिक्ष उद्योग में अनेक विशेषज्ञ महिलाएँ हैं, जो सफलतापूर्वक अंतरराष्ट्रीय अंतरिक्ष स्टेशन में काम कर सकती हैं। लेकिन सबकुछ हमारे ही नियंत्रण में नहीं है। लेकिन हमारा विश्वास है कि हमारी महिलाएँ अंतरिक्ष में पुनः फ्लाई करेंगी।

रूसी पत्रिका के साथ वैलेंतीना तेरेस्कोवा का साक्षात्कार (अप्रैल 1998)

प्रश्न : आप अंतरराष्ट्रीय वैज्ञानिक और कल्चरल सहयोग के रूसी केंद्र की प्रमुख हैं। आपकी राय में संपूर्ण विश्व में रूसी विज्ञान और तकनीकी के क्षेत्र में लोगों की कितनी दिलचस्पी है?

वैलेंतीना : इस संदर्भ में काफी दिलचस्पी है तथा वह दिलचस्पी स्वाभाविक है। 20वीं सदी के मध्य में हमारे देश ने प्रथम कृत्रिम उपग्रह अंतरिक्ष में प्रमोचित किया एवं प्रथम मानव को अंतरिक्ष में भेजा, प्रथम पैसेंजर जेट का निर्माण किया एवं प्रथम नाभिकीय रिएक्टर और प्रथम क्वांटम जनरेटर का निर्माण किया। इस प्रकार महान् अनुसंधान का माहौल एक रात में व्यर्थ नहीं जा सकता है, भले ही कितनी विपरीत परिस्थिति हों। यहाँ तक कि आज भी हमारे वैज्ञानिक और इंजीनियर काफी प्रभावशाली और प्रोत्साहनवर्द्धक परिणाम प्राप्त कर रहे हैं। 'एस यू' और 'मिग' वायुयानों को ही लीजिए, जिनकी विश्व में कोई मिसाल नहीं है। वे हमारे समय के उच्च स्तरीय और प्रतिभामय इंजीनियरिंग ट्रेंड का प्रदर्शन करते हैं।

प्रश्न : क्या यह केंद्र रूसी और विदेशी कंपनियों के बीच एक मध्यस्थता की कड़ी का कार्य करता है?

वैलेंतीना : हाँ, लेकिन हमारी मध्यस्थता अनुसंधान संगठनों की मदद करना एवं व्यावसायिक संपर्क बनाना है। जहाँ तक हम लोगों का प्रश्न है, इसमें कोई भी व्यावसायिक दिलचस्पी नहीं है। मैं कुछ उदाहरण दे सकती हूँ। जून 1997 में हमने विज्ञान मंत्रालय के साथ मिलकर रूसी वैमानिक संस्थानों के लिए प्रेग के कार्यालयों में एक प्रेजेंटेशन कराया। हमने एक प्रदर्शनी भी आयोजित की थी।

प्रश्न : क्या आपका केंद्र रूसी फेडरेशन के रीजनों के साथ कार्य करता है?

वैलेंतीना : जहाँ तक रीजनों का प्रश्न है, उसके लिए हम अन्य देशों में अपने मिशन केंद्रों में रूसी फेडरेशन के विभिन्न विषयों पर प्रेजेंटेशन प्रस्तुत करवाते हैं?

प्रश्न : क्या आपको अब भी याद है कि आपने क्या महसूस किया होगा जब आपकी अंतरिक्ष उड़ान पूरी हो गई थी तथा जब आपको यह लगा कि आप भी पृथ्वी के लोगों में से एक हैं। कुछ दिनों तक बाह्य अंतरिक्ष में रहने के विषय में सबसे मुश्किल चीज क्या थी?

वैलेंतीना : पहली चीज तो जो हमने महसूस किया, वह यह थी कि मैंने अपनी ड्यूटी पूरी कर ली है तथा इस बात की भी हिम्मत आ गई कि महिला और पुरुष दोनों ही अंतरिक्ष में काम कर सकते हैं। उड़ान की संपूर्ण अवधि में मैं अपने निर्धारित कार्यों को करने में इतनी ज्यादा व्यस्त थी कि मैं उड़ान के खतरों को भूल ही गई थी। जब मैं वापस पृथ्वी पर लौटी तो अपने लोगों के बीच में मैंने यूरी गागरिन की उड़ान के बाद फ्रेडरिक जोलिओस के द्वारा उद्‌गार के रूप में बोले गए शब्दों को दोहराया, "मानव समुदाय बहुत अधिक दिनों तक अपने ग्रह पृथ्वी से बँधा नहीं रहेगा।"

प्रश्न : क्या आप अपनी प्रथम कास्मोनट इकाई के लोगों से मिलती हैं?

वैलेंतीना : निसन्देह हाँ। हम सभी अच्छे दोस्त हैं। हम सभी विजय, पराजय और अपने कामरेडों की मृत्यु में एक साथ रहे हैं। ज्वेज्डीनी गोरोडोक से अब भी हमारे प्रोफेशनल संबंध हैं। पिछले वर्ष हमने प्रथम भू उपग्रह के प्रमोचन की वर्षगाँठ मनाई तथा इसके लिए एक सेमीनार का आयोजन किया गया। जिसका विषय था 'रूस का अंतरिक्ष अन्वेषण और अंतरिक्ष क्षेत्र में अंतरराष्ट्रीय सहयोग के संदर्भ में उपलब्धियाँ।' इसका आयोजन यूरी गागरिन कास्मोनट ट्रेनिंग के द्वारा किया गया, जिसके वर्तमान में प्रमुख–कास्मोनट पैवेल क्लिमुट मेरे मित्र हैं। समारोह के आयोजन में यूरोपीय अंतरिक्ष संस्था भी सहयोग दे रही है।

□

11

जेरी रॉस : अंतरिक्ष में अधिकतम 7 बार जानेवाले प्रथम अंतरिक्ष यात्री

अंतरिक्ष यात्री जेरी लिन रॉस अंतरिक्ष के क्षेत्र की एक महान् हस्ती हैं, जो अंतरिक्ष में स्पेस शटल के द्वारा अधिकतम 7 बार जानेवाले विश्व के प्रथम व्यक्ति हैं। 20 जनवरी, 1948 को इंडियाना के क्राउन प्वॉइंट में जन्मे रॉस अमेरिकी वायुसेना के अधिकारी एवं नासा के भूतपूर्व अंतरिक्ष यात्री हैं। सन् 1972 में पर्ड्यू विश्वविद्यालय से मास्टर डिग्री प्राप्त करने के बाद जेरी रॉस ने वायु सेना की सक्रिय सेवा में प्रवेश किया। जेरी रॉस के पास 21 विभिन्न वायुयानों के उड़ानें का अनुभव है तथा उनके पास प्राइवेट पायलट लाइसेंस है। उन्हें 3,900 घंटे फ्लाइंग का अनुभव है। उनकी प्रथम अंतरिक्ष उड़ान स्पेस शटल की उड़ान एस.टी.एस.-61 बी (स्पेस शटल अटलांटीस) थी, जो 6 दिन 21 घंटे अंतरिक्ष में रही तथा इसमें उनकी भूमिका मिशन विशेषज्ञ की थी। उनकी अन्य शटल उड़ानें थीं—एस.टी.एस.-27 (स्पेस शटल अटलांटीस, पद-मिशन विशेषज्ञ), एस.टी.एस.-37 (स्पेस शटल अटलांटीस, पद-मिशन विशेषज्ञ), एस.टी.एस.-74 (स्पेस शटल अटलांटीस पद-मिशन विशेषज्ञ), एस.टी.एस.-88 (स्पेस शटल एंडयौर, पद-मिशन विशेषज्ञ) और एस.टी.एस.-110 (स्पेस शटल अटलांटीस, पद-मिशन विशेषज्ञ)। जेरी रॉस की ये 7 उड़ानें 27 नवंबर, 1985 से 19 अप्रैल, 2002 के बीच संपन्न हुईं तथा इन 7 उड़ानों के द्वारा उन्होंने अंतरिक्ष में कुल 58 दिन 1 घंटे का समय गुजारा।

जेरी रॉस का यह साक्षात्कार उनकी अंतरराष्ट्रीय अंतरिक्ष स्टेशन 'अल्फा' के लिए संपन्न प्रथम उड़ान (एस.टी.एस.-88) के पहले लिया गया था। एस.टी.एस.-88 अल्फा अंतरिक्ष स्टेशन के लिए प्रथम असेंबली शटल उड़ान थी।

प्रश्न : इस अंतरिक्ष उड़ान के द्वारा जेरी रॉस, आप ऐसे चौथे व्यक्ति बनने जा रहे

चित्र-11.1 : अंतरिक्ष में सबसे अधिक 7 बार जानेवाले विश्व के प्रथम अंतरिक्ष यात्री जेरी रॉस

हैं, जिन्होंने 6 बार अंतरिक्ष की यात्रा की है। जब सन् 1980 में आपका चयन अंतरिक्ष यात्री के रूप में हुआ था तो क्या आपने ऐसा सोचा था?

जेरी रॉस : सन् 1980 में जब मेरा चयन हुआ था तो मैंने आशा की थी अब तक मैं मंगल ग्रह पर पदार्पण कर चुका हूँगा और आपको यह बता रहा हूँगा। यह बड़ा रोमांचक समय था तथा अपने देश की सेवा के लिए मैं और भी रोमांचक अवसरों की आशा कर रहा था। मेरे ऊपर किसी का आशीर्वाद रहा है कि मैंने अपने कार्य के हर पहलू

का आनंद लिया है तथा इस अंतरिक्ष यात्री दल के साथ अंतरराष्ट्रीय अंतरिक्ष स्टेशन की आधारशिला रखने को आतुर हूँ।

प्रश्न : अब तक आपको मंगल ग्रह में स्पेस वॉक करने का सौभाग्य प्राप्त नहीं हुआ है, लेकिन आपने अपने कैरियर में 4 स्पेस वॉक कर ली हैं। पहले हम सन् 1985 में अंतरिक्ष में ऊपर देखा करते थे तथा स्पेस वॉकों के माध्यम से आप अंतरिक्ष स्टेशन के निर्माण की प्रक्रिया की टेस्टिंग करते थे। एक बार आपने कहा था, 'आओ चलें, अंतरिक्ष स्टेशन बनाएँ।' क्या आपके मस्तिष्क में यह बात आती है कि इसमें 12 वर्ष लगे?

जेरी रॉस : जब मैंने ये शब्द कहे थे तो मुझे आशा नहीं थी कि इतना ज्यादा समय लगेगा। लेकिन जमीनी हकीकत को देखते हुए ऐसा लगता है कि शायद सभी तरह की यांत्रिकियों को निर्धारित स्थल पर ले जाना तथा उन्हें प्रचालित करने में समय लगता है, जो कि तार्किक है। इसके अलावा स्टेशन के अंतरराष्ट्रीय पहलू को देखते हुए मैं महसूस करता हूँ कि एक-दूसरे के बीच समन्वय बिठाने तथा सभी चीजों को पूरा करने में कुछ समय तो लगता ही है।

प्रश्न : जब आपका चयन मिशन एस.टी.एस.-88 के लिए किया गया था, तब से आज तक 2 वर्ष हो गए हैं?

जेरी रॉस : लोग मुझे याद दिलाते रहते हैं।

प्रश्न : अब आप प्रमोचन तिथि के काफी पास पहुँच गए हैं। आपके क्या विचार और भावनाएँ हैं। जब वह उड़ान जिसके लिए आप दो साल से कार्य कर रहे हैं, अब वास्तविकता बनने के समीप पहुँच गई है।

जेरी रॉस : मैं समझता हूँ कि इस विशिष्ट उड़ान के लिए उड़ान का संपूर्ण अंतरिक्ष यात्री दल और पूरा नासा संस्थान ही बहुत उत्साहित है। मैं समझता हूँ कि इसमें दल का प्रत्येक अंतरिक्ष यात्री अपने को पूरी तरह से संलग्न पाता है, जैसे-जैसे प्रमोचन की तिथि समीप आती जा रही है। ऐसा मैं रोज महसूस करता हूँ, भले ही मैं कुछ भी कर रहा हूँ, लेकिन इसके लिए उच्च स्तर की जागरूकता और उत्साह पैदा हो रहा है। इसके साथ-ही-साथ मिशन के प्रति अधिक गंभीरता बनती जा रही है तथा प्रत्येक विवरण को कवर किया जा रहा है।

प्रश्न : हमने इस बात की चर्चा की है कि इस मिशन की लक्ष्य तिथि, लक्ष्य प्रमोचन तिथि कई बार पीछे धकेली गई है तथा इसका कारण था हार्डवेयर के टुकड़ों के तैयार में होनेवाला विलंबन। क्या इस प्रकार के विलंबनों ने आपको और आपके अंतरिक्ष यात्री दल को निराश किया है अथवा इससे आपको बेहतर तरीके से तैयारी करने का मौका मिला?

जेरी रॉस : दोनों ही। निश्चित तौर पर विलंबनों के कारण हम निराश अवश्य हुए

हैं, क्योंकि हम सोच रहे थे कि अब तक इच्छित हार्डवेयर कक्षा में पहुँच चुका होगा, जिसे हम प्रचालित कर रहे होंगे तथा पुनः वापस जाने की तैयारी कर रहे होंगे। लेकिन उसी के साथ हम लोगों ने सभी विलंबनों को अपने फायदे के लिए प्रयोग किया है। हमने सभी विधियों (प्रोसीजर) को अच्छी तरह से समझा है तथा अपने रूसी भागीदारों के साथ काम करने का, उन्हें समझने का और उनके हार्डवेयर को समझने का बेहतर समय मिला है। मैं समझता हूँ कि प्रत्येक चीज काफी बेहतर तरीके से हो रही है।

प्रश्न : पिछले दो वर्षों से इस मिशन में उड़ान भरने के लिए आप पाँच लोगों के ग्रुप के साथ काम कर रहे हैं। हाल में आपके ग्रुप में सरगेई क्रिकालेव को शामिल करके और अधिक विस्तृत कर दिया गया है। सरगेई क्रिकालेव के आ जाने से (अपेक्षित रूप से विलंब से आने से) आपकी तैयारियों में क्या अंतर आनेवाला है?

जेरी रॉस : इसके कारण कुछ चीजों को रोकना पड़ा, जो हम लोग करने जा रहे थे, क्योंकि उन्हें संपूर्ण ग्रुप के साथ किया जाना आवश्यक था। लेकिन मूल रूप से सरगेई को हम लोग इस रूप में देखते हैं कि वे अंतरिक्ष की कक्षा के लिए ढेर सारा कक्षीय अनुभव लेकर आ रहे हैं। निश्चित तौर पर उन्हें रूसी हार्डवेयर तंत्र की विस्तृत जानकारी है। इसलिए उनके पास काफी विशेषज्ञता होगी, यदि रूसी तंत्र में कोई समस्या आती है। वे स्पेस शटल से यात्रा कर चुके हैं। इसलिए मेरा मानना है कि प्रशिक्षण प्रवाह को हम लोगों के साथ पकड़ने में उन्हें आसानी रहेगी। मेरे अनुसार यह कोई बड़ी समस्या नहीं होनी चाहिए। जैसा मैंने पहले कहा कि हम लोगों ने कुछ गतिविधियों को विलंबित कर दिया है, जिससे इन्हें हम एक संपूर्ण अंतरिक्ष यात्री दल के रूप में कर सकें। लेकिन उसके अलावा वे (क्रिकालेव) हम लोगों के लिए इस दृष्टि से एक बड़ी मदद सिद्ध होंगे, क्योंकि वे अंतरिक्ष में काफी लंबे समय तक रह चुके हैं और रूसी तंत्रों पर कार्य कर चुके हैं। इसके अलावा हमारी समय-तालिका भी काफी व्यस्त थी। इसलिए कुछ गतिविधियों को हम उनके आने तक के लिए टाल रहे थे।

प्रश्न : आप अंतरराष्ट्रीय अंतरिक्ष स्टेशन का असेंबली कार्य प्रारंभ करने जा रहे हैं। क्या आपकी दृष्टि में यह बात कोई विशिष्ट मायने रखती है कि इसमें अनेक देशों के अंतरिक्ष यात्री शामिल होंगे?

जेरी रॉस : हाँ, निस्संदेह! अमेरिकी अपने को अमेरिकी के अलावा और कुछ नहीं समझते। लेकिन अब मैं एक-दो वर्षों से वंशावली का अध्ययन कर रहा हूँ। मैं अपने को एक अंतरराष्ट्रीय व्यक्ति के रूप में देखता हूँ। इसलिए उस दृष्टि से अमेरिकी बहुत मायनों में विश्व के अंतरराष्ट्रीय क्रॉस सेक्शन हैं। लेकिन अंतरिक्ष यात्री दल में सरगेई को शामिल किया जाना निश्चित ही एक अच्छी बात है।

प्रश्न : अंतरिक्ष यात्री दल में क्रिकालेव के शामिल किए जाने से वे और आप

मिलकर दो लोगों की एक ऐसी जोड़ी बनाएँगे, जो कक्षा में चक्कर लगा रहे अंतरिक्ष स्टेशन में काम करने का अनुभव रखते हैं तथा बाकी तीन को इसका अनुभव नहीं है। मीर अंतरिक्ष स्टेशन में आपके अनुभव से तथा वर्तमान मिशन की तैयारी के आधार पर क्या आप मीर अंतरिक्ष स्टेशन और अंतरराष्ट्रीय अंतरिक्ष स्टेशन की समानताओं के विषय में बता सकते हैं ?

जेरी रॉस : इन स्टेशनों में सरगेई ने एक साल से भी अधिक लंबा समय गुजारा तथा मैंने केवल दो या तीन दिन गुजारे। इसलिए अनुभव के मामले में सरगेई बहुत आगे हैं (मुझसे)। मैं समझता हूँ कि सबसे बड़ी चीज है कि यह एक नया कार्यक्रम है। इसका डिजाइन ग्राउंड स्तर से स्टेशन में उच्च स्तर की विज्ञान क्षमता प्रदान करना है।

प्रश्न : क्या आप अंतरराष्ट्रीय अंतरिक्ष स्टेशन को मात्र एक कक्षीय वैज्ञानिक प्रयोगशाला के रूप में देखते हैं अथवा क्या यह एक ऐसी भी चीज है, जिसके माध्यम से आप पृथ्वी की कक्षा से चंद्रमा अथवा मंगल ग्रह तक जा सकेंगे ?

जेरी रॉस : निस्संदेह मैं इसे दोनों दृष्टियों से देखता हूँ। मुख्य रूप से मैं इसे एक वैज्ञानिक प्रयोगशाला के रूप में देखता हूँ तथा आशा करता हूँ कि अंतरिक्ष की कक्षा में किए गए प्रयास और कार्य तथा उनके परिणाम पृथ्वी के जीवन-स्तर को ऊँचा उठाएँगे तथा इस संदर्भ में मैं फार्मास्यूटिकल उत्पाद के विषय में सोच रहे हैं। लेकिन इस तरह की अन्य बहुत सारी चीजें हैं। लेकिन जो भी वैज्ञानिक अनुसंधान हम अंतरिक्ष स्टेशन के अंदर करने जा रहे हैं, उनका मतलब यही है कि लंबी अवधियों में शून्य गुरुत्व मानव शरीर को किस प्रकार प्रभावित करनेवाला है। इस संदर्भ में कुछ जानना आवश्यक है और यदि हम अंतरिक्ष की सीमाओं को बढ़ाना चाहते हैं तथा आशा करते हैं कि हम मंगल ग्रह या उसके बाहर जाएँगे। इस प्रकार मानव शरीर की अभियांत्रिकी को समझकर कि यह क्या करता है, क्यों करता है (शून्य गुरुत्व में) तथा किसी तरह शून्य गुरुत्व में उन्हें संतुलित करके हम मानव शरीर की पेचीदी बातों को पृथ्वी में समझ सकेंगे तथा उनको काउंटरऐक्ट कर सकेंगे। लेकिन हमें समझना पड़ेगा कि ऐसे तंत्रों का विकास कैसे किया जाए जो लंबे समय तक कार्य कर सकें तथा उनका रखरखाव सस्ता और आसान हो एवं वे विश्वसनीय एवं हलके भार वाले हों। इस तरह की जो चीजें अंतरिक्ष में जाने के संदर्भ में सोचते हैं, वे चीजें और अधिक महत्त्व की हो जाती हैं, जब हम मंगल ग्रह जैसे दीर्घकालीन मिशनों की बात करते हैं।

प्रश्न : इस एस.टी.एस.-88 मिशन में मुख्य लक्ष्य हैं—अंतरराष्ट्रीय अंतरिक्ष स्टेशन के दो अवयवों को जोड़ना। जरया मॉड्यूल जो पहले से ही वहाँ होगा। (जिसका प्रमोचन रूस के द्वारा किया गया है) तथा नोड (जिसका नाम यूनिटी है), जिसे आप अपने साथ लेकर जा रहे हैं। उन लोगों के लिए जिन्हें इनकी बैकग्राउंड नहीं मालूम है।

आप 'जरया' और 'यूनिटी' के विषय में बताएँ, जो हार्डवेयर के दो टुकड़े हैं। ये क्या हैं तथा अंतरराष्ट्रीय अंतरिक्ष स्टेशन में इनकी क्या भूमिका है?

जेरी रॉस : मैं इन दो इकाइयों को अंतरराष्ट्रीय अंतरिक्ष स्टेशन के कार्नरस्टोन की तरह संबोधित करूँगा। मूल रूप से 'नोड' वही चीज है, जो इसका अर्थ दरशाता है। यह स्टेशन के अंदर अनेक इकाइयों (या मॉड्यूलों) को जोड़ने के लिए कनेक्टिंग ब्लॉक के समान है, जिसमें अनेक इकाइयाँ जोड़ी जाएँगी। इस आगेवाले भाग में अमेरिकी निर्मित प्रयोगशाला जोड़ी जाएगी। एक साइड में एयरलॉक होगा, जिसके माध्यम से अंतरिक्ष यात्री अपनी सभी स्पेस वॉकें करेंगे।

प्रश्न : अंतरिक्ष स्टेशन की तीसरी स्पेस वॉक के प्रारंभ होने के पहले और दूसरी स्पेस वॉक पूरी करने के बाद आप लोग अंतरराष्ट्रीय अंतरिक्ष स्टेशन के अंदर प्रवेश करेंगे। क़ैसा लगेगा?

जेरी रॉस : बहुत ही रोमांचक!

प्रश्न : यही मेरा प्रश्न है कि इतिहास के ऐसे क्षण में प्रवेश करते समय आपके मन में क्या विचार आएँगे?

जेरी रॉस : मैं समझता हूँ कि किसी के लिए भी ये क्षण बड़े रोमांचक होंगे, जब हम कोई चीज पहली बार कर रहे होंगे। इस रोमांचक नवीन सुविधा के अंदर प्रवेश करना इसे क्रियाशील करना तथा इसे प्रचालित करना निस्संदेह महान् कार्य होगा। मैं समझता हूँ कि अनेक युवा लोग जो इस कार्यक्रम को देख रहे हैं (आज), वे कभी-न-कभी अंतरिक्ष में अवश्य जाएँगे और आशा है कि वे भी इस स्टेशन में कुछ अनुसंधान कार्य अवश्य करेंगे। अब से 15 वर्ष बाद जब मैं रिटायर हो जाऊँगा तथा उस समय मैं जब अंतरिक्ष की ओर ऊपर देखूँगा तो मुझे बड़ा संतोष मिलेगा कि मैंने इस सुविधा के विकास में कुछ योगदान किया है तथा सौभाग्यशाली रहा कि इसकी प्रारंभिक उड़ानों में मेरी हिस्सेदारी रही।

प्रश्न : क्या अंतरिक्ष यात्री दल के रूप में आप लोगों ने यह सोचा है कि स्टेशन के अंदर पहले कौन प्रवेश करेगा?

जेरी रॉस : हाँ, मैं समझता हूँ कि यह काम बॉब करेंगे, क्योंकि वे इस मिशन के कमांडर हैं। इसलिए यह उनका ही अधिकार बनता है।

प्रश्न : जब आप अपना काम करने के बाद अंतरराष्ट्रीय अंतरिक्ष स्टेशन से विदा लेंगे तो आप लोगों को दो उपग्रह भी अंतरिक्ष में प्रस्तरित करने होंगे, जिनका उत्तरदायित्व मिशन के पायलट रिक स्टर्को के पास है। क्या आप बता सकते हैं कि ये उपग्रह क्या हैं तथा उन्हें कैसे प्रस्तरित किया जाएगा?

जेरी रॉस : ये दो उपग्रह हैं, जिन्हें हम प्रमोचित करेंगे तथा एक उपग्रह का नाम

'माइटीसैट', है जो अमेरिकी वायुसेना का उपग्रह है। इन्हें आरबिटर की नीतभार बे के साथ माउंट करके स्प्रिंग के द्वारा रिलीज किया जाएगा। इन दोनों का डिजाइन विभिन्न तकनीकों के प्रदर्शन के लिए किया गया है। दूसरे उपग्रह का नाम 'सैक-ए' है, जो एक वैज्ञानिक उपयोग उपग्रह है, जिसका निर्माण अर्जेंटाइना के द्वारा किया गया है।

प्रश्न : आपके अनुसार भावी अंतरिक्ष उड़ानों के लिए अंतरराष्ट्रीय अंतरिक्ष स्टेशन की क्या भूमिका होगी? क्या पृथ्वी की कक्षा से बाहर जाना आवश्यक है—चंद्रमा या मंगल ग्रह तक पहुँचने के लिए?

जेरी रॉस : मैं नहीं समझता कि कोई चीज क्या कभी आवश्यक हो सकती है। यह सबकुछ उस व्यक्ति पर निर्भर करता है, जो यह निर्धारित करता है कि क्या आवश्यक है। मैं समझता हूँ कि यह मानव के स्वभाव में ही होता है, जो हर समय जानना चाहता है कि आगे क्या है, अगला क्षैतिज क्या है इत्यादि। मनुष्य ने हर समय उड़ने की इच्छा रखी तथा हर समय यह सोचता रहा कि चंद्रमा पर जाना कैसा लगेगा तथा मैं समझता हूँ कि इस प्रकार की बातें ही मनुष्य को अन्य प्राणियों से भिन्न बनाती हैं, जिसे ईश्वर ने पृथ्वी पर भेजा है।

जेरी रॉस की आखिरी उड़ान एस.टी.एस.-110 के पहले का नासा के द्वारा लिया गया साक्षात्कार

प्रश्न : जेरी, संक्षिप्त में यह बताएँ कि एस.टी.एस.-110 मिशन के मुख्य लक्ष्य क्या हैं?

जेरी रॉस : आरबिटर की संपूर्ण नीतभार बे ट्रस के 'एस-0' टुकड़ों से भरी होगी (जो स्टेशन में लगाई जाएगी)। यह कोर लंबी ट्रस का केंद्रीय कोर अवयव है। इसके दोनों छोर पर लंबे-लंबे सौर एरे लगाए जाएँगे। इसका एक टुकड़ा पहले से ही स्टेशन में है, जो अमेरिकी सेगमेंट को पावर प्रदान कर रहा है।

प्रश्न : इस मिशन को प्रारंभ करने के लिए जब स्पेस शटल अटलांटीस का प्रमोचन किया जाता है तो आप प्रथम व्यक्ति बन जाएँगे, जिसका प्रमोचन पृथ्वी से सबसे अधिक बार (7 बार) हुआ होगा। इस प्रकार का ऐतिहासिक स्तंभ प्राप्त करके आप कैसा महसूस करेंगे?

जेरी रॉस : इसको मैं सबसे बड़ा इतिहास न मानकर यह मानता हूँ कि मुझे कुछ ऐसा करने का मौका मिला है, जिसे मैं बहुत एंजोय करता हूँ। इंडियाना में मैं जब एक छोटा बच्चा था तो अंतरिक्ष ने मुझे अपनी ओर आकर्षित किया। मैं अंतरिक्ष रेस के साथ बड़ा हुआ। मैंने चौथी कक्षा से ही सोच रखा था कि मैं पड्र्यू विश्वविद्यालय जाऊँगा, जो कि हमारे होम स्टेट का एक विख्यात इंजीनियरिंग स्कूल है। मैं एक इंजीनियर बनना

चित्र-11.2 : अंतरराष्ट्रीय अंतरिक्ष स्टेशन के ज्वेज्डा सर्विस मॉड्यूल के अंदर जेरी रॉस (सबसे अगे दाहिनी ओर)

चाहता था तथा अंतरिक्ष कार्यक्रम में हिस्सा लेना चाहता था।

प्रश्न : क्या आठवीं बार भी अंतरिक्ष में जाना चाहेंगे?

जेरी रॉस : मैं एक बार में एक काम करता हूँ और फिर देखता हूँ कि परिस्थितियाँ कैसे बदलती हैं। इसीलिए मैंने हर समय कहा है कि जब तक मेरा स्वास्थ्य मेरा साथ देता है (जो कि सौभाग्य से दे रहा है) और मुझे इस काम में आनंद आता है (जो कि है) तब तक मैं अंतरिक्ष में जाता रहूँगा। लेकिन यह सत्य है कि अंतरिक्ष कार्यालय में ऐसे लोगों की लंबी सूची है, जिन्हें अभी तक एक बार भी अंतरिक्ष में जाने का अवसर प्राप्त नहीं हुआ। इसलिए मैं इस बात को समझता हूँ, लेकिन मैं हर समय अंतरिक्ष में जाने के लिए तैयार रहूँगा, यदि वे (नासा) मुझे फिर बुलाते हैं।

प्रश्न : आपने कहा कि एक बालक के रूप में आप अंतरिक्ष के प्रति आकर्षित थे। क्या आप बता सकते हैं कि अंतरिक्ष में क्या ऐसी खास बात थी, जिसे आपकी कल्पनाओं ने पकड़ा?

जेरी रॉस : मैं समझता हूँ कि यह वही चीज है, जिसे वयस्कों और बच्चों की कल्पना ने अपनी ओर खींचा था। मेरा मतलब है कि यदि विज्ञापनों में उन चीजों को देखो तो निश्चित ही वे लोगों का ध्यानाकर्षण करती हैं—वे स्पेस शटलों के विषय में बातें करते हैं, वे स्पेस वॉकों की बातें करते हैं, वे अंतरिक्ष स्टेशन की बातें करते हैं, वे एलियंस की बातें करते हैं तथा वे उन सभी चीजों की बातें करते हैं, जो लोगों की कल्पना को अपनी

ओर आकर्षित करते हैं।

प्रश्न : इतने लंबे समय को जब आप पीछे मुड़कर देखते हैं (जिसका वर्णन आपने किया है), तो कृपया बताएँ कि आपके अनुसार वे कौन से लोग हैं, जिन्होंने आपके जीवन को प्रभावित किया है?

जेरी रॉस : निस्संदेह मेरे माता-पिता। वे अत्यधिक प्रोत्साहनवर्द्धक थे। वे चाहते थे कि हम अध्ययन में कड़ी मेहनत करें और जिंदगी में अच्छा काम करें। उन्होंने हम में उत्तरदायित्व की भावना पैदा की। इसके अलावा मुझे प्रभावित करनेवाले लोगों में अनेक अध्यापक, कोच और अन्य लोग भी थे। अन्य लोगों में शामिल लोग थे दादा-दादी, चाचा-चाची और चचेरे भाई-बहिन।

प्रश्न : अब हम इस मिशन के प्रमुख नीतभार 'एस-0' की बात करेंगे?

जेरी रॉस : 'एस-0' स्टेशन का एक बाह्य प्रमुख भाग है। यह लगभग 43 फीट लंबा है तथा इसका भार लगभग 28,000 पौंड है (लगभग 14 टन)। यह देखने में पुल के एक गर्डर की भाँति है। लेकिन यह उसके अलावा भी बहुत कुछ है। इसमें बहुत सारी प्लंबिंग हैं, कई विद्युत् तंत्र लगे हैं, इसमें कई ब्लैक बॉक्स लगे हैं तथा चार कंप्यूटर इस ट्रस में हैं। इसमें (जैसा मुझे बताया गया है) वायरिंग के लिए 10 मील लंबे तार का प्रयोग किया गया है तथा 400 फीट की प्लंबिंग का प्रयोग किया गया है। इसमें बाहर की ओर सैकड़ों या हजारों विद्युत् कनेक्टर लगे हैं।

प्रश्न : जैसा हम सबको पता है कि अंतरराष्ट्रीय अंतरिक्ष स्टेशन एक विज्ञान प्रयोगशाला है और एक ऐसा भी स्थान है, जहाँ पर हम नई तकनीकों को विकसित करने के लिए एवं अनुसंधान करने के लिए जाते हैं, उत्पादों को विकसित करते हैं और यह सीखते हैं कि अंतरिक्ष में लोग कैसे रह सकते हैं और विभिन्न देशों के अंतरिक्ष यात्री एक साथ कैसे काम कर सकते हैं?

जेरी रॉस : मैं समझता हूँ कि इसके दो या तीन कारण हैं। प्रथम मुख्य संभावित कारण है अंतरराष्ट्रीय भागीदारों के साथ मिलकर एक साथ कार्य करना। विश्व लगातार छोटा होता जा रहा है। यह अधिक जटिल होता जा रहा है। प्रत्येक स्तर पर हम सामान्य लक्ष्यों की प्राप्ति के लिए एक साथ काम करेंगे।

□

12

राकेश शर्मा : भारत के प्रथम अंतरिक्ष यात्री

राकेश शर्मा भारत के प्रथम अंतरिक्ष यात्री हैं। उनका जन्म 13 जनवरी, 1949 को पटियाला (पंजाब) के जेदाह स्थान पर हुआ। वे भारतीय वायुसेना के भूतपूर्व टेस्ट पायलट एवं कॉस्मोनट अंतरिक्ष यात्री हैं। वे भारत के प्रथम तथा विश्व के 138वें अंतरिक्ष यात्री हैं, जो अंतरिक्ष में गए। उनकी प्रारंभिक शिक्षा हैदराबाद में हुई। जुलाई 1966 में शर्मा ने वायु सेना कैडेट के रूप में एन.डी.ए. ज्वॉइन किया। सन् 1970 में वे वायु सेना में पायलट ऑफिसर बने। भारतीय वायुसेना में वे स्क्वाड्रन लीडर और विंग कमांडर बने। सन् 1984 में भारतीय अंतरिक्ष अनुसंधान संगठन (इसरो) और सोवियत इंटरकॉस्मोस के संयुक्त अंतरिक्ष कार्यक्रम के अंतर्गत वे सोयुज टी-11 अंतरिक्ष यान के द्वारा सोवियत अंतरिक्ष स्टेशन सैल्युट-7 में गए। उनकी यह यात्रा दो अन्य सोवियत कॉस्मोनट अंतरिक्ष यात्रियों के साथ 2 अप्रैल, 1984 को प्रारंभ हुई। उन्होंने 8 दिन सैल्युट अंतरिक्ष स्टेशन में गुजारे। अपने अंतरिक्ष प्रवास के दौरान उन्होंने भारत के कई स्थलों के फोटो खींचे तथा अंतरिक्ष स्टेशन के अंदर योग व्यायाम भी किया।

अंतरिक्ष से वापस आने के बाद सोवियत संघ में उन्हें 'हीरो ऑफ सोवियत यूनियन' अवार्ड से सम्मानित किया। उन्हें राष्ट्र के सबसे बड़े गैलेंट्री अवार्ड 'अशोक चक्र' से भी सम्मानित किया गया।

राकेश शर्मा का यह साक्षात्कार 5 मार्च, 2010 को उनकी अंतरिक्ष यात्रा की 26वीं वर्षगाँठ पर नई दिल्ली के 'रसियन सेंटर ऑफ साइंस एंड कल्चर' के द्वारा लिया गया था।

प्रश्न : क्या अंतरिक्ष यात्री बनना हर समय आपका सपना रहा था?

राकेश शर्मा : नहीं, यह तो बस हो गया। मैं एक वास्तविकता में जीनेवाला व्यक्ति था। उस समय भारत में मानवयुक्त अंतरिक्ष कार्यक्रम की कोई योजना नहीं थी। इसलिए

चित्र–12.1 : भारत के प्रथम अंतरिक्ष यात्री राकेश शर्मा

मुझे आपको बताना चाहिए कि कल्पना चावला की यात्रा कितनी महत्त्वपूर्ण थी, क्योंकि वह भारत के करनाल से होते हुए अमेरिका गईं तथा अपने को प्रशिक्षित करके एक अंतरिक्ष यात्री बनीं, जो कि अपने आप में एक बहुत महत्त्वपूर्ण बात है। जहाँ तक मेरा प्रश्न है तो

चित्र-12.2 : राकेश शर्मा पंजाब के कूनूर में अपने होम टाउन में

भाग्य की मेरे ऊपर कृपा थी, जबकि उन्होंने (कल्पना चावला) इसे स्वयं हासिल किया।

प्रश्न : जब आप अंतरिक्ष में थे तो कौन-कौन से ऑपरेशन संपन्न किए गए?

राकेश शर्मा : हम लोगों का प्रमुख उद्देश्य अंतरिक्ष में परीक्षण संपन्न करना था। इन परीक्षणों का डिजाइन भारतीय वैज्ञानिकों ने किया था। हमारा उद्देश्य उन परीक्षणों को अंतरिक्ष में संपन्न करना था तथा परीक्षण परिणामों को पृथ्वी पर लाना था।

ये परीक्षण मूल रूप से तीन क्षेत्रों में थे, जिनमें पहला क्षेत्र था भू विज्ञान एवं सुदूर संवेदन। बहु स्पेक्ट्रमी कैमरे को प्रयोग करके हमने भारतीय भू क्षेत्र का फोटो-चित्रण किया। दूसरा परीक्षण बायोमेडिसिन के क्षेत्र का था, जिसके अंदर इस चीज का अवलोकन करना था कि शून्य गुरुत्व में मानव शरीर किस प्रकार का व्यवहार करता है। इसके अलावा हृदय की मेकैनिकल गतिविधि तथा वेस्टीब्युलर तंत्र पर भी कुछ परीक्षण किए गए। पदार्थ

विज्ञान के क्षेत्र में हमने अंतरिक्ष में एक मिश्र धातु के क्रिस्टल एक रजत-जर्मेनियम क्रिस्टल को ग्रो करने का प्रयास किया, क्योंकि जब हम अंतरिक्ष के शून्य गुरुत्व में होते हैं तो हम को इस पर्यावरण का एक विशिष्ट लाभ प्राप्त होता है। अंतरिक्ष में क्रिस्टल का ढाँचा बिलकुल सही और परिशुद्ध होता है तथा इसका कारण यह होता है कि पृथ्वी में गुरुत्व की उपस्थिति क्रिस्टल स्ट्रक्चर को परिशुद्ध रूप में नहीं रहने देती है। जब पिघली हुई धातु क्रूसिबल का स्पर्श करती है तो शीर्ष पर शेष अमल्गम का भार आ जाता है तथा यह दब (कॉम्प्रेस) जाता है।

प्रश्न : अब आप स्टारों की श्रेणी में आ गए हैं तो कैसा लगता है?

राकेश शर्मा : जब स्पुतनिक-1 का प्रमोचन हुआ था तो मैं एक विद्यार्थी था तथा बच्चों की भाँति (स्पुतनिक के ऊपर प्रकाशित) मैंने समाचार-पत्रों में प्रत्येक शब्द को पढ़ा। उस समय अंतरिक्ष उड़ान से लेकर मानव की चंद्र सतह पर लैंडिंग का समाचार-पत्रों में प्रकाशन इतने सुंदर तरीके से किया गया था कि हम इसे बड़ी अच्छी तरह से समझ सके। इस प्रकार इस अनुभव के लिए मैं मानसिक रूप से तैयार था।

अंतरिक्ष उड़ान एक गंभीर व्यवसाय है। हम इस व्यवसाय तक एक प्रोफेशनल के रूप में पहुँचे। उन (अंतरिक्ष प्रवास के दौरान) आठ दिनों में संपूर्ण ध्यान आकर्षण इस बात पर था कि सब चीज ठीक से संपन्न हो। इस प्रकार सच में ही अंतरिक्ष स्टेशन में खिड़की के पास बैठकर अच्छे-अच्छे दृश्यों को देखकर आनंदित होने का बिलकुल ही समय नहीं था। शायद जब अंतरिक्ष पर्यटन की गति तेज होगी तो कवि और अध्यापक भी अंतरिक्ष में जाने लगेंगे। उस समय शायद यह समुचित अवसर होगा जब आप यह प्रश्न उठाएँ।

प्रश्न : क्या आप अंतरिक्ष में एक बार फिर जाने (कम बैक) की योजना बना रहे हैं?

राकेश शर्मा : हाँ, मैं फिर अंतरिक्ष में जाना चाहूँगा, क्योंकि मुझे तकनीकी में विश्वास है तथा इसके लिए (कम बैक के लिए) मैं अपनी सेवाएँ देने को तैयार हूँ।

प्रश्न : युवा वर्ग के लिए आपकी क्या सलाह है, जो एक अंतरिक्ष यात्री बनना चाहते हैं?

राकेश शर्मा : यह अत्यधिक रोमांचक क्षेत्र है। इसमें अनुसंधान अत्यधिक पारितोषिक पूर्ण है, क्योंकि इसके लिए उच्च स्तर की प्रतिभा और विश्लेषण कुशलता की आवश्यकता होती है। इस तरह यह अत्यधिक चुनौतीपूर्ण कार्य है। इस क्षेत्र में रहने के लिए आपको उस यात्रा का आनंद उठाना चाहिए, जो अनुसंधानों से भरी हुई है। यह एक अत्यधिक रोमांचक क्षेत्र है। मेरी राय है कि आप कभी यह न सोचें कि कोई भी चीज आपकी पहुँच के बाहर है। बाहर से सारी चीजें मुश्किल तभी तक दिखती है जब तक आप इनके पास जाकर इन्हें खुद न करें।

□

13

कल्पना चावला : भारतीय मूल की प्रथम महिला अंतरिक्ष यात्री

कल्पना चावला का जन्म भारत के करनाल में हुआ। सन् 1976 में उन्होंने करनाल के टैगोर स्कूल से ग्रेजुएशन प्राप्त किया। सन् 1982 में पंजाब इंजीनियरिंग कॉलेज से एरोनॉटिकल इंजीनियरिंग की डिग्री प्राप्त की। सन् 1984 में कल्पना ने टेक्सास विश्वविद्यालय से एरोस्पेस इंजीनियरिंग में मास्टर ऑफ साइंस की डिग्री प्राप्त की तथा सन् 1988 में कोलोरैडो विश्वविद्यालय से एरोस्पेस इंजीनियरिंग में पी-एच.डी. की डिग्री प्राप्त की।

कल्पना चावला का चयन नासा के द्वारा सन् 1994 में किया गया तथा मार्च 1995 में उन्होंने अंतरिक्ष यात्री उम्मीदवार के रूप में नासा के जॉनसन अंतरिक्ष क्षेत्र में रिपोर्ट किया। उन्होंने दो अंतरिक्ष यात्राएँ (दोनों ही स्पेस शटल के द्वारा) कीं तथा दूसरी अंतरिक्ष उड़ान की वापसी के समय स्पेस शटल कोलंबिया की दुर्घटना में वह और उनके साथ के सभी अंतरिक्ष यात्री मृत्यु को प्राप्त हुए। उनकी प्रथम उड़ान एस.टी.एस.-87 (स्पेस शटल कोलंबिया के द्वारा) थी, जो 19 नवंबर, 1997 से 5 दिसंबर, 1997 के बीच संपन्न हुई। यह चौथी अमेरिकी सूक्ष्म गुरुत्व नीतभार उड़ान थी तथा इसका प्रमुख उद्देश्य यह जानना था कि अंतरिक्ष का सूक्ष्म गुरुत्व पर्यावरण विभिन्न भौतिक प्रक्रियाओं को कैसे प्रभावित करता है। इस उड़ान का दूसरा लक्ष्य था सूर्य के बाह्य वायुमंडलीय परतों का प्रेक्षण।

कल्पना की दूसरी उड़ान (एस.टी.एस.-107) भी स्पेस शटल कोलंबिया के द्वारा संपन्न हुई तथा इस उड़ान की अवधि थी 16 जनवरी, 2003 से 1 फरवरी, 2003। 16 दिवसीय यह मिशन पूर्णतया विज्ञान और अनुसंधान मिशन था। इस मिशन के अंतरिक्ष यात्री दल ने दो शिफ्टों में 24 घंटे प्रतिदिन के हिसाब से कार्य करके लगभग 80 परीक्षण पूरे

चित्र-13.1 : भारतीय मूल की (करनाल की रहने वाली) प्रथम अंतरिक्ष यात्री कल्पना चावला

किए। इस मिशन का सबसे दुर्भाग्यपूर्ण पहलू यह था कि वापसी पर पृथ्वी में लैंडिंग के मात्र 16 मिनट पहले स्पेस शटल कोलंबिया दुर्घटनाग्रस्त हो गई और उड़ान के सभी अंतरिक्ष यात्रियों के साथ भारत मूल की महान् कल्पना चावला भी वीरगति को प्राप्त हुईं। कल्पना चावला का प्रस्तुत साक्षात्कार नासा के द्वारा एस.टी.एस.-107 उड़ान के पहले लिया गया था।

प्रश्न : क्या आप थोड़ा अपने शौकों के विषय में बता सकती हैं ? हो सकता है कि

इन्हीं शौकों ने आपका रुख नासा की ओर मोड़ा हो। आप यहाँ (नासा) कैसे पहुँचीं ? क्या यह विज्ञान का करिश्मा था, जिसने आपकी मदद की ?

कल्पना : मैं जब भारत में हाई स्कूल जाती थी तथा बड़ी हो रही थी तो अपने को भाग्यशाली मानती थी कि हम लोग एक ऐसे कस्बे में रहते थे, जो बहुत छोटा था तथा छोटा होने के बावजूद इसमें फ्लाइंग क्लब थे। वहाँ हम देखते थे कि ये छोटे पुष्पक वायुयान (जो पाइपर जे 3 कब वायुयानों से अधिक भिन्न नहीं है), जिन्हें आप अमेरिका में देखते हैं तथा जिन्हें यहाँ (अमेरिका में) विद्यार्थी अपने प्रशिक्षण के दौरान उड़ाते हैं। मैं और मेरा भाई कभी-कभी साइकिल पर चलते हुए वायुयानों की ओर ऊपर देखते हुए चला करते थे। ऐसा आपको नहीं करना चाहिए। यह देखने के लिए कि वायुयान आसमान में कहाँ उड़ रहे हैं, प्राय: हम अपने डैड से पूछा करते थे कि क्या हम भी इन वायुयानों में चढ़ सकते हैं। डैड हमें फ्लाइंग क्लब लेकर जाते, जहाँ पर हम पुष्पक और अन्य ग्लाइडर वायुयानों में बैठकर उड़ानें भरते। मैं समझती हूँ कि यहीं से हमारी एरोस्पेस इंजीनियरिंग से लिंक प्रारंभ हुई। इसी दौरान मुझे इस व्यक्ति जे.आर.डी. टाटा के विषय में मालूम हुआ, जिन्होंने भारत में प्रथम डाक सेवा वायुयान के द्वारा प्रारंभ की थी तथा जिन वायुयानों का प्रयोग उन्होंने मेल सेवा के लिए किया, वे अब कुछ हवाई अड्डों के बाहर लगे हुए दिखाई पड़ते हैं। जब मैं हाई स्कूल में थी तो लोग मुझसे पूछते थे कि मैं क्या बनना चाहूँगी तो मुझे पता था कि मैं एरोस्पेस इंजीनियर बनूँगी। मूल रूप से जब हम लगभग 12 वर्ष की उम्र के होते हैं तो हमें एक ट्रैक का चयन करना होता है कि क्या आप विज्ञान शाखा के द्वारा इंजीनियरिंग अथवा विज्ञान शाखा के द्वारा मेडिकल फील्ड में जा रहे हैं। मैं सौभाग्यशाली थी कि मुझे पंजाब इंजीनियरिंग कॉलेज में एरोस्पेस इंजीनियरिंग की ब्रांच मिल गई। वायुयान का डिजाइन मेरा प्रिय विषय था, जिसमें मैं वास्तव में काम करना चाहती थी।

प्रश्न : क्या आप बता सकती हैं कि आपके जीवन में वे कौन लोग थे, जिनसे आप बहुत प्रेरित हुईं तथा जिसके कारण आप वर्तमान मुकाम पर पहुँचीं ?

कल्पना : मैं समझती हूँ कि मनुष्य प्रेरणा के साथ कारणभूत बनता है। मेरे लिए यह बात रोज होती है तथा जीवन के विभिन्न क्षेत्रों के लोगों से मुझे प्रेरणा मिलती है। कोई भी व्यक्ति कुछ भी करता है तो मुझे उससे प्रेरणा मिलती है। इसका उदाहरण हमारे हाई स्कूल के अध्यापक हैं तथा कोर्स को समाप्त और पूरा करने में उनके महान् प्रयास शामिल होते हैं। उनके प्रयासों में वह अतिरिक्त समय भी शामिल होता है, जिसमें वे विद्यार्थियों से विभिन्न परीक्षण और प्रयोग करवाते हैं। इसके अलावा वे विद्यार्थियों को नए-नए विचार और परामर्श प्रदान करते हैं। मुझे आश्चर्य होता है कि उनमें इतना धैर्य कहाँ से आता है। अपने जीवन में सामान्य रूप से मैं अन्वेषकों से काफी प्रभावित रही हूँ। इस सदर्भ में अपने जीवन में मैंने अनेकों पुस्तकें भी पढ़ी हैं।

प्रश्न : पाठकों के लिए क्या आप संक्षिप्त में इस मिशन के विषय में बता सकती हैं कि अंतरिक्ष यात्री दल इस मिशन (शटल उड़ान एस.टी.एस.-107) में क्या करनेवाला है। यह मिशन किस विषय में है? इस मिशन के लक्ष्य क्या हैं?

चित्र-13.2 : स्पेस शटल सिमुलेटर के अंदर कल्पना चावला

कल्पना : जैसा आपको मालूम है कि यह एक अनुसंधान मिशन है तथा ऊपर से यह दोहरी शिफ्ट वाला मिशन है। स्पेस हैब के 'रिसर्च डबुल मॉड्यूल' की यह प्रथम उड़ान है। हम लोग प्रत्येक दिन दो शिफ्ट के आधार पर 16 दिन माइक्रोगुरुत्व परीक्षण करेंगे। इस तरह 16 दिन और प्रत्येक दिन का कार्य। इसमें विभिन्न क्षेत्रों से परीक्षण होंगे। ये परीक्षण भू-विज्ञान, भौतिक विज्ञान और जीव विज्ञान क्षेत्रों से होंगे तथा इन सभी क्षेत्रों में अनेक रोचक परीक्षण शामिल होंगे। उदाहरणार्थ, भू-विज्ञान क्षेत्र में एक नीतभार इजरायल से है, जिसका नाम 'मीडेक्स' (मेडीटेरैनियन डस्ट एक्सपेरीमेंट फ्रॉम इजरायल) है, जहाँ पर हम पृथ्वी के ऊपर के एरोसोल और धूल के कणों का अध्ययन करनेवाले हैं। इसी प्रकार भू-विज्ञान क्षेत्र में एक अन्य परीक्षण भी है, जिसका नाम है 'सोल्से'। इस परीक्षण के अंतर्गत हम अपने पृथ्वी ग्रह के बहुत समीप (स्वास्थ्य की दृष्टि से) ओजोन वितरण का अध्ययन करनेवाले हैं। इसलिए यह जानना बहुत आवश्यक है कि क्या यह समय के साथ परिवर्तित होता है तथा यह कैसे परिवर्तित होता है और इस परिवर्तन के क्या कारण हैं? इसके साथ-ही-साथ एक अन्य परीक्षण भी है जो हमारी 'नीतभार बे' में लगा हुआ है तथा इस नीतभार के द्वारा हम सौर स्थिरांक का मापन करेंगे।

इन परीक्षणों का उद्देश्य है, इन गणकों को पृथ्वी के मौसम से रिलेट करना। दूसरा क्षेत्र भौतिक विज्ञान का क्षेत्र है, जिसके अंतर्गत हम विशाल क्षेत्र में पदार्थों के ऊपर अध्ययन करेंगे। अन्य 10 परीक्षण किसी अनुसंधान संस्था के प्रायोजित परीक्षण होंगे।

प्रश्न : तो परीक्षणों की एक लंबी सूची है। आपने उनमें से कुछ के विषय में बताया है। इन सभी परीक्षणों के लक्ष्य और अभिप्राय हैं। लेकिन क्या संक्षिप्त में बताएँगी कि नासा का सामान्य लक्ष्य क्या है?

कल्पना : इन परीक्षणों को फ्लाई करने का ओवरआल लक्ष्य मूल रूप से कुछ चीजों को समझना है। कुछ क्षेत्रों में प्रक्रियाओं को समझना है। ये प्रक्रियाएँ भौतिक प्रक्रियाएँ हो सकती हैं अथवा भू-विज्ञान क्षेत्र की प्रक्रियाएँ हो सकती हैं (कि पृथ्वी का मौसम कैसे कार्य करता है) या ये जीवन विज्ञान की प्रक्रियाएँ हो सकती हैं, जहाँ पर हम प्रोटीन के विषय में पता करते हैं, जो जीवन के लिए बहुत महत्त्वपूर्ण होते हैं। इसलिए संपूर्णता की दृष्टि से प्रमुख उद्देश्य पृथ्वी में भौतिक प्रक्रियाओं को समझना है। भले ही वे जीव विज्ञान या पदार्थ विज्ञान या मौसम विज्ञान क्षेत्र से हों।'

प्रश्न : क्या इस विषय में प्रकाश डाल सकती हैं कि अंतरिक्ष में जाकर कुछ उस तरह के अनुसंधानों को करने की आवश्यकता क्यों पड़ती है, जिन्हें हम पृथ्वी में भी करते हैं। मूल रूप से यह बताएँ कि सूक्ष्म गुरुत्व इन परीक्षणों पर क्या प्रभाव डालता है तथा इन परीक्षणों के लिए सूक्ष्म गुरुत्व कैसे उपयोगी होता है?

कल्पना : हाँ, वास्तव में हम अंतरिक्ष में दो कारणों से जाते हैं। कभी-कभी अंतरिक्ष में जाने से हमें बेहतर फायदा मिलता है, क्योंकि अंतरिक्ष में सूक्ष्म गुरुत्व होता है। उस मामले में हम प्रायः मूल रूप से कुछ चीजें करते हैं। उदाहरणार्थ, पृथ्वी में कुछ ऐसी चीजें होती हैं जो बहुत जटिल होती हैं तथा प्रक्रियाओं से बहुत जटिलता से बँधी होती हैं। उदाहरणार्थ, पृथ्वी में प्रक्षोभ (टर्बुलेंस) ज्वालाओं में कालिख बनने से संबद्ध होता है। चूँकि ये दोनों चीजें इतनी घनिष्ठता से बँधी होती हैं और चूँकि दोनों ही बहुत जटिल चीजें हैं, इसलिए पृथ्वी में इन्हें अलग करके यह समझना बड़ा मुश्किल होता है कि ऐसा क्यों हो रहा है। क्या ऐसा प्रक्षोभ के कारण होता है? क्या यह कालिख (सूट) निर्माण प्रक्रिया के कारण होता है। इसलिए हम अंतरिक्ष में जाने का प्रयास करते हैं, जिससे हम चीजों को सुचारु रूप से समझने के लिए समीकरण से गुरुत्व को हटा (डीकपुल) सकते हैं। इसलिए एक प्रक्रिया को नियंत्रित करनेवाले सिद्धांत को सरल करके एक समीकरण बनाया जा सकता है।

प्रश्न : कुछ लोग इस मिशन से उन अनुसंधानों की आशा कर रहे होंगे, जो समस्याओं और संकल्पनाओं का तुरंत समाधान कर सकें। लेकिन वैसा आवश्यक नहीं है। क्या आप किसी ऐसे व्यक्ति के लिए, जो न तो एक वैज्ञानिक है और न ही वह वैज्ञानिक अनुसंधान

में संलग्न है, यह समझा सकती हैं कि अनुसंधान का क्या महत्त्व है और वैज्ञानिक समस्या-समाधान प्रक्रिया या संकल्पना-प्रदायक प्रक्रिया का क्या महत्त्व है?

कल्पना : यह वास्तव में आश्चर्यजनक बात है कि सामान्य रूप से जब हम अनुसंधान कर रहे होते हैं, तो कुछ निर्धारित गणकों का अध्ययन करते हैं तथा यह भी अध्ययन करते हैं कि इनका कुछ प्रक्रियाओं पर क्या प्रभाव पड़ता है। ऐसा करने में कभी-कभी हम अपनी कल्पनाओं एवं स्वयंसिद्ध तथ्यों (एजम्शन) की पुष्टि करते हैं और कभी-कभी नई बातें सीखते हैं। जब हम पाते हैं कि हमारी कल्पनाएँ सही नहीं हैं, तो हम अगले स्टेप में जाते हैं और इसी प्रकार हम बढ़ते जाते हैं। सूक्ष्म गुरुत्व अनुसंधान में अस्सी के दशक में (उदाहरणार्थ) कई बार हमने जो भी कल्पनाएँ कीं, वे सभी सत्य नहीं थीं। कभी-कभी हमने सोचा कि मात्र सूक्ष्म गुरुत्व पर्यावरण में जाने से हम बेहतर द्रव्यों का निर्माण कर सकते हैं तथा इसका कारण था प्लवन (बायोंसी) आधारित कनेक्शन की अनुपस्थिति। लेकिन अंतरिक्ष में हमने पाया कि वहाँ पर एक और प्रकार का भी कनेक्शन है, जो अधिक वर्चस्व वाली (डॉमिनैंट) भूमिका निभाता है। इस तरह हम कुछ सीखने की स्थिति में आ जाते हैं। लेकिन इसका अर्थ यह कदापि नहीं है कि हम तीसरे स्टेप में नहीं जाएँगे, जो यह है कि 'हाँ, ठीक है। हमें अब पता चल गया है कि यही कारण है कि यह चीज अंतरिक्ष में काम नहीं कर रही है। हम इसका निदान-समाधान कैसे करें?' लेकिन यह सच नहीं है कि सभी परीक्षण इन मुश्किल पथों से गुजरते हैं।

प्रश्न : आपने युगल कार्य शिफ्ट का जिक्र किया। क्या आप इसके विषय में थोड़ा विस्तार से बताएँगी और यह भी बताएँ कि यह क्या है? और यह इस मिशन में क्यों आवश्यक है?

कल्पना : हमारा यह डुएल-शिफ्ट मिशन है, क्योंकि जिस सीमा तक विज्ञान और परीक्षण हल करनेवाले हैं, वह बहुत ही विशाल है। इस प्रकार के वैज्ञानिक कार्य मात्र एक शिफ्ट से संभव नहीं हैं। हम कह सकते हैं कि अगर हमारे पास 7 लोग हैं तो वे आपस में परीक्षणों को आपस में बाँटकर कर सकते हैं और इस प्रकार हम उतनी ही संख्या में चीजों को कर सकते हैं। मुख्य मुद्दा यह है कि हमारे स्पेस शटल के आरबिटर में अनेक अभिवृत्ति (एटीट्यूड) आवश्यकताएँ हैं, जिसका अर्थ यह हुआ कि अभिवृत्ति नियंत्रण के लिए कोई जेट फायर नहीं किया जाना चाहिए तथा अत्यधिक सूक्ष्म गुरुत्व संवेदी परीक्षणों के दौर से आरबिटर ड्रिफ्ट करेगा। इस तरह अत्यधिक विस्तृत आवश्यकताओं के मद्देनजर (आरबिटर की अभिवृत्ति कैसी हो और किस प्रकार के सूक्ष्म गुरुत्व पर्यावरण की आवश्यकता है) आपको संपूर्ण दिवस को मितव्ययिता से प्रयोग करने की आवश्यकता होती है। इस तरह कार्य करने से अंतरिक्ष यात्री दल को बड़ी दक्षता से प्रयोग में लाया जा सकता है।

प्रश्न : इस मिशन के अनुसंधान कार्यों की एक बड़ी रेंज है। यह विश्व के विभिन्न

भागों से संबंध रखती है। कुछ स्थानों की विजिट अंतरिक्ष यात्रियों ने इसलिए की है, जिससे वे परीक्षणों से परिचित हो सकें। इस प्रकार के मिशन का एक भाग होने पर आपके क्या विचार हैं, जो केवल विश्व के उन क्षेत्रों से ही अवगत नहीं कराता है, बल्कि वहाँ के लोगों की समस्याओं से भी अवगत कराता है तथा यह भी जानने में मदद करता है कि यह मिशन उनके लिए कैसे उपयोगी होगा?

कल्पना : यह वास्तव में ही सत्य है कि हमारे मिशन में ऐसे-ऐसे परीक्षण हैं, जो विश्व के अनेक स्थलों से हैं। यह मुझे अब भी आश्चर्यचकित करता है जब मैं किसी खास परीक्षण के बारे में सोचती हूँ तथा उससे संबद्ध भिन्न-भिन्न अनुसंधानकर्ताओं के बारे में सोचती हूँ। मैं सोचती हूँ कि विश्व की वर्तमान अर्थव्यवस्था का यही रुख है, जहाँ पर भागीदार देशों के बीच अनेक पार्टनर होते हैं, जो बेहतर तंकनीकों का प्रयोग करते हैं और वे एक-दूसरे के साथ इन तकनीकों को शेयर करते हैं। उदाहरणार्थ, 'प्रोटीन क्रिस्टल ग्रोथ' परीक्षण में अनुसंधानकर्ताओं की संख्या हजारों में है। वे एक-दूसरे के साथ अपने विचारों के द्वारा सहयोग कर रहे हैं, जिससे कि इन परीक्षणों को बेहतर तरीके से संपन्न किया जा सके। इस तरह के किसी एक क्षेत्र के लाभ संपूर्ण मानवता के लिए हैं।

प्रश्न : आप व्यक्तिगत रूप से कैसा महसूस करती हैं कि आप ऐसी एक चीज का हिस्सा हैं, जिससे ग्लोबल समुदाय एक-दूसरे के काफी करीब आ जाएगा?

कल्पना : यह अत्यधिक कृतज्ञतापूर्ण और नम्रतापूर्ण अवसर है, इसके साथ-साथ यह देखना बहुत बड़ी बात है कि इस अनुसंधान कार्य में अनेक देश हिस्सा ले रहे हैं और मूल रूप से सभी का लक्ष्य एक है कि इन प्रक्रियाओं को किस प्रकार से ठीक से समझा जाए तथा इनसे प्राप्त लाभों को मानवता के लिए किस तरह प्रयोग में लाया जाए। वैज्ञानिक समुदाय में वास्तव में सबसे दिलचस्प बात होती है, जब आप किसी स्थान पर जाते हैं, वहाँ की भौगोलिक विचित्रताओं को देखते हैं तथा वहाँ के लोगों से मिलते हैं। लेकिन इस कमरे में ये 6 वैज्ञानिक, 6 विभिन्न देशों के बैठे हुए हैं। ये वैज्ञानिक ऐसा कुछ करने की सोच रहे हैं, जो मस्तिष्क को झकझोरनेवाला है। उन लोगों के साथ बैठकर बात करना तथा उन्हें समझना (उनके भय और चिंताओं के बीच कि कहीं उनके काल्पनिक तथ्य गलत तो नहीं है तथा यदि सबकुछ ठीक-ठाक चलता है तथा मानवता उससे लाभान्वित होती है) बड़ा कृतज्ञतापूर्ण और महान् कार्य होगा।

प्रश्न : और वह क्षण थोड़े समय में आएगा जब आप लोग अंतरिक्ष की कक्षा में पहुँचेंगे। क्या आप बताएँगी कि परीक्षणों को प्रारंभ करने की प्रक्रिया क्या होगी? मॉड्यूलों को एक्टिवेट करने की प्रक्रिया क्या होगी? इसके साथ यह बताएँ कि इन प्रक्रियाओं के पहले उड़ान के दौरान आपके सह-अंतरिक्ष यात्री क्या करेंगे?

कल्पना : प्रमोचन के 8.5 मिनट बाद प्रमुख इंजन बंद हो जाएँगे। उसके बाद संपूर्ण

चित्र–13.3 : स्पेस हैब के अंदर काम करती हुई मिशन विशेषज्ञ कल्पना चावला

अंतरिक्ष यात्री दल आरबिटर को निर्धारित कक्षा में ले जाने की तैयारी करने में जुट जाएगा। फ्लाइट डेक का अंतरिक्ष यात्री दल कक्षा स्थापन के लिए 'ओ.एम.एस.' प्रज्वलन करेगा। मिड डेक में अंतरिक्ष यात्री दल स्विचों और तंत्रों को ठीक क्रम में रखने में व्यस्त हो जाएँगे। हमारे मिशन में दो घंटे बाद लारेल क्लार्क, इयान रेमन (मेरे सहयोगी अंतरिक्ष यात्री) स्पेस हैब के हैच खोलने तथा स्पेस हैब तंत्र को सक्रिय करने में लग जाएँगे। ये दोनों अंतरिक्ष यात्री–इयान और लारेल रेड शिफ्ट से है। रेड शिफ्ट वही शिफ्ट है, जिसमें मैं और कमांडर रिक भी हैं। दूसरी शिफ्ट का नाम ब्ल्यू शिफ्ट है, जिसमें हमारे पायलट विली मैकल, डेविड ब्राउन (मिशन विशेषज्ञ) तथा नीतभार कमांडर माइक एंडर्सन हैं।

प्रश्न : इस मिशन में एक अन्य परीक्षण है सी.एम.–2 (दहन मॉड्यूल–2)। क्या आप बताएँगी कि यह क्या है?

कल्पना : सी.एम.–2 दहन मॉड्यूल है। मूल रूप से इसमें दो बड़ी सुविधाएँ हैं। आप कह सकते हैं कि वे एक बड़े परिवार के रेफ्रीजरेटर हैं तथा इनमें हम तीन विभिन्न परीक्षण करने जा रहे हैं। ये सभी परीक्षण ज्वाला–संबंधी परीक्षण है। इनमें से एक का उद्‌देश्य यह समझना है कि कालिख (सूट) का निर्माण कैसे होता है। दूसरा उद्‌देश्य ईंधन की दक्षता को बेहतर तरीके से समझना है। तीसरा उद्‌देश्य है गैर–विषैले पदार्थों को प्रयोग करके आग को कैसे बुझाया जाए।

□

14

सुनीता विलियम्स : भारतीय मूल की द्वितीय महिला अंतरिक्ष यात्री

सुनीता विलियम्स का जन्म 19 सितंबर, 1965 को ओहियो प्रांत के यूक्लिड स्थान पर हुआ, लेकिन वे मैसाचूसेट्स के नीधम स्थान को ही अपना घर मानती हैं। उनकी शादी माइकल जे. विलियम्स के साथ हुई तथा उनके कोई संतान नहीं है। सुनीता विलियम्स के माता-पिता डॉ. दीपक पांड्या और श्रीमती बोनी पांड्या हैं जो मैसाचूसेट्स के फैलमाउथ में रहते हैं।

सुनीता विलियम्स ने सन् 1983 में नीधम के नीधम हाई स्कूल से ग्रेजुएशन प्राप्त किया। सन् 1987 में अमेरिकी एकेडेमी से भौतिक विज्ञान में बी.एस. की डिग्री प्राप्त की तथा सन् 1995 में फ्लोरिडा इंस्टीट्यूट ऑफ टेक्नोलॉजी से इंजीनियरिंग प्रबंधन में एम.एस. की डिग्री प्राप्त की। सुनीता विलियम्स की नियुक्ति मई 1987 में अमेरिकी नौसेना में हुई। उन्होंने 30 प्रकार के विभिन्न वायुयान उड़ाए हैं तथा उनके पास 3,000 घंटे की फ्लाइंग का अनुभव है।

उनका चयन नासा के द्वारा सन् 1998 में किया गया तथा अगस्त 1998 में उन्होंने प्रशिक्षण के लिए रिपोर्ट किया। सुनीता विलियम्स ने रूसी अंतरिक्ष संस्था के साथ मास्को में काम किया तथा अंतरराष्ट्रीय अंतरिक्ष स्टेशन के रूसी भाग पर प्रशिक्षण लिया।

सुनीता विलियम्स अंतरराष्ट्रीय अंतरिक्ष स्टेशन में फ्लाइट इंजीनियर के रूप में काम कर चुकी हैं तथा इसके लिए उनका प्रमोचन 9 दिसंबर, 2006 को स्पेस शटल की उड़ान एस.टी.एस.-116 के द्वारा किया गया। वे अंतरिक्ष स्टेशन में 195 दिन रहीं तथा अंतरिक्ष में एक समय में किसी महिला के द्वारा बिताए गए सबसे लंबे अंतरिक्ष प्रवास का रिकार्ड बनाया। वर्तमान में स्थायी अंतरिक्ष यात्री दल-32 के फ्लाइट इंजीनियर तथा यात्री

चित्र-14.1 : भारतीय मूल की द्वितीय महिला अंतरिक्ष यात्री सुनीता विलियम्स

दल-33 के कमांडर के रूप में उनका चयन हो चुका है। यह प्रमोचन सन् 2012 में होगा। सुनीता विलियम्स का यह साक्षात्कार उनकी अंतरिक्ष उड़ान एस.टी.एस.-116 के पहले लिया गया था।

प्रश्न : दुनिया भर में सैकड़ों-हजारों पायलट और वैज्ञानिक हैं। लेकिन उनमें लगभग 100 अमेरिकी अंतरिक्ष यात्री हैं। वह कौन सी चीज है, जिसने आपको अंतरिक्ष यात्री (और वे लोग जो अंतरिक्ष में फ्लाई करते हैं) बनने के लिए प्रेरित किया?

सुनीता विलियम्स : बहुत अच्छा प्रश्न है। मेरे अनुसार हर एक व्यक्ति अंतरिक्ष यात्री बनना चाहता है। मैं ऐसा सोचती हूँ और शायद ऐसा न हो। जब मैं 5 वर्ष की थी तो मैंने नील आर्मस्ट्रांग को चंद्रमा की सतह पर विचरण करते हुए देखा तो मेरे मस्तिष्क में भी यह बात आई कि मैं भी ऐसा बनना चाहूँगी। मैंने वास्तव में कभी नहीं सोचा था कि

वैसा मेरे जीवन में घटित होगा। ऐसा लगता था कि यह वह चीज है, जिसे मैं कभी नहीं पा सकती। यह बात मुझे तब तक सच नहीं लगी जब तक मैं मेरी लैंड के टेस्ट पायलट स्कूल में नहीं गई। मैं एक नेवी पायलट और हेलीकॉप्टर पायलट हूँ। अपनी एक फील्ड ट्रिप के दौरान मैं नासा के जॉनसन अंतरिक्ष केंद्र में आई। मैं और मेरे कुछ अन्य हेलीकॉप्टर पायलट साथी पीछे बैठे हुए थे, जबकि सभी जेट पायलट (मेरे टेस्ट पायलट स्कूल के) आगे की सीट में बैठे हुए विख्यात अंतरिक्ष यात्री जॉन यंग की स्पीच सुन रहे थे, जो स्पेस शटल और चंद्र उड़ान के विषय में बोल रहे थे। मुझे याद है कि वे चंद्र सतह पर एक हेलीकॉप्टर के द्वारा चंद्र लैंडर उतारने की बात कर रहे थे। उस समय कुछ खास बात मेरे दिमाग में आई कि हेलीकॉप्टर पायलट का भी उपयोग है। यदि हम वापस पुनः चंद्रमा पर जाते हैं। यह बात मैंने अपने मन से कही, जो मुझे कह रहा था कि मैं अंतरिक्ष यात्री नहीं बन सकती। मैंने वे अनुसंधान किए जो आवश्यक थे तथा मास्टर डिग्री प्राप्त की और नासा में आवेदन किया। दूसरी बार मुझे साक्षात्कार के लिए बुलाया गया।

प्रश्न : आप मैसाचूसेट्स में बड़ी हुईं। नीधम के विषय में कुछ बताएँ?

सुनीता विलियम्स : यह एक अच्छा कस्बा है। यह छोटा है। लेकिन मेरे अंतरिक्ष यात्री साक्षात्कार के दौरान मुझे यह कहकर संशोधित कर दिया गया था कि यह इतना अधिक छोटा नहीं है। मेरे हाई स्कूल ग्रेजुएटिंग कक्षा में 500 छात्र थे। लेकिन ऐसा लगता है कि आपकी तरह के अनेकों लोगों को यह कस्बा उसी आकार का लगता है। यह खिलाड़ियों के लिए बड़ा अनुकूल कस्बा है। मैं एक तैराक के रूप में बड़ी हुई। अगर खेलकूद की बात की जाए तो मैं यही कहूँगी कि मैं स्कूल के पहले और बाद में तैराकी में काफी समय लगाती थी। प्रतिस्पर्धात्मक तैराकी में मैं काफी मेहनत करती थी। यह (तैराकी) काफी समय लेती है। लेकिन मुझे फिट रखती है तथा इससे सामाजिक दायरा भी बढ़ता है।

प्रश्न : क्या आज आप अपने में वह चीज देख सकती हैं कि किस प्रकार वहाँ के लोगों ने और उस स्थान ने आपको वह बनाया जो आप आज हैं?

सुनीता विलियम्स : मैं समझती हूँ कि मैं पर्याप्त स्मार्ट हूँ, क्योंकि मैं बोस्टन के पास रहकर बड़ी हुई। लेकिन जहाँ पर मैंने तैराकी सीखी वह हावर्ड था। इस तरह मैंने कैंब्रिज क्षेत्र में काफी समय गुजारा। मेरे पिता एक डॉक्टर हैं। उन्होंने हावर्ड मेडिकल स्कूल और बोस्टन विश्वविद्यालय मेडिकल स्कूल में अध्यापन कार्य किया है तथा बोस्टन क्षेत्र के अनेक अस्पतालों से संबद्ध रहे हैं। वहाँ रहकर ऐसा लगता है कि जैसे मेरे इर्द-गिर्द रहनेवाले सभी कॉलेज जा रहे हैं। रहने के लिए यह बहुत अच्छा स्थान है और इसके आसपास अनेक कॉलेज व विश्वविद्यालय हैं।

प्रश्न : अब हम सुनीता विलियम्स की शैक्षणिक योग्यताओं और कैरियर की चर्चा करते हैं?

सुनीता विलियम्स : मैंने हाई स्कूल में ग्रेजुएशन किया तथा पढ़ाई में मैं ठीक थी (नंबर एक तो नहीं थी)। उसके बाद मेरा भाई नेवल एकेडेमी गया और इस प्रकार मुझमें भी नेवल एकेडेमी के प्रति दिलचस्पी बढ़ी। मेरी सबसे बड़ी चिंता यह थी कि मेरे बाल बंहुत लंबे थे। मैंने सोचा कि वहाँ जाने से मुझे ये बाल काटने पड़ेंगे, लेकिन मैं वहाँ जाना चाहती थी। मैंने कुछ स्कूलों में भी आवेदन किया, जिनसे कुछ बोस्टन क्षेत्र में थे तथा कुछ न्यूयॉर्क सिटी में। मेरे आखिरी दो चयन थे कोलंबिया एवं नेवल एकेडेमी और अंत में मैंने नेवल एकेडेमी को चुना। उस समय महिलाएँ कॉम्बैट वायुयान नहीं उड़ाती थीं। इसलिए महिलाओं के लिए कम चयन थे। मुझे मेरा प्रथम चयन नहीं प्राप्त हुआ। अतः मुझे दूसरा चयन प्राप्त हुआ जो कि हेलीकॉप्टर था। मैं हेलीकॉप्टर उड़ाने लगी और ईस्ट कोस्ट में हेलीकॉप्टर उड़ाना मुझे पसंद आने लगा।

प्रश्न : आप नेवी में हेलीकॉप्टर उड़ाती हैं तथा एक समय आप जॉनसन अंतरिक्ष केंद्र आईं। बताएँ कि आप वहाँ से अंतरिक्ष यात्री कैसे बनीं?

सुनीता विलियम्स : जब मैं फ्लीट में तैनात थी तो वहाँ पर मुझे एक चीज करना बड़ा अच्छा लगता था और वह यह था कि जब वायुयान रिपेयर कार्य के बाद बाहर आते थे तो उनकी एक टेस्ट उड़ान की जाती थी। विशिष्ट वायुयान के टेस्ट पायलट बनने के लिए कुछ योग्यताओं की आवश्यकता होती है। मैं वास्तव में वह (रिपेयर के बाद वायुयानों की टेस्ट उड़ान) कार्य करना चाहती थी, जिसके माध्यम से मैं टेस्ट पायलट स्कूल जा सकती थी, जहाँ पर केवल विशिष्ट उड़ान अपने फ्लीट के वायुयान की ही जाँच नहीं करनी होती है, बल्कि अन्य प्रकार के वायुयान और हेलीकॉप्टर भी उड़ाने होते हैं, जिन्हें फ्लीट भविष्य में उड़ाने वाली हैं। इस प्रकार मैंने अपना आवेदन किया तथा चूँकि मेरा बैक ग्राउंड फ्लीट वायुयान टेस्टिंग में था इसलिए मुझे वहाँ जगह मिल गई। जब मैं टेस्ट पायलट स्कूल गई तो वही अवसर था, जब हम जॉनसन अंतरिक्ष केंद्र भी गए तथा वहाँ मैंने विख्यात अंतरिक्ष यात्री जॉन यंग को देखा और सुना तथा उससे मुझे एक धनात्मक प्रभाव प्राप्त हुआ।

प्रश्न : यह मिशन आपका प्रथम निर्धारण है। आपको कैसा लगा, जब आपको यह बताया गया कि आपको अंतरिक्ष में जाने के लिए एक मिशन के लिए चयनित किया गया है?

सुनीता विलियम्स : मैं खुशी से फूली नहीं समाई। चार्ली प्रीकर्ट उस समय अंतरिक्ष यात्री कार्यालय के प्रमुख थे और जब उन्होंने मुझे यह बात बताई, तो मैं सोचती हूँ कि वे शायद मेरी प्रतिक्रिया जानते थे कि मैं खुशी के मारे उछलने-कूदने लगूँगी। और ऐसा ही हुआ। हम अंतरिक्ष स्टेशन के निर्माण के ऊपर ध्यान केंद्रित कर रहे थे। उस समय में स्थायी अंतरिक्ष यात्री दल-10 की बैकअप अंतरिक्ष यात्री थी, जिसके द्वारा नोड-2 का स्थापन किया जाना था। इस तरह मैं काफी खुश थी।

प्रश्न : एक अंतरिक्ष यात्री के प्रमुख कार्य के रूप में अंतरिक्ष में फ्लाई करना काफी खतरनाक कार्य होता है। वह कौन सी चीज है, जो लोगों को अंतरिक्ष में जाने के लिए प्रेरित करती है और आप स्वयं भी अपनी इच्छा से जाने के लिए तैयार हैं।

सुनीता विलियम्स : मैं समझती हूँ कि अंतरिक्ष में जानेवाले लोगों के प्रति आकर्षण और भूस्थल पर रहनेवाले लोगों की उनसे तुलना एक आश्चर्य पैदा करती है। अंतरिक्ष कार्यालय में अनेक लोग हैं, जो अनेक देशों और अनेक कल्चर से हैं और प्रत्येक बार जब कोई अंतरिक्ष में जाता है तो वह एक ग्रुप से रिलेट किया जाता है। लोगों को आश्चर्य होता है तथा लोग सोचते हैं कि एक दिन मेरा भी नंबर आ सकता है। इस प्रकार की लाखों संभावनाएँ हो सकती हैं। मैं आधी भारतीय हूँ तथा भारतीय लोग भारतीय मूल के इस दूसरे अंतरिक्ष यात्री को अंतरिक्ष में जाते हुए देखने को बेचैन हैं और इंतजार कर रहे हैं। इस तरह यह जानना अच्छा लगता है कि अंतरिक्ष में जानेवाला प्रत्येक व्यक्ति अपने साथ ग्रुप (विश्व के विभिन्न स्थानों के लोग) लाता है, जो (लोग) अंतरिक्ष के प्रति उत्सुक हो जाते हैं।

प्रश्न : आप स्थायी अंतरिक्ष यात्री दल 14 और 15 की फ्लाइट इंजीनियर हैं (अंतरराष्ट्रीय अंतरिक्ष स्टेशन के लिए)। अंतरिक्ष के लक्ष्यों का विवरण और अपनी प्रमुख जिम्मेदारियों के विषय में बताएँ?

सुनीता विलियम्स : इस विषय में काफी चीजें बतानी हैं। मैं जब स्थायी अंतरिक्ष यात्री दल-14 के फ्लाइट इंजीनियर के रूप में वहाँ पहुँचूँगी तो इस अंतरिक्ष यात्री दल-14 की आधी अवधि बीत चुकी होगी। उस दौरान मैं स्पेस शटल की उड़ान एस.टी.एस.-116 के द्वारा वहाँ (अल्फा अंतरिक्ष स्टेशन) पहुँचूँगी। उस समय का लक्ष्य वहाँ पर 'पी-5' ट्रस का स्थापन पी 3/पी 4 सौर एरे के आखिर में चल रहा होगा। इसके साथ-साथ प्रमुख पावर संरूपण का कार्य भी चलता रहा होगा। मैं रोबोटिक भुजा के सपोर्ट के रूप में कार्य करूँगी। मैं स्पेस वॉकों में भी भाग लूँगी। कुछ समय बाद स्थायी अंतरिक्ष यात्री दल-14 के लोग चले जाएँगे तथा स्थायी अंतरिक्ष यात्री दल-15 के लोग हमें ज्वॉइन करेंगे तथा उनके साथ मैं लंबे समय तक रहूँगी। हम लोग नोड-2 के आने का इंतजार करेंगे।

प्रश्न : क्या 6 महीने वहाँ आपको करने के लिए कुछ अन्य काम नहीं होगा?

सुनीता विलियम्स : मैं समझती हूँ कि यह काफी व्यस्त समय होगा। उन कार्यों में काफी आनंद आएगा। मैं अपने को सौभाग्यशाली मानती हूँ कि मैं इस समय इस स्थान में रहूँगी। हाँ, एक चीज मैं बताना भूल गई कि जब स्थायी अंतरिक्ष यात्री दल वहाँ पहुँचता है तो वहाँ पर एक अमेरिकी के साथ दो रूसी व्यक्ति होंगे।

प्रश्न : आपकी यात्रा समय-तालिका सामान्य से थोड़ा हटकर है। आप यूरोपीय अंतरिक्ष यात्री थामस रीटर को रिप्लेस करने के लिए स्पेस शटल के द्वारा अल्फा अंतरिक्ष स्टेशन में पहुँच रही हैं। क्या आपको किसी प्रकार का लाभ मिलनेवाला है, यह जानकर

कि दो अंतरिक्ष यात्री वहाँ पर पहले से मौजूद हैं, जो अंतरिक्ष स्टेशन के कार्यों में हिस्सा बँटा रहे हैं?

सुनीता विलियम्स : निस्संदेह, मैं भाग्यशाली हूँ कि मुझे किसी भी समय उनका सहयोग प्राप्त होगा, उन चीजों को जानने में जिन्हें मैं नहीं समझ पाऊँगी। मैं नई हूँ तथा इसके पहले अंतरिक्ष में कभी नहीं गई हूँ। मैं समझती हूँ कि यदि मेरे मस्तिष्क में कोई प्रश्न होगा तो वे बिलकुल सही लोग होंगे, जो उसका समाधान प्रदान करेंगे। जैसा मैंने बताया कि वह बहुत ही आवश्यक भी है।

प्रश्न : अंतरराष्ट्रीय अंतरिक्ष स्टेशन के अंतरिक्ष यात्री दल का यह रोटेशन इस कार्यक्रम में पहली बार किया जा रहा है—क्या यह बात आपके प्रशिक्षण को और मुश्किल नहीं बना देती है—यह सोचकर कि आप दो अंतरिक्ष यात्री दलों (अंतरिक्ष स्टेशन के) तथा स्पेस शटल के विभिन्न अंतरिक्ष यात्री दलों के साथ कार्य करनेवाली हैं।

सुनीता विलियम्स : निस्संदेह, इससे काफी जटिलताएँ पैदा होती हैं तथा यह जटिलता प्रशिक्षण टीम पर गिरती है, क्योंकि सारा निर्धारण यही लोग करते हैं, हमारा सारा समय प्रशिक्षण पर लग रहा है, जिसकी हमें सख्त आवश्यकता है—यह सुनिश्चित करने के लिए कि हमें सारा आवश्यक प्रशिक्षण मिल जाता है। यह प्रशिक्षण हमें निर्माण गतिविधियों के लिए है, जिन्हें हमें वहाँ संपन्न करना है।

प्रश्न : अब हम उन प्रचालनों की बात करते हैं, जिनका जिक्र आपने पहले किया, जिसमें केवल स्पेस वॉक ही नहीं, बल्कि रोबोटिक प्रचालन भी शामिल है। क्या आप उन प्रचालनों की चर्चा स्पेस शटल मिशन एस.टी.एस.-116 (जिसके द्वारा आप अल्फा स्टेशन में जा रही हैं) की समय-तालिका के दौरान कर सकती है, क्योंकि उसमें एक स्पेस वॉकर के रूप में भी आपकी भूमिका है?

सुनीता विलियम्स : प्रथम स्पेस वॉक 'पी-5' ट्रस के स्थापन के लिए है, मैं और हिग्गिनबाथम रोबोटिक वर्क स्टेशन को प्रचालित करेंगे। यह थोड़ा मुश्किल स्थापन है। इसलिए इसकी प्रैक्टिस हमने बॉब करबीम और क्रिस्टर फ्यूगले सैंग के साथ बड़ी गंभीरता से की है।

प्रश्न : ...और इस 'पी-5' स्थापन में जब आप अंतरिक्ष स्टेशन की रोबोटिक भुजा को प्रचालित करते हैं तो क्या वह बाहर चली जाती है?

सुनीता विलियम्स : नहीं।

प्रश्न : अंतरिक्ष स्टेशन के सदस्य के लिए यह एक असामान्य बात होती है (जो अब तक आप कर रही होंगी) कि वह स्पेस शटल की अंतरिक्ष स्टेशन से जुड़ी अवस्था (डाक्ड ऑपरेशन) में स्पेस वॉक करे। अंतरिक्ष स्टेशन के सदस्य के रूप में आपके द्वारा स्पेस वॉक करने के पीछे क्या कारण है?

सुनीता विलियम्स : यह काफी अच्छा प्रश्न है और मैं सोचती हूँ कि थोड़े समय के लिए यह विवाद का विषय भी बना। लेकिन मेरी व्यक्तिगत धारणा के अनुसार यह एक सुरक्षात्मक कदम एवं दूरदृष्टि वाला चिंतन है, क्योंकि (जैसा मैंने पहले बताया) कि मैं प्रारंभ में अंतरिक्ष स्टेशन में एक अमेरिकी (माइकल लोपेज अलेग्रिया) और एक रूसी (मीशा ट्युरिन) के साथ पहुँचूँगी। उसके बाद अपने प्रवास के दूसरे भाग में मैं दो रूसी लोगों के साथ रहूँगी। उसके बाद और भी बहुत सारे कार्य स्टेशन में किए जाने हैं तथा तरह-तरह के कार्य होने हैं। इस तरह यह एक प्रकार की सुरक्षा है, विशेषकर उन स्पेस वॉकों के दौरान, जो स्थायी अंतरिक्ष यात्री-15 की अवधि में होनी है। जैसा उनका मानना है कि मैं एक अनुभवी अमेरिकी के साथ स्टेशन से बाहर (अर्थात् स्पेस वॉक) जा चुकी हूँ। इसलिए स्पेस वॉक करने में मैं अधिक सहज रहूँगी।

प्रश्न : अंतरिक्ष स्टेशन के प्रारंभिक समय में (पी-5 ट्रस के स्थापन के बाद) हमारे पास वह लंबा समय होगा जब स्टेशन का नियमित उच्च डाटा गति संचार तंत्र प्रचालन में नहीं होगा। आप बताएँ कि ऐसा क्यों हो रहा है तथा वैसा कब तक चलेगा? लेकिन मैं सोचता हूँ कि (जो सबसे आवश्यक है), आप उस समय क्या नहीं कर पाएँगे?

सुनीता विलियम्स : यह भी अच्छा प्रश्न है। यह कू-बैंड एंटेना है तथा यह अभिवृत्ति नियंत्रण मोड में होगा, जिसे हम फ्लाई करेंगे। हमारे पास कुछ मुद्दे तापन और शीतलन से संबंधित होंगे, क्योंकि उस समय हम थोड़ा असंतुलित परिस्थिति में होंगे। हमारे पास पोर्ट साइड में एक बड़ा सौर एरे विंग है तथा स्टार साइड में एक भी नहीं है। इस प्रकार वह कू-बैंड एंटेना उस दक्षता से शायद काम न करे जैसे इसने पहले काम किया है। हम कुछ मुद्दों और कुछ विचारों पर कार्य कर रहे हैं, जिससे इस बाधा को हटा सकें अथवा उस समय को निम्न बना सकें, जिस दौरान यह एंटेना काम नहीं करेगा।

प्रश्न : जब स्पेस शटल स्टेशन से नहीं जुड़ी होती है तो उस समय स्टेशन में अनेक गतिविधियाँ चलती रहती हैं। उनमें से एक स्पेस वॉकर भी होते हैं। लेकिन जब आप वहाँ पहुँचेंगे तो समय सारणी शायद बदले। आप हमें स्टेशन की स्पेस वॉकों की वर्तमान योजना बताएँ (आपके 6 महीने के प्रवास के दौरान की)।

सुनीता विलियम्स : जिन अमेरिकी स्पेस वॉकों का हम उल्लेख यहाँ कर रहे हैं, वे '12 ए-1' टाइम फ्रेम से जुड़ी हुई हैं तथा उस टाइम फ्रेम में हम मात्र '12 ए' समाप्त कर चुके होंगे। इस तरह पावर संरूपण चरण पूरा हो चुका होगा, फिर हमें तापीय संरूपण की आवश्यकता पड़ेगी। उसमें तीन स्पेस वॉकों की आवश्यकता होगी।

प्रश्न : और निस्संदेह अंतरिक्ष की कक्षा में अपने पूरे प्रवास के दौरान आप विज्ञान में भी बहुत कुछ करेंगी?

सुनीता विलियम्स : हाँ।

चित्र-14.2 : सुनीता विलियम्स स्पेस वॉक करती हुई।

प्रश्न : आप नासा की विज्ञान अधिकारी होंगी। अंतरिक्ष स्टेशन में अमेरिकी विज्ञान का प्रमुख केंद्र अनुसंधान होगा कि भारहीनता की अवस्था में लोग कैसे सुरक्षित रूप से रहते और कार्य करते हैं। बताएँ कि आपके समय में कौन से परीक्षण 'लोगों के लिए' किए जाएँगे?

सुनीता विलियम्स : हमारे लक्ष्यों में चंद्रमा और मंगल ग्रह पर जाना है। अमेरिकी विज्ञान के लिए अंतरिक्ष स्टेशन का प्रमुख लक्ष्य यह है कि लंबी अवधियों के लिए लोग अंतरिक्ष में कैसे रहेंगे। 6 महीने की अवधि में हम निश्चित ही अस्थि और मांसपेशी भार खोनेवाले हैं। इसलिए परीक्षणों का एक बड़ा भाग जो हम अंतरिक्ष स्टेशन में करनेवाले हैं वह इस बात पर केंद्रित होगा कि इन प्रभावों को कैसे कम किया जाए। यह कार्य हम ट्रेडमिल, बाइक, भारोत्तोलन मशीन के द्वारा करते हैं जिनके द्वारा हम यह सुनिश्चित करते हैं कि हमारी अस्थियों तथा मांसपेशियों का व्यायाम हो रहा है। इसके साथ-साथ हम एक न्यूट्रीशन परीक्षण भी करते हैं। यह एक तरीका है—इस चीज का विश्लेषण करने का कि भोजन की मैटाबोलिक प्रक्रिया कैसे होती है तथा किस तरह यह शरीर के साथ इंटरएक्ट करता है।

प्रश्न : स्थायी अंतरिक्ष यात्री दल-14 के साथ यह पहला अवसर होगा (स्पेस शटल कोलंबिया की दुर्घटना के बाद से) कि अंतरिक्ष स्टेशन के अंतरिक्ष यात्री दल की संख्या शुरू से अंत तक दो से तीन रहेगी। उस दौरान अनेक प्रकार के अंतरिक्ष यान असेंबली और विजिट कार्यों के लिए आएँगे। क्या हम इसके लिए पूरी तरह तैयार हैं?

सुनीता विलियम्स : निश्चित ही यह उस तरीके से महसूस किया जाता है। मैं

समझती हूँ कि हमें समझदारी और वृद्धि के दौर से गुजरना पड़ा है तथा यह जानने की आवश्यकता पड़ी है कि शटल कार्यक्रम के साथ हमारे मुद्‍दे क्या थे। यह बात हमने स्पेस शटल उड़ानों एस.टी.एस.-114 और एस.टी.एस.-121 के द्वारा जाँच लिया है, जो यह प्रदर्शित करने के लिए टेस्ट उड़ानें थीं कि हमने समस्याओं का पता कर लिया है। आनेवाली समस्याओं से निपटने के लिए हम तैयार हैं। अगली उड़ान एस.टी.एस.-115 निश्चित तौर पर हमें बताएगी कि हम अंतरिक्ष स्टेशन का निर्माण और इसे पूरा कैसे करनेवाले हैं।

प्रश्न : निश्चित ही 'विजन फार स्पेस एक्सप्लोरेशन' विशिष्ट अंतरिक्ष स्टेशन (जिसकी हम चर्चा कर रहे हैं) से और आगे की बात करती है। भावी मानवयुक्त अंतरिक्ष अन्वेषण के संदर्भ में आपके क्या विचार हैं तथा उसमें अंतरराष्ट्रीय अंतरिक्ष स्टेशन का क्या योगदान होगा?

सुनीता विलियम्स : यह अच्छा प्रश्न है, क्योंकि काफी लोग यह कहते फिरते हैं कि 'क्या सारा धन हम पृथ्वी से 250 मील तक की उड़ान के लिए ही खर्च कर रहे हैं?' जब मैं स्कूलों में जाती हूँ तथा बच्चों से 250 मील की बात करती हूँ तो वे अधिक प्रभावित नहीं दिखते हैं, लेकिन दूसरा भाग कि मैं बच्चों से 250 मील की बात क्यों करती हूँ। 'वह बात' उनको यह सोचने के लिए और महसूस करने के लिए बाध्य करती है कि हमारा वायुमंडल कितना छोटा है और यही बात उन्हें हमारी अंतरिक्ष यात्री की महत्ता को बताती है। अंतरराष्ट्रीय अंतरिक्ष स्टेशन को प्रयोग करके हम ऊपर पहुँच गए हैं तथा उसके द्वारा आज हम यह निर्धारण कर सकते हैं कि ब्रह्मांड के अन्य क्षेत्रों में कैसे जाया जाए। मैं समझती हूँ कि यह वह चीज है, जिसका किया जाना आवश्यक है, क्योंकि पृथ्वी में लोगों की भीड़ बढ़ती जा रही है। हमें लोगों को यह बताने की आवश्यकता है कि मंगल ग्रह में क्या हो रहा है। वहाँ वायुमंडल क्यों नहीं है, जो साँस लेने योग्य हो और लोगों के रहने योग्य हो। हम इस चीज का भी अन्वेषण करें कि ग्रहों का निर्माण किस प्रकार हुआ। यह इसलिए भी आवश्यक है, जिसमें हम समझ सकें किसी अन्य ग्रह के विषय में (जिसका अगर पता लगे)। इस प्रकार अंतरराष्ट्रीय अंतरिक्ष स्टेशन अंतरिक्ष को समझने की दिशा में आगे बढ़ने का एक-एक मील का पत्थर है। 'सूक्ष्म और निम्न गुरुत्व में कैसे काम किया जाए तथा एक ऐसे पर्यावरण में कैसे रहा जाए, जो आवास योग्य न हो' जैसे मूल प्रश्नों की समझदारी ही हमें अपने अगले मुकाम पर ले जाएगी—हो सकता है, वह मंगल ग्रह हो अथवा उसके और आगे का मुकाम हो।

□

15

सरगेई क्रिकालेव : सभी अंतरिक्ष उड़ानों के द्वारा अंतरिक्ष में सबसे लंबा प्रवास करनेवाले एकमात्र अंतरिक्ष यात्री

सरगेई क्रिकालेव का जन्म 27 अगस्त, 1958 को रूस के लेनिनग्राद (जिसका नाम बदलकर सेंट पीटर्सबर्ग हो गया है) स्थान पर हुआ। क्रिकालेव ने सन् 1975 में ग्रेजुएशन किया। सन् 1981 में लेनिनग्राद मेकैनिकल इंस्टीट्यूट से मेकैनिकल इंजीनियरिंग में डिग्री प्राप्त की। अपनी अंतरिक्ष उड़ान अनुभव के लिए उन्हें 'हीरो ऑफ सोवियत यूनियन', 'दी ऑर्डर ऑफ लेनिन', 'फ्रेंच टाइटल' और 'हीरो ऑफ रसिया' जैसी कई उपाधियों से सम्मानित किया गया। ग्रेजुएशन प्राप्त करने के बाद सन् 1981 में क्रिकालेव ने एन.पी.ओ. एनर्जिया कंपनी ज्वॉइन की। क्रिकालेव 26 नवंबर, 1988 से 11 अक्तूबर, 2005 के बीच 6 बार अंतरिक्ष में गए तथा अपनी सभी अंतरिक्ष उड़ानों के द्वारा अंतरिक्ष में कुल 803 दिन 9 घंटे का का समय गुजारा, जो कि एक विश्व रिकार्ड है, जिसे आज तक कोई भी अंतरिक्ष यात्री नहीं तोड़ सका है। अपने कुल अंतरिक्ष प्रवास में क्रिकालेव ने 463 दिन 7 घंटे रूसी अंतरिक्ष स्टेशन मीर में गुजारा। क्रिकालेव ने 24 जून, 1991 से 18 अगस्त, 2005 के बीच 41 घंटे 26 मिनट अवधि की 8 स्पेस वॉकें कीं।

क्रिकालेव की शादी एलेना टेरेखीना से हुई, जो रूस के समारा स्थान की रहने वाली हैं। क्रिकालेव के अन्य शौकों में शामिल हैं तैराकी, स्कीइंग, साइकिल सवारी, एरोबैटिक फ्लाइंग और हैम रेडियो प्रचालन (विशेषकर अंतरिक्ष से)। उनके माता-पिता कोंस्टैण्टिन और नैडिया लेनिनग्राद में रहते हैं। सरगेई क्रिकालेव का यह साक्षात्कार उनके अंतरराष्ट्रीय अंतरिक्ष स्टेशन के स्थायी अंतरिक्ष यात्री दल-11 के कमांडर के रूप में जाने के पहले नासा के द्वारा लिया गया था।

चित्र–15.1 : रुसी कास्मोनट सरगेई क्रिकालेव

प्रश्न : आपके पास करने के लिए वह कार्य है, जिसे करने के सपने अनेक लोग और उनके बच्चे देखते हैं। क्या कॉस्मोनट के रूप में आप यही करना चाहते थे?

क्रिकालेव : ऐसा मैं नहीं कह सकता हूँ, लेकिन काफी समय पहले जब मैं स्कूल में था तो मैंने एक कॉस्मोनट (अमेरिकी अंतरिक्ष यात्रियों को 'ऑस्ट्रोनट' तथा रूसी अंतरिक्ष यात्रियों एवं भूतपूर्व सोवियत संघ के अंतरिक्ष यात्रियों को कॉस्मोनट कहा जाता है) बनने की इच्छा थी। मैंने कॉस्मोनट बनने की दिशा में अनेक प्रयास भी किए।

प्रश्न : स्कूल जाने के पहले आपकी किस चीज में दिलचस्पी थी। क्या यह वह चीज है जिसे सभी रूसी बच्चे करना चाहते हैं अथवा क्या आप कुछ विशिष्ट करना चाहते थे?

क्रिकालेव : नहीं, मैं कुछ विशिष्ट नहीं था। अनेक बच्चे पायलट और कुछ कॉस्मोनट बनना चाहते हैं। आपने पूछा कि मैं अन्य क्या बनना चाहता था। जब मैं वास्तव में एक छोटा बच्चा था तो मैं माँ से ड्राइवर बनने के विषय में तर्क कर रहा था, जबकि माँ मुझे डॉक्टर बनाना चाहती थी। तो दोनों प्रकार के कार्य ही महत्त्वपूर्ण हैं, मैं ऐसा

सोचता हूँ। अगर आपातकालीन प्रशिक्षण में देखें कि एक घायल व्यक्ति को कैसे बचाया जाता है अथवा किसी चोट/घाव की किस तरह देखभाल की जाती है तो उस दृष्टि से मुझमें थोड़ा मेडिकल विज्ञान की समझ है तथा थोड़ा ड्राइविंग की समझ है, लेकिन मुझे अन्य प्रकार की मशीनों को ड्राइव करने में दिलचस्पी नहीं है जैसे बस या रिगुलर कार या ट्रैक्टर। मेरा मतलब केवल ड्राइविंग (व्यक्तिगत कार) से है।

प्रश्न : क्या उस दौड़ के लिए आपके पिता के पास एक घोड़ा था?

क्रिकालेव : नहीं, वे एक तरफ से सभी चीजों की ओर देखते थे।

प्रश्न : कृपया बताएँ कि आपने क्या किया, स्कूल में क्या अध्ययन किया और अपने कैरियर में आपने कौन से कदम उठाए, जिसके कारण आप एक कॉस्मोनट अंतरिक्ष यात्री बने?

क्रिकालेव : पहले हाई स्कूल से ग्रेजुएशन के बाद मुझे निर्णय लेना था कि मैं प्रोफेशनल पायलट बनूँ और उसके लिए इंजीनियरिंग की शिक्षा ग्रहण करूँ अथवा इंजीनियरिंग शिक्षा के बगैर पायलट बनने का प्रयास करूँ। इस प्रकार उस समय और यहाँ तक कि अब भी रूस में कॉस्मोनट बनने के दो प्रमुख तरीके हैं। एक तो यह है कि आप मिलिटरी पायलट, प्रोफेशनल पायलट बन जाएँ अथवा अंतरिक्ष उद्योग, वैमानिकी (एरोनॉटिकल) उद्योग में दक्षता हासिल करके कॉस्मोनट बन जाएँ। इसलिए उस बिंदु पर मैंने यह निर्णय लिया कि यदि मैं तकनीकी विश्वविद्यालय में जाता हूँ तथा वैमानिकी इंजीनियरिंग में डिग्री लेकर पायलट बनता हूँ तो मेरे पास चयन के लिए काफी स्वतंत्रता होगी। इस प्रकार यही चीज मैंने की। इसका निर्णय करना काफी मुश्किल काम था, क्योंकि उस समय के अनुसार मुझे पता था कि कॉस्मोनट बनने की संभावना काफी कम थी। मुझे पता चला कि एक तकनीकी विश्वविद्यालय पीटर्सबर्ग में है (जहाँ मैं बड़ा हुआ) तथा वहाँ पर रॉकेट इंजीनियरिंग, वैमानिकी इंजीनियरिंग में विशिष्टता के कोर्स उपलब्ध हैं। इस प्रकार यह मेरा प्रथम चयन था। मेरा दूसरा चयन था कि मैं किसी एयर क्लब में फ्लाइंग सीखूँ। इस प्रकार ये दो प्रमुख निर्णय थे, जो मैंने लिये।

प्रश्न : और कॉलेज के बाद आपको उस फील्ड में कार्य मिल गया?

क्रिकालेव : वास्तव में यह कॉलेज भी नहीं था। अब हम इसे तकनीकी विश्वविद्यालय कहते हैं। पहले हम लोग इसे इंस्टीट्यूट कहते थे। मैंने जब यहाँ से ग्रेजुएशन किया तो यह वैमानिकी इंजीनियरिंग में मास्टर डिग्री के समतुल्य था। इसी के साथ-साथ मैं एयर क्लब में फ्लाइंग का भी प्रशिक्षण ले रहा था। मुझे एरोबैटिक फ्लाइंग में काफी निपुणता हासिल थी। इस प्रकार मुझे सेंट पीटर्सबर्ग टीम में प्रतिस्पर्धाओं के लिए चुन लिया गया तथा मैं इनमें भाग लेने लगा। मैं एरोबैटिक में प्रतिस्पर्धात्मक पायलट बन गया तथा ग्रेजुएशन के बाद मुझे अंतरिक्ष वैमानिकी उद्योग (एनर्जिया कंपनी, जो

अंतरिक्ष यान तथा अंतरिक्ष स्टेशन बनाती है) में कार्य मिल गया।

प्रश्न : एक एरोबैटिक पायलट के रूप में आप राष्ट्रीय चैंपियन थे। क्या ऐसा नहीं था?

क्रिकालेव : मैं था। लेकिन थोड़ा बाद में। लेकिन दुर्भाग्यवश इस काम में समुचित दक्षता और महारथ हासिल करने के लिए मेरे पास समय नहीं था।

प्रश्न : जब आप पीछे मुड़कर अपने कैरियर को एक पायलट, एक इंजीनियर और एक कॉस्मोनट के रूप में देखते हैं तो क्या आप कुछ लोगों की गिनती कर सकते हैं, जो (आपकी स्मृति के अनुसार) आपके प्रेरणास्त्रोत और हीरो रहे हों?

क्रिकालेव : मैं किसी एक अकेले व्यक्ति के विषय में नहीं सोच सकता, जो लंबे समय तक मेरा हीरो रहा हो। संभवतः विभिन्न क्षेत्रों से विभिन्न समयानुसार संयुक्त प्रतिबिंब थे तथा ये मेरे कैरियर के विभिन्न चरणों से थे। कुछ पायलट जिनके साथ मैंने फ्लाई किया, वे बहुत अच्छे पायलट और इंजीनियर थे, जिन्होंने केवल वायुयान के विकास में ही भाग नहीं लिया, बल्कि अन्य पायलटों को भी फ्लाई करना सिखाया। इंस्टीट्यूट में मेरे टीचर अत्यधिक ज्ञानवान, अत्यधिक दक्ष और अच्छे टीचर हुआ करते थे, जब मैंने अंतरिक्ष संबंधित वैज्ञानिक विषयों का अध्ययन किया। इनमें अनेक मेरे मित्र भी थे (कभी खेलकूद में तो कभी विशिष्ट क्षेत्र में)। इसलिए मैं किसी विशिष्ट व्यक्ति का नाम नहीं ले सकता।

प्रश्न : मैंने एक गणना की है। उड़ान के 124वें दिन (जिसकी आप तैयारी कर रहे हैं) आपकी अंतरिक्ष की कक्षा में कुल समय उस रिकार्ड को ब्रेक कर देगा, जिसको आपके एक अन्य सहयोगी सरगेई अवडेव ने (अपनी सभी उड़ानों के द्वारा अंतरिक्ष में कुल 747 दिन का समय बिताकर) बनाया था।

क्रिकालेव : ठीक है। इस गणना के लिए धन्यवाद!

प्रश्न : क्या आपने कभी इसकी कल्पना की थी कि एक दिन अंतरिक्ष में सभी उड़ानों के द्वारा सबसे लंबा समय गुजारनेवाला कोई और नहीं, बल्कि आप स्वयं होंगे?

क्रिकालेव : मैंने संभवतः इस रिकार्ड सेटिंग के विषय में कभी नहीं सोचा, क्योंकि यह कार्य करना ही बहुत दिलचस्पीवाला है। वहाँ रहकर तथा वहाँ से पृथ्वी की ओर देखना और कुछ करना ही एक प्रकार से बहुत चुनौतीपूर्ण कार्य है। कितने दिन वाली बात इतनी महत्त्वपूर्ण नहीं है। मैं सोचता हूँ कि किसी समय में मैं कम-से-कम सबसे दीर्घ अवधि तक फ्लायर के काफी समीप था; क्योंकि अपने द्वितीय और मिशन के बाद मेरा अंतरिक्ष प्रवास 400 दिन से भी अधिक का हो गया था, जो कि उस समय के इष्टतम अंतरिक्ष प्रवास मान के काफी समीप था। यह बात सरगेई अवडेव की प्रथम उड़ान के पहले की है। मैंने अंतरिक्ष में पहले से ही 400 से अधिक दिन का समय गुजार लिया था। इस प्रकार मुझे मालूम था कि मैं इसके काफी समीप हूँ (लंबी उड़ान भरने

वाले फ्लायरों में एक के समीप)। लेकिन मैंने इसे इष्टतम बनाने का प्रयास नहीं किया। संयोगवश यह इस उड़ान के दौरान संपन्न होगा।

प्रश्न : यह निश्चित ही उन लोगों के विश्वास की पुष्टि करता है, जिनके लिए आप काम करते हैं तथा यही कारण है कि वे आपको इन मिशनों में बार-बार भेजते हैं?

क्रिकालेव : संभवत: मैं भी सोचता हूँ कि यह मिशन मेरे लिए दिलचस्प है, क्योंकि यह चुनौतीपूर्ण है। हम उस दौर से गुजर रहे हैं, जब हमें अनुभवी लोगों की आवश्यकता है (अल्फा अंतरिक्ष स्टेशन में), क्योंकि हमारा अंतरिक्ष यात्री दल छोटा है (मात्र दो लोग)। मुझे खुशी है कि मैं इस परिस्थिति में उपयोगी हूँ तथा इस उड़ान के लिए मेरा चयन किया गया है।

प्रश्न : मैं समझता हूँ कि अंतरिक्ष यात्री और कॉस्मोनट्स अंतरिक्ष उड़ान के खतरों के प्रति जागरूक हैं। यह बात दो वर्ष पहले घटित कोलंबिया स्पेस शटल की दुर्घटना के संदर्भ में अधिक प्रासंगिक है। आप अंतरिक्ष में जानेवाली लाइन में पुन: खड़े हैं। कृपया बताएँ कि आप उन जोखिमों को उठाने के लिए क्यों तैयार हैं, जो आपके कार्य में आते हैं?

क्रिकालेव : इस सिलसिले में पहली बात तो यह है कि हमें विभिन्न आपातकालीन परिस्थितियों का प्रशिक्षण दिया जाता है। वास्तव में हमारे प्रशिक्षण का प्रमुख भाग सामान्य परिस्थितियों से हटकर अवधियों के लिए होता है। यदि आप सामान्य प्रचालन और गैर-सामान्य प्रचालनों में लगनेवाले समयों की तुलना करें तो मैं यही कहूँगा कि गैर-सामान्य परिस्थिति का प्रशिक्षण हमारे प्रशिक्षण का प्रमुख अंग होता है। लेकिन हम आशा करते हैं कि उड़ान में आपातकालीन परिस्थितियों से संबंधित समय और चीजें निम्नतम होंगी। इस तरह हम उड़ान के जोखिमों को कम करते हैं तथा इस मिशन के जोखिमों को न्यूनतम रखते हैं। मैं समझता हूँ कि इतना जोखिम तो स्वीकृत सीमा के अंदर आता है। रूस में एक कहावत है—"यदि आपकी ऊँचाई शून्य से अधिक है और गति शून्य से अधिक है तो आप जोखिम में हैं।" यहाँ हमारी गति भी काफी उच्च है और हमारी ऊँचाई भी उच्च है, लेकिन हम इसी के लिए तो प्रशिक्षित किए जाते हैं, यही हमारा व्यवसाय भी है और यही हमें पसंद भी है।

प्रश्न : इन खतरों को आपका परिवार किस तरह लेता है—यह जानते हुए कि ये खतरे आपके कार्य से जुड़े हुए हैं?

क्रिकालेव : मैं आशा करता हूँ कि उड़ान से संबंधित सभी खतरों की जानकारी उन्हें नहीं होती है। इससे मुझे थोड़ी राहत मिलती है। दूसरी बात यह है कि उन्हें मुझ पर विश्वास है, उन्हें पता है कि मैं क्या कर रहा हूँ। मैं सोचता हूँ कि वे निस्संदेह चिंता करते होंगे और मैं यह भी सोचता हूँ कि वे अपनी चिंता को मेरे सामने छिपाने का भरसक प्रयास करते होंगे। मैं इस तरह सोचता हूँ।

प्रश्न : इसके पहले आप अंतरराष्ट्रीय अंतरिक्ष स्टेशन में दो बार जा चुके हैं। क्या आपका पूर्व अनुभव इस उड़ान में आपको मददगार साबित होगा?

क्रिकालेव : निस्संदेह वास्तविक उड़ान का अनुभव केवल मुझे प्रशिक्षण में ही उपयोगी नहीं हुआ, बल्कि हमारे सहयोगियों के प्रशिक्षण में भी उपयोगी रहा है, क्योंकि मैं अपना अनुभव उनके साथ शेयर करता हूँ। इस तरह वे प्रशिक्षण विषय को मुस्तैदी से चुन सकते हैं तथा इससे उन्हें प्रशिक्षण और वास्तविक उड़ान का अंतर समझ में आ जाता है। मैं समझता हूँ कि प्रत्येक उड़ान का अनुभव (विशेषकर उस व्यक्ति के लिए जिसे दीर्घ अवधि की अंतरिक्ष उड़ान का अनुभव हो) प्रशिक्षण के लिए काफी उपयोगी होता है। यही कारण है कि रूस में एक परंपरा है कि प्रत्येक अंतरिक्ष यात्री दल के साथ कम-से-कम एक अनुभवी अंतरिक्ष यात्री सदस्य अवश्य भेजा जाए।

प्रश्न : क्या कोई ऐसी खास चीज है, जिसके विषय में तुमने सोच रखा है कि ध्यान रखोगे (जब तुम वहाँ जाओगे)?

क्रिकालेव : जैसा आपने स्वयं बताया है कि मैं उसी स्टेशन में तीसरी बार जाऊँगा तथा यह देखना बड़ा दिलचस्प लगेगा कि जब मैं प्रथम असेंबली मिशन (एस.टी.एस.-88) में गया तथा वहाँ पर दो टुकड़ों को असेंबल किया। उसके बाद हम लोग बिल शेफर्ड और पूरी गिडजेंकों के साथ प्रथम दीर्घकालीन मिशन (स्थायी अंतरिक्ष यात्री दल-1) में फिर अंतरराष्ट्रीय अंतरिक्ष स्टेशन में आए, यह देखने के लिए कि स्टेशन की वृद्धि कैसी हो रही है, इसके प्रचालनों में कैसे परिवर्तन किए जा रहे हैं तथा स्टेशन की क्षमता कैसे बढ़ी। अब तीसरी बार निश्चित तौर पर मैं और अधिक परिवर्तन देखूँगा। मैं केवल यही नहीं देखूँगा कि स्टेशन के डिजाइन में क्या-क्या परिवर्तन हुए या स्टेशन निर्माण में क्या परिवर्तन हुए, बल्कि कैसे-कैसे स्टेशन की उम्र बढ़ रही है, क्योंकि वह भी एक दिलचस्प अनुभव है। उस तरह का अनुभव मुझे मीर अंतरिक्ष स्टेशन में हुआ, जब मैं इसमें पहली बार दीर्घकालीन मिशन-4 और फिर दीर्घकालीन मिशन-9 में गया। इस प्रकार की तुलना बड़ी दिलचस्प लगी कि कुछ चीजें वैसी ही थीं तथा कुछ चीजों में काफी बदलाव आ गया।

प्रश्न : आपकी प्रथम एक्सपेडीशन उड़ान (स्थायी अंतरिक्ष यात्री दल-1 के रूप में) में चीजों को अंदर से ठीक करना था। स्थायी अंतरिक्ष यात्री दल-11 मिशन के प्रमुख लक्ष्य क्या हैं?

क्रिकालेव : यह एक प्रकार का दार्शनिक प्रश्न है, क्योंकि प्रत्येक स्थायी अंतरिक्ष यात्री दल (केवल हमारे ही दल की बात नहीं है) के लक्ष्यों में उन परीक्षणों को चालू रखना होता है, जिन्हें प्रारंभ किया गया है, क्योंकि डाटा के भंडारण के लिए काफी परीक्षणों की आवश्यकता पड़ती है। इसलिए मैं समझता हूँ कि यह प्रत्येक मिशन की आवश्यकता होती है। जैसा कि आपको पता है कि हम उस मुश्किल समय में फ्लाई कर

रहे हैं, जब स्टेशन में तीन लोगों को सपोर्ट करने के लिए पर्याप्त आपूर्ति नहीं है। हम दो लोग जा रहे हैं, जहाँ पर प्रत्येक अंतरिक्ष यात्री सदस्य का अनुभव और योग्यता बहुत महत्त्वपूर्ण हो जाती है।

प्रश्न : आपकी टिप्पणी अच्छी है कि दो अंतरिक्ष यात्रियों के साथ (जब कुल अंतरिक्ष यात्री मात्र दो ही हों) दोनों अंतरिक्ष यात्रियों की योग्यताएँ बहुत महत्त्वपूर्ण हो जाती हैं। पहली बार इस स्टेशन में फ्लाइट इंजीनियर के रूप में आए और इस बार एक कमांडर के रूप में जा रहे हैं। इस बार आपकी प्रमुख जिम्मेदारियाँ क्या होंगी?

क्रिकालेव : मैं समझता हूँ कि वह एक विलक्षण मुद्दा है, क्योंकि जब हम दो या तीन के अंतरिक्ष यात्री दल के रूप में फ्लाई करते हैं तो कमांडर और प्रत्येक अंतरिक्ष यात्री सदस्य के बीच का अंतर बहुत अजीब हो जाता है। प्रत्येक व्यक्ति उसी तरीके से काम करता है। यह उसी तरह की चीज है जैसे आपके पास बड़ा मिलिटरी इंस्टालेशन हो, जहाँ पर कमांडर ट्रूप को मूव करने का आदेश देता है तथा उसके बाद वह केवल प्रेक्षण का कार्य करता है, जबकि अधिकांश कार्य विभिन्न स्तर के पदाधिकारियों के द्वारा किए जाते हैं। ऐसी परिस्थिति में हमारे मस्तिष्क में हालात का एक बड़ा चित्र होता है। वर्तमान मिशन के संदर्भ में हम अपने सहयोगियों के समान ही अथवा उनसे भी अधिक मेहनत करते हैं, क्योंकि हमें ज्यादा चीजें मालूम होती हैं तथा हमारे पास ज्यादा अनुभव है। मैं समझता हूँ कि प्रत्येक कमांडर के लिए मिशन की सुरक्षा तथा मिशन की सफलता एक प्रमुख लक्ष्य होता है। मिशन की सफलता भी एक जटिल मुद्दा है। एक मिशन को सफल घोषित करने के लिए आपको यह जानना आवश्यक है कि सभी परीक्षण पूरे हो गए (सफलतापूर्वक), सभी निर्धारित कार्य पूरे कर लिए गए, लेकिन उनमें सबसे अहम चीज यह होती है कि अंतरिक्ष यात्री दल सकुशल पृथ्वी पर वापस लौट आया। जब आप कमांडर बनते हैं तो आपकी जिम्मेदारी केवल मिशन की सफलता के लिए ही नहीं होती है, बल्कि अंतरिक्ष यात्रियों के प्रति भी होती है—मूल रूप से अंतरिक्ष यात्रियों के जीवन की।

प्रश्न : आपको पता है कि मिशन की सफलता का यही मापदंड हमें कमांडर अंतरिक्ष यात्री बिल शेफर्ड ने भी बताया था।

क्रिकालेव : यह हर समय वही रहती है। इससे कोई अंतर नहीं पड़ता है कि आप किस देश से संबंधित हैं, क्योंकि यदि आप किसी एक टीम के साथ काम करते हैं, यदि आप एक कमांडर के पद पर नियुक्त किए गए हैं (स्टेशन के दायित्वों के अलावा) तो आपकी जिम्मेदारियाँ बढ़ जाती हैं। आप इस जिम्मेदारी का दबाव महसूस करते हैं।

प्रश्न : अब हम थोड़ा अंतरिक्ष स्टेशन पर किए जानेवाले विज्ञान कार्यों की चर्चा करते हैं। विज्ञान कार्यों का केंद्र-बिंदु (विशेषकर वर्तमान में अमेरिकी भाग में) यह जानना है कि अंतरिक्ष की भारहीनता की परिस्थिति में लोग किस प्रकार सुरक्षित रह सकेंगे और कार्य कर सकेंगे? आप कुछ मानव जीवन परीक्षणों (स्टेशन के दोनों ओर) पर

प्रकाश डालें, जिनमें आप इस मिशन के दौरान व्यस्त होंगे और शायद इन मानव जैविक परीक्षणों में आप स्वयं ही टेस्ट विषय भी होंगे?

क्रिकालेव : सौभाग्य से मैं कह सकता हूँ कि रूसी भाग (अंतरिक्ष स्टेशन के) के संभावित लक्ष्यों में भी एक लक्ष्य जीवन विज्ञान का अध्ययन है। मैं नहीं कह सकता कि ये मेरे प्रिय परीक्षण (विशेषकर जीवन विज्ञान के संदर्भ में) हैं। जीवन विज्ञान परीक्षणों में आपके (अर्थात् अंतरिक्ष यात्रियों के) शरीर से खून लेते हैं तथा आपकी मांसपेशियों और त्वचा के सैंपुल लेते हैं। लेकिन हम एक विशिष्ट पर्यावरण में फ्लाई करते हैं। निस्संदेह शरीर में परिवर्तन होता रहता है। मैं समझता हूँ कि इन सभी अध्ययनों का महत्त्वपूर्ण भाग यह है कि हम प्राणी इस पृथ्वी पर हर समय के लिए नहीं रहनेवाले हैं। हम यात्रा करनेवाले हैं। हम अपनी यात्रा की परिस्थितियों को बदल सकते हैं तथा हमें यह जानने की आवश्यकता है कि इन परिस्थितियों को हम कितना उसी स्तर में बनाए रख सकते हैं, जैसी पृथ्वी पर होती हैं। इसके साथ यह भी ध्यान रखना आवश्यक है कि इन कार्यों में कितना खर्चा आएगा, क्योंकि यह एक महत्त्वपूर्ण और आवश्यक मुद्दा होता है। इस तरह प्रत्येक अंतरिक्ष उड़ान में भारहीनता के पर्यावरण में मानव शरीर के व्यवहार और रेसपांस से संबंधित आँकड़ों का संचयन किया जाता है।

प्रश्न : और इसमें आपके सैंपुल लेने (उड़ान के पहले के और उड़ान के बाद के) के अलावा इससे भी ज्यादा कार्य शामिल होता है। इस उड़ान में जिन अन्य परीक्षण गतिविधियों में आप हिस्सा लेनेवाले हैं, उसकी चर्चा करें।

क्रिकालेव : जैसा मैंने पहले कहा कि सबसे आसान चीज होती है यह देखना कि (उदाहरणार्थ) खून का रसायन शास्त्र कैसे बदला तथा इस परिवर्तन का संतुलन कैसे किया। इसके अतिरिक्त हम सैंपुल केवल सैंपुल लेने के लिए नहीं कर रहे हैं, बल्कि सैंपुल इसलिए ले रहे हैं, जिससे हम परिवर्तन देख सकें तथा विभिन्न गतिविधियों और औषधियों के संदर्भ में अपने शरीर का रेसपांस देख सकें। एक दूसरी बात जो अंतरिक्ष उड़ान में बहुत महत्त्वपूर्ण होती है, वह यह है कि (जिसका प्रमुख कारण अंतरिक्ष की भारहीनता है) अनेक गणकों के कारण पृथ्वी में मानव शरीर या मानव स्नायु तंत्र के रेसपांस को अलग-अलग कर सकते हैं, जिसमें गुरुत्व भी शामिल है और तंत्र की कुछ बाधाओं को कम करके यह देख सकते हैं कि न्यूरल तंत्र के अन्य भाग कैसे जुड़े हुए हैं। उदाहरणार्थ, यह भी एक अध्ययन किया जाएगा कि मानव मस्तिष्क के मूवमेंट के साथ आँख कैसे कोऑर्डिनेट करती है।

प्रश्न : अंतरराष्ट्रीय अंतरिक्ष स्टेशन विज्ञान के अन्य क्षेत्रों में भी परीक्षण करने के लिए एक प्रयोगशाला की भाँति है। उनमें से कुछ (अन्य प्रकार की परीक्षण गतिविधियाँ) के विषय में बताएँ, जो आप और जॉन फिलिप्स अंतरिक्ष में इस मिशन के दौरान करेंगे?

क्रिकालेव : विभिन्न प्रकार के परीक्षण संपन्न किए जा सकेंगे, जिनमें कुछ

जीवन विज्ञान, जैविक (बायोलोजिकल) विज्ञान (यह जरूरी नहीं है कि वे मानव शरीर से ही संबंधित हों) के होंगे; क्योंकि हमें पता है कि अंतरिक्ष में लघु सूक्ष्म जीवाणु (माइक्रोआर्गेनिज्म) भी परिवर्तित होते हैं। इस तरह यह जानने के लिए कि क्या परिवर्तन हुए हैं, इसके लिए परीक्षा करना भी एक उद्देश्य है।

प्रश्न : आप लोग अपने अंतरिक्ष प्रवास के दौरान कुछ स्पेस वॉकें करनेवाले हैं। मुझे पता है कि जब ये वापसी में संपन्न होंगी तो कुछ योजनाएँ बदलेंगी। वर्तमान योजना के अनुसार स्थायी अंतरिक्ष यात्री दल-11 के द्वारा स्पेस वॉक किए जाने की क्या योजना है?

क्रिकालेव : हमने दो स्पेस वॉकों की योजना बनाई है। हमारे मिशन का एक दिलचस्प पहलू यह है कि हम अमेरिकी और रूसी स्पेस सूटों (दोनों ही प्रकार के) के द्वारा स्पेस वॉक क़रने का प्रशिक्षण ले रहे हैं। सामान्य प्रचालन के लिए (केवल आपातकालीन परिस्थिति के लिए ही नहीं, बल्कि सामान्य प्रचालन के लिए भी) हम एक स्पेस वॉक स्टेशन के रूसी भाग में रूसी स्पेस सूट पहनकर करेंगे तथा दूसरी स्पेस वॉक अमेरिकी स्पेस सूट पहनकर रखरखाव और परीक्षण के कार्य करेंगे। दूसरी स्पेस वॉक में वास्तव में हम अमेरिकी भाग में (स्टेशन के) कुछ उपकरण स्थापित करेंगे।

प्रश्न : आपके मिशन का एक अन्य पहलू भी है, जो अंतरराष्ट्रीय अंतरिक्ष स्टेशन (आई.एस.एस.) के इतिहास में एक विशिष्ट बात होगी। आपके मिशन के बाद के भाग में आपके साथ आपको एक अन्य तीसरा सदस्य ज्वॉइन करनेवाला है (जब आपका एक्सपेडीशन मिशन प्रगति की ओर होगा)। क्या आप बता सकते हैं कि इस बीच अंतरराष्ट्रीय अंतरिक्ष स्टेशन के अंतरिक्ष यात्री दल का आकार दो या तीन कर देने का क्या महत्त्व है?

क्रिकालेव : वास्तव में, जैसा मैंने पहले कहा, दो सदस्यीय अंतरिक्ष यात्री दल एक दुर्भाग्यपूर्ण परिस्थिति है, जो अभी है। प्रारंभ में स्टेशन का डिजाइन 6 या 7 अंतरिक्ष यात्री सदस्यों के लिए किया गया था। असेंबली चरण में हमने यह निर्णय किया है कि स्टेशन का 3 सदस्यीय दल असेंबली कार्य के लिए पर्याप्त होगा तथा बाद में यही दल असेंबली कार्य के साथ परीक्षण कार्य भी करेगा। दुर्भाग्य से हमें पूर्व निर्णय को बदलना पड़ा और अब हम स्टेशन के लिए 2 लोगों का दल भेज रहे हैं। जैसा मैंने पहले कहा कि इस प्रकार (2 लोगों का दल) के मिशन के किए बहुत सख्त आवश्यकताएँ होती हैं, क्योंकि दो दल के अंतरिक्ष यात्रियों के साथ स्टेशन के सारे कार्य पूरे करने पड़ते हैं। जब हम तीसरा अंतरिक्ष यात्री जोड़ते हैं तो हम सामान्य संरूपण (कानफिगुरेशन) में वापस जाते हैं। इसके द्वारा अधिक वैज्ञानिक परीक्षण करने की क्षमता, स्टेशन को अधिक उपयोगी बनाने की दक्षता और उससे अधिक आवश्यक—नई अंतरिक्ष उड़ान विकसित करने की हमारी योग्यता बढ़ जाती है। इस विचारधारा के साथ हमने अंतरिक्ष स्टेशन में अधिक अनुभवी लोगों (कम-से-कम एक ऐसा व्यक्ति अवश्य हो, जिसे लंबी अवधि

चित्र-15.2 : अंतरराष्ट्रीय अंतरिक्ष स्टेशन के स्थायी अंतरिक्ष यात्री दल-11 के कमांडर क्रिकालेव (बाएँ) तथा फ्लाइट इंजीनियर जॉन आर फिलिप्स (दाएँ)

की अंतरिक्ष उड़ान का अनुभव हो) को भेजना प्रारंभ किया। दो दल वाले सदस्यों के साथ नए लोगों को अनुभवी बनाना मुश्किल काम हो जाता है। इस प्रकार तीसरे व्यक्ति को मिशन की प्रगति के दौरान जोड़ने से अनुभव को ट्रांसफर करना (भावी पीढ़ी के लिए) आसान हो जाता है। अंतरिक्ष कक्षा में जितने अधिक लोग होंगे अंतरिक्ष यात्रियों के साथ अनुभव शेयर करना उतना ही आसान होगा।

प्रश्न : पिछले 4 स्थायी अंतरिक्ष यात्री दलों में प्रत्येक ने अंतरिक्ष की कक्षा में (अंतरिक्ष स्टेशन में) 6-6 महीने गुजारे हैं, लेकिन यदि स्पेस शटल, योजना के अनुसार उड़ान में वापस आ जाती है तो आप भी वहाँ होंगे, जब एलीन कालिंस और उनका अंतरिक्ष यात्री दल अंतरिक्ष स्टेशन में पहुँचता है। उस ऐतिहासिक उड़ान के समय आपकी उपस्थिति पर आपके क्या विचार हैं?

क्रिकालेव : हमारे लिए यह एक ऐतिहासिक घटना ही नहीं होगी (जब ऐसा होता है), बल्कि एक परीक्षण होगा, क्योंकि हमने पाया कि स्पेस शटल के पंख में हुई जरा सी क्षति बड़ी समस्या खड़ी कर सकता है। हमें पता है कि हमें पहले समस्या को समझना होगा, जो एक परीक्षण (एक्सपेरीमेंट) भी होगा तथा यह देखना होगा कि स्पेस शटल की अंतरिक्ष स्टेशन से डाकिंग (जुड़ने के पहले किसी प्रकार की क्षति को कितना अधिक देख सकते हैं और आकलन कर सकते हैं। हमारे लिए यह शटल उड़ान एक प्रायोगिक उड़ान होगी।

प्रश्न : अंतरिक्ष स्टेशन में भोजन और अन्य सामग्री पहुँचाने की क्षमता (आखिरी शटल उड़ान तक के बाद) सोयुज और प्रोग्रेस अंतरिक्ष यानों तक सीमित थी। लेकिन

शटल के ऑपरेशन में आ जाने के बाद (अपनी विशाल कार्गो क्षमता के साथ) इसका अर्थ होगा कि अंतरिक्ष स्टेशन में और वहाँ से पृथ्वी को काफी सामान स्थानांतरित किया जा सकेगा। क्या आप बता सकते हैं कि इस प्रकार की आपूर्ति लाइन के खुल जाने से स्टेशन के अंतरिक्ष यात्रियों के जीवन में तथा स्वयं स्टेशन में कैसे सुधार आएगा?

क्रिकालेव : हमारे पास एक अति सुंदर विकसित प्रक्रिया है तथा हमारे पास इस बात की पर्याप्त गणना है कि मानव का शरीर कितने पानी का उपयोग करता है, कितने भोजन की आवश्यकता होती है और इस प्रकार की आपूर्ति एक प्राथमिकता है। यही कारण है कि जब शटल फ्लाई करने की स्थिति में नहीं थी, उस समय यह सारा भार वहन प्रोग्रेस कार्गो यानों के द्वारा किया जाता था। लेकिन इनके (प्रोग्रेस अंतरिक्ष यान) द्वारा इच्छित मात्रा में उपकरण (वैज्ञानिक परीक्षणों के लिए) अल्फा स्टेशन के लिए वहन संभव नहीं था। इसलिए अंतरिक्ष में कार्गो डिलीवरी पहुँचानेवाले साधनों को बढ़ा देने से केवल अधिक भोजन ही नहीं पहुँचाया जा सकता है (क्योंकि हमें उतनी ही भोजन की मात्रा चाहिए जितनी आवश्यक हो), बल्कि परीक्षणों के लिए अधिक उपकरण अंतरिक्ष की कक्षा में ले जाए जा सकते हैं। शटल के ऑपरेशन में आ जाने का अर्थ है अंतरिक्ष स्टेशन की वैज्ञानिक क्षमताओं में वृद्धि।

प्रश्न : पृथ्वी से कुछ सौ मील दूर अंतरिक्ष स्टेशन का निर्माण इस कार्यक्रम के अंतर्गत भागीदार देशों का केवल यही अंतिम लक्ष्य नहीं है। एक अलग व्यक्ति की दृष्टि में जो अंतरिक्ष स्टेशन में अपनी ड्यूटी निभाने के लिए पृथ्वी ग्रह से रवाना हो रहा है, वह अंतरिक्ष स्टेशन की 'अंतरिक्ष अन्वेषण के भविष्य' की दूरदृष्टि का सपना किस प्रकार साकार करेगा?

क्रिकालेव : हम इसके पहले इस पर चर्चा कर चुके हैं। पहले तो आपको यह मानना पड़ेगा कि अंतरिक्ष स्टेशन अंतिम लक्ष्य नहीं है। यह एक मध्यस्थ लक्ष्य है। वही चीज स्टेशन का महत्त्वपूर्ण भाग होगा। यह एक मध्यस्थ स्टेप है (आगे जाने के पहले का)। अंतरिक्ष स्टेशन में जीवन विज्ञान का परीक्षण करने से हम यह समझ सकेंगे कि स्टेशन के वर्तमान संरूपण से हम कितनी दूर जा सकेंगे तथा इस दीर्घकालीन मिशन में मानवीय दक्षता को बढ़ाने में हम क्या और कर सकते हैं। तकनीकी परीक्षण करना जारी है (यह देखने के लिए कि पदार्थों में परिवर्तन कैसे होता है तथा स्टेशन के अंदर और बाहर उनके गुण अर्थात् व्यवहार कैसे होते हैं)। हम लोग तो यह बात भी जानने का प्रयास कर रहे हैं कि स्टेशन के अंदर सूक्ष्म जीवाणु कैसे परिवर्तित होते हैं। इन बातों के जानने के बाद हमें अंतरिक्ष यानों के भावी निर्माण के विषय में भी काफी बातें समझ में आ जाएँगी।

□

16

जेम्स ए. लोवेल : अंतरिक्ष इतिहास के सबसे बड़े रेस्क्यू मिशन अपोलो-13 के कमांडर

जेम्स ए. लोवेल का जन्म 25 मार्च, 1928 को ओहियो के क्लीवलैंड स्थान पर हुआ तथा उनका विवाह मैरीलन जेरलैक के साथ हुआ। उनके 4 बच्चे हैं। लोवेल ने सन् 1952 में अमेरिकी नेवल एकेडेमी में रहते हुए विसकांसिन विश्वविद्यालय से बैचलर ऑफ साइंस की डिग्री प्राप्त की। इसके अलावा सन् 1958 तक वे टेस्ट पायलट स्कूल मेरीलैंड, सन् 1961 तक अवियेशन सेफ्टी स्कूल (दक्षिणी कैलीफोर्निया विश्वविद्यालय), सन् 1971 तक हावर्ड बिजनेस स्कूल में शिक्षा पाई। इसके अलावा उन्हें राकहर्स्ट कॉलेज, इलिन्वायज वेसलीन विश्वविद्यालय, पश्चिमी मिचिगन विश्वविद्यालय, मैरी हार्डिन-बेयर कॉलेज़ और मिलवाकी स्कूल ऑफ इंजीनियरिंग से आनरेरी डॉक्टरेट की डिग्री प्राप्त की। लोवेल को अनेक सम्मानों—ईगल स्कॉट, प्रेसीडेंसियल मेडल फॉर फ्रीडम, सन् 1970, नासा डिस्टिंग्वश्ड सर्विस मेडल, अमेरिकी एकेडेमी ऑफ अचीवमेंट गोल्डन प्लेट अवार्ड, राबर्ट एच गोडार्ड मैमोरियल ट्रॉफी इत्यादि से विभूषित किया जा चुका है।

लोवेल 4 दिसंबर, 1965 से 17 अप्रैल, 1970 के बीच 4 बार अंतरिक्ष यात्राएँ कर चुके हैं तथा अंतरिक्ष में कुल 29 दिन 19 घंटे का समय गुजार चुके हैं। उनकी प्रथम उड़ान जेमिनी-7 मिशन के द्वारा (जिसमें वे पायलट थे), द्वितीय उड़ान जेमिनी-12 मिशन के द्वारा (जिसमें वे कमांडर थे), तृतीय उड़ान अपोलो-8 मिशन के द्वारा (जिसमें वे कमांड मॉडयूल पायलट थे) तथा चौथी उड़ान अपोलो-13 के द्वारा (जिसमें वे

चित्र-16.1 : स्प्रिंगफील्ड स्थित अब्राहम लिंकन प्रेसीडेन्सियल पुस्तकालय में अंतरिक्ष यात्री जेम्स लोवेल

कमांडर थे) पूरी हुई। अपोलो-13 मिशन चंद्र सतह पर नहीं उतर सका। (सर्विस मॉडयूल क्रायोजेनिक ऑक्सीजन तंत्र की असफलता के कारण)। लेकिन इसे अंतरिक्ष इतिहास का सबसे बड़ा रेस्क्यू ऑपरेशन मिशन मानते हैं। इस मिशन के द्वारा तीनों अंतरिक्ष यात्रियों को बड़ी सावधानी से पृथ्वी पर लाया जा सका।

पूर्व राष्ट्रपति लिंडन बी जॉनसन ने कैप्टन लोवेल को जून 1967 में भौतिक फिटनेस और स्पोर्ट्स के लिए अपना सलाहकार बनाया। सन् 1970 में जब राष्ट्रपति निक्सन के अधीन भौतिक फिटनेस कौंसिल रिवाइज की गई तो उन्हें कौंसिल के चेयरमैन का अतिरिक्त भार सौंपा गया।

लोवेल का यह साक्षात्कार 'यूनीवर्स टुडे' वेब साइट के द्वारा 23 सितंबर, 2010 को लिया गया, जब उन्हें स्प्रिंगफील्ड में अब्राहम लिंकन राष्ट्रपति पुस्तकालय और म्यूजियम की ओर से 'लिंकन प्राइज' प्रदान किया गया। लोवेल ने म्यूजियम को भी घूम-घूमकर देखा और कहा, ''यह अति सुंदर म्यूजियम और पुस्तकालय है, जो हमारे महानतम राष्ट्रपतियों में से एक को समर्पित किया गया है तथा प्रत्येक अमेरिकी को यहाँ आकर यह समझना चाहिए कि हमारा देश क्या है और हमारे देश के लोग क्या थे (जैसे अब्राहम लिंकन) एवं उन्होंने देश को महान् बनाने में क्या योगदान दिया।''

इस अवसर पर लोवेल ने कहा कि 'लिंकन प्राइज' को ग्रहण करते हुए मैं अपने को बहुत गौरवान्वित महसूस कर रहा हूँ और वर्षों के अंतराल में मैंने राष्ट्रपति लिंकन से कृतसंकल्प (कमिटमेंट) की भावना सीखी है, ''यदि आप कोई महान् कार्य करते हैं (लिंकन की तरह) जिन्होंने स्वयं करके दिखाया तो उसके लिए संकल्प आवश्यक है। मैं 'लिंकन प्राइज' के लक्ष्यों से अपने को बहुत आनंदित महसूस करता हूँ और वह भी इस प्राइज को ग्रहण करनेवाले के रूप में मेरे दिल में लिंकन साहब के प्रति एक विशिष्ट श्रद्धा आ गई है।''

लोवेल का यह साक्षात्कार दो भागों में किया गया है। प्रस्तुत हैं साक्षात्कार के प्रथम भाग के कुछ अंश।

प्रश्न : क्या आपको व्यावसायिक अंतरिक्ष कंपनियों पर भरोसा है कि वे लोगों को अंतरिक्ष में ले जा सकेंगी?

लोवेल : यह एक अच्छा प्रश्न है, क्योंकि नए प्रस्ताव का एक भाग व्यावसायिक अंतरिक्ष उड़ानों के लिए प्रयासों और धन पर जोर देता है। अब आपको इस बात पर ध्यान देना है कि व्यावसायिक शब्द की परिभाषा क्या है? मेरे मस्तिष्क में व्यावसायिक का मतलब है जब कोई व्यवसायी अंतरिक्ष में जाने के लिए प्रमोचन तंत्र और अंतरिक्ष यान को विकसित करने का अवसर प्राप्त करता है। इसके लिए वह अपने खुद के संसाधनों को प्रयोग में लाता है, अपने तंत्र के निर्माण और जाँच के लिए विकास करता है, मनुष्य के लिए इसे व्यावहारिक बनाता है तथा उसके बाद इस वेहिकल और तंत्र को नासा अथवा एफ.ए.ए. को अंतरिक्ष पर्यटन के लिए प्रस्तावित किया जाता है। मेरी नजर में यही चीज व्यावहारिक कहलाती है।

अब सरकारी कार्यक्रम के अंतर्गत सरकार अपनी पूँजी इसमें लगाती है तथा इसका विकास और निर्माण करती है। सरकार की सीमाओं के अंतर्गत स्वतंत्र व्यावसायिक तंत्र है, जिसे हम प्राइवेट सेक्टर कहते हैं, जिसे करने के लिए ठेकेदार होते हैं। इस तरह के कुछ उदाहरण हैं—बोइंग, लाकहीड, जनरल डाइनामिक्स इत्यादि। इन कंपनियों के पास अंतरिक्ष आर्टीफैक्टस, प्रमोचन तंत्र, अंतरिक्ष यान के विकास का 40-50 वर्ष का अनुभव है। बिना सिद्धहस्त तंत्र (अनप्रोवेन) में सरकारी पैसा लगाना आज के युग में पैसे की बरबादी कही जाती है।

बोइंग कंपनी अब व्यावसायिक कार्यों में पैसा लगाने की सोच रही है। उनके पास वैसा करने की क्षमता है। लेकिन नई कंपनियों जैसे 'स्पेस एक्स.' के पास इतनी क्षमता नहीं है। हालाँकि इस कंपनी ने एक अच्छा बूस्टर विकसित किया, जिसकी एक उड़ान हो चुकी है। लेकिन यदि इस प्रकार की कंपनियाँ इस प्रकार के तंत्र अपने निजी दम पर विकसित करके मानवोपयोगी बना सकती हैं तथा यदि उनके पास अंतरराष्ट्रीय अंतरिक्ष

स्टेशन में जाने के लिए समुचित प्रमोचन तंत्र है तो मुझे पूरा विश्वास है कि नासा इस तरह की कंपनियों को अवश्य ठेका देगा। लेकिन अंतरिक्ष गतिविधियों पर खर्च करने के लिए हमारे पास सीमित धन है। इसीलिए मैं सोचता हूँ कि इन गतिविधियों को पूरा करने का अवसर उन्हें देना चाहिए, जिनके पास एक प्रमोचन तंत्र बनाने का ज्ञान और विशेषज्ञता है तथा उनके साथ इस तरह की चीजों के बनाने का इतिहास जुड़ा हुआ है।

कुछ कंपनियाँ ऐसी हैं, जिनका ध्यान उपकक्षीय (सब-आरबिटल) उड़ानों पर है, जैसे रिचर्ड ब्रैंसन की कंपनी वर्जिन गैलेक्टिक बर्ट रटन के 5-6 मिनट की भारहीनता प्रदान करनेवाले प्रोजेक्ट तंत्र को अधिक प्रस्तरित करना चाहती है। जेफ बेजोज की अमेजन-काम एक अन्य इस प्रकार की कंपनी है। ये वास्तविक मामले में व्यवसायी हैं। यदि वे अपने प्रमोचन यान तथा तंत्र का निर्माण कर सकते हैं तथा ऐसा सोच सकते हैं कि पर्यटन के लिए मार्केट उपलब्ध है तो यह स्पष्ट हो जाता है कि मार्केट के लिए ओपनिंग है।

यदि आप व्यावसायिक कंपनियों को देखें (जैसे कि आरबिटल कंपनी) तो आपको पूछना होगा कि वहाँ लोग क्या कर सकते हैं। वर्तमान में अंतरिक्ष की कक्षा में जाने का केवल एक ही स्थान है और वह है अंतरराष्ट्रीय अंतरिक्ष स्टेशन। रूसी वहाँ पर पहले से ही हैं। चीनी लोग एक अंतरिक्ष स्टेशन बनाने की बात कर रहे हैं, लेकिन व्यावसायिक कक्षीय अंतरिक्ष उड़ान के लिए कोई अन्य मानवयुक्त मार्केट नहीं है। अब अनेक मानवरहित व्यावसायिक प्रचालन उपलब्ध हैं—मिलिटरी के लिए उपग्रह, ग्लोबल पोजीशनिंग तंत्र (जी.पी.एस.), संचार, मौसम तथा अन्य बहुत कुछ जो भविष्य में घटित होनेवाला है। मैं समझता हूँ कि बोइंग प्रमोचन यानों ने 80 से भी अधिक व्यावसायिक अंतरिक्ष उड़ानों के द्वारा उपग्रहों को अंतरिक्ष की कक्षा में स्थापित किया है। लेकिन पृथ्वी की निम्न कक्षा लोगों के लिए अधिक उपयोगी है, जहाँ पर हम जाना चाहते हैं। जब तक हमारे पास अंतरिक्ष पर्यटक नहीं होंगे, जो पृथ्वी के इर्द-गिर्द अथवा अंतरराष्ट्रीय अंतरिक्ष स्टेशन में जाने के इच्छुक हों, तब तक वास्तव में कोई मार्केट नहीं होगा। अंतरिक्ष यात्रियों को अंतरराष्ट्रीय अंतरिक्ष स्टेशन में भेजने के लिए केवल सरकारी व्यवस्था उपलब्ध होगी।

प्रश्न : मानवयुक्त अंतरिक्ष उड़ानों से विशेषकर मुश्किल आर्थिक दौर में क्या-क्या फायदे होंगे?

लोवेल : इसका भी उत्तर वही है जो मर्करी, जेमिनी और अपोलो परियोजनाओं के समय था। प्रथम तो यही है कि तकनीकी का विकास होगा। युद्ध के समय तकनीकी के विकास का यह केवल एक ही तरीका था। जब तकनीकों के साथ नासा आगे आया और पब्लिक सेक्टर में तकनीकों का फैलाव हुआ तो उसका परिणाम आप देख सकते हैं, विशेषकर सूचना उद्योग में। दूसरी चीज जो आपको ध्यान में रखना है, वह है कि एक

समय शिक्षा का अभाव था जब रूस ने स्पुतनिक-1 अंतरिक्ष में स्थापित किया तो हर एक यही पूछ रहा था कि यह कैसे हुआ और हम लोग क्यों नहीं कर पाए? यह बात शिक्षा के क्षेत्र में फैल गई। मैं आपको बता नहीं सकता कि कितने लोगों ने मुझे यह बात बताई कि जब वे युवा थे तो उन्होंने अंतरिक्ष कार्यक्रम का अनुकरण किया; उसने उनके इंजीनियरिंग अथवा मेडिकल क्षेत्र में जाने के चयन को प्रभावित किया।

फिर एक विचार मन में आता है कि मानव के रूप में हम क्या करें? विश्व धीरे-धीरे छोटा होता जा रहा है। अंतरिक्ष में हम कोई भी चीज केवल अपने अकेले दम पर नहीं कर सकते हैं, इसीलिए हमें एक साथ मिलकर कार्य करने की आवश्यकता है। अब हमारे पास एक अंतरराष्ट्रीय अंतरिक्ष स्टेशन है, जिसका निर्माण विश्व के 16 देश मिलकर एक कार्यक्रम के अंतर्गत कर रहे हैं, जो (कार्यक्रम) विवादास्पद नहीं है। इसके माध्यम से हम दूसरे देशों को जान पाए हैं तथा हमारे बीच एक घनिष्ठता बन गई है।

अभी तक चीन अकेले ही इस क्षेत्र में कार्य कर रहा है (जो कुछ भी वह करना चाहता है)। लेकिन यदि वे अपना लक्ष्य प्राप्त कर लेते हैं तो शायद चीन भी एक साथ कार्य करने के लिए अन्य देशों के समूह (कंसोर्टियम) को ज्वॉइन कर ले। अब मानवयुक्त उड़ान के विषय में दीवाल में जाकर पिन प्वॉइंट करें और मुझसे पूछें, ''हाँ ठीक है, हम मंगल ग्रह में जाना चाहते हैं—क्यों? वहाँ हम क्या करेंगे'' तो मैं आप को दिल की गहराई से कह सकता हूँ कि मैं कुछ नहीं कह सकता। मैं नहीं जानता।

लेकिन मुझे आपको एक बात कहनी है। कोई मंगल ग्रह में जा रहा है। इसकी पर्याप्त तकनीकी हमारे पास है। यह मात्र समय के साथ प्रयास करनेवाली बात है और धन उपलब्ध कराया जाना है। प्रारंभिक कंसल्टेशन कार्यक्रम, जिसका हमने सावधानी से डिजाइन किया था, उसका उद्देश्य एक वेहिकल का विकास करना था, जिससे हम अंतरिक्ष स्टेशन में जा सकें, क्योंकि शटल रिटायर होनेवाली है। एरीस रॉकेट का विकास इसीलिए किया जा रहा था, जिससे चंद्रमा पर पुन: जा सकें। अभी हमने चंद्रमा के लघु भाग का ही अन्वेषण किया है। यह पूरी योजना थी। यह 10 या 15 वर्ष में चंद्रमा में जाने की योजना नहीं थी। यह योजना थी एक स्पाट (या लक्ष्य) तक पहुँचना तथा वहाँ से दूसरे स्पाट की ओर बढ़ना। संभवत: उसके द्वारा और भी देश इससे जुड़ते।

प्रश्न : यदि धन रुकावट नहीं था और राष्ट्रपति कहते हैं कि हम चंद्रमा या मंगल ग्रह जाएँगे तो आप किस चीज की पैरवी करेंगे?

लोवेल : मेरा प्रस्ताव होगा कि हमें वापस उस कार्यक्रम की ओर जाना चाहिए, जिसके लिए हमने कंसल्टेशन विकसित किया है। इसके लिए यहाँ तक कि हमारे अपने देश में ही मतभेद हैं। कुछ कहते हैं कि हम चंद्रमा पर हो आए हैं और वहाँ का काम पूरा

चित्र-16.2 : हिकम वायुसेना बेस में राष्ट्रपति निक्सन अपोलो-13 के अंतरिक्ष यात्रियों की पृथ्वी पर सकुशल वापसी के समय अपोलो-13 के कमांडर ज़िम लोवेल को बधाई देते हुए।

हो गया है। इसलिए अब हमें मंगल ग्रह या किसी क्षुद्र ग्रह में जाना चाहिए।

सन् 1960 में हम लोग बहुत सौभाग्यशाली थे कि हमने अपोलो कार्यक्रम विकसित किया तथा सफलता पाई। मुझे बड़ा आश्चर्य लगा जब सन् 1961 में हमने राष्ट्रपति केनेडी की घोषणा सुनी कि इस दशक के अंत में हम चंद्रमा पर जानेवाले हैं। उस समय मेरे मुँह से निकला था 'असंभव'। इसलिए मंगल ग्रह के मामले में भी मुझसे गलती हो सकती है।

साक्षात्कार का दूसरा भाग

साक्षात्कार के दूसरे भाग के पहले लोवेल ने लिंकन साहब की प्रशंसा की और कहा, ''सही प्रमाणपत्रों के साथ मैं सही समय में सही स्थान पर था, क्योंकि मुझमें ऐसी कोई खास बात नहीं थी, जिससे कि मैं आज इस स्थल (लिंकन् प्राइज ग्रहण करने के लिए) पर हो सकता।'' रिचर्ड के. डेविस ने लोगों से लोवेले का परिचय कराया और कहा, ''नासा के पास ही समय पर सही लीडर था। अनेकों की मदद से लोवेल और उनके दोनों सहयोगी अंतरिक्ष यात्रियों ने अपोलो-13 को पृथ्वी पर वापस लाने में अत्यधिक साहसपूर्ण लेकिन आश्चर्यजनक भूमिका निभाई। नासा ने पाया कि उसके पास ठंडे दिमागवाला, शांत, निपुण और धैर्यशाली लीडर था, जिसने अंतरिक्ष यात्री दल एवं

राष्ट्र को 'ह्यूस्टन हम मुसीबत में फँस गए हैं' के गर्त से निकालकर 'अमेरिका, हमारे पास करिश्मा है' की वास्तविकता तक पहुँचाया।'' इस अवसर पर डेविस ने लोवेल के विख्यात उद्धरण को दोहराया, ''कुछ लोग घटनाक्रम को घटित कराते हैं, कुछ लोग घटनाक्रम को घटित होते हुए देखते हैं तथा कुछ लोग घटित घटनाक्रम को देखकर आश्चर्य करते हैं। सफल बनने के लिए आपको घटनाक्रम को घटित करानेवाला व्यक्ति बनने की आवश्यकता है।''

साक्षात्कार भाग-2

प्रश्न : हम लोग चंद्र सतह पर आखिरी व्यक्ति के पदार्पण की लगभग 40वीं वर्षगाँठ पर पहुँच गए हैं। इस संदर्भ में आपके क्या विचार हैं?

लोवेल : यह दुखद यादगार है। मैं समझता हूँ कि यह एक युग का अंत है। वर्षगाँठ समाप्त होती जाएँगी, लेकिन हम दुबारा नहीं मिल पाएँगे। हमें एक अच्छा अंतरिक्ष कार्यक्रम बनाना चाहिए, जिस पर हम गर्व कर सकें। कभी-कभी हम भूतकाल में बहुत ज्यादा रहने लगते हैं, लेकिन यहाँ पर भविष्य है।

प्रश्न : आपने कब अंतरिक्ष यात्री बनने का निर्णय किया?

लोवेल : जब मैं हाई स्कूल में था तो खगोल विज्ञान और रॉकेट विज्ञान में मेरी दिलचस्पी थी। एक व्यक्ति उस समय था, जिसका मैं बहुत बड़ा प्रशंसक था। वे थे आधुनिक रॉकेट विज्ञान के पितामह, जिनका नाम राबर्ट गोडार्ड था। मैं वास्तव में रॉकेट इंजीनियर बनना चाहता था। इसलिए मैंने अमेरिकी रॉकेट सोसाइटी के सेक्रेटरी को एक चिट्ठी लिखकर यह पूछा कि मैं रॉकेट इंजीनियर कैसे बन सकता हूँ? उन्होंने बताया कि उस समय इस प्रकार का कोई स्कूल नहीं था, जो उस प्रकार के विशिष्ट अध्ययन पर जोर देता हो। लेकिन उन्होंने सलाह दी कि एम.आई.टी. अथवा कैलटेक में जाने के लिए हमें मेकैनिक्स अथवा गणित विषय लेना चाहिए (साथ में थर्मोडाइनामिक्स भी)। लेकिन मेरे पिता की मृत्यु उस समय हो गई थी जब मैं छोटा था तथा मेरे पास इन जगहों में जाने के लिए धन नहीं था। इसलिए मैंने इन चीजों का विचार छोड़ दिया। लेकिन मैंने 'आर.ओ.टी.सी.' छात्रवृत्ति के लिए आवेदन किया तथा मेरा आवेदन स्वीकृत हो गया था। मैं विसकांशिन विश्वविद्यालय दो वर्ष के लिए गया तथा वहाँ से मुझे नेवल एकेडेमी में नियुक्ति मिल गई। मैं वहाँ (नेवल एकेडेमी) में 4 वर्ष रहा तथा वहाँ मेरी नियुक्ति नेवी में हो गई। वहाँ मैं नेवल एवियेटर हो गया, जो कि मेरा दूसरा लक्ष्य था। इसका कारण यह था कि मेरे चाचा नेवल एवियेटर रह चुके थे। उन्होंने मुझे वहाँ की सारी कहानियाँ बता रखी थीं। उसके बाद मैं नेवी के लिए टेस्ट पायलट स्कूल गया और जब नासा अंतरिक्ष यात्रियों की तलाश में था तो मुझे यह बड़ा अच्छा अवसर प्रतीत हुआ और

ऐसा लगा जैसे कि मेरे लिए उड़ान व रॉकेटों की शादी हो रही हो, जिसकी योजना मैंने बनाई हो।

प्रश्न : अंतरिक्ष में आपकी पिछली चार उड़ानों की क्या मधुर स्मृतियाँ रही हैं?

लोवेल : मेरे लिए अपोलो-8 की उड़ान सबसे अधिक प्रेरणादायक उड़ान रही है। मैं आशा करता हूँ कि इसने पृथ्वी को एक संदेश भेजा, जो हम लोगों के मस्तिष्क में था। वहाँ पर जो सबसे प्रभावशाली दृश्य मैंने देखा, वह चंद्रमा नहीं था और न ही चंद्रमा के दूरस्थ स्थलों के दृश्य थे और न ही क्रेटर थे। यह पृथ्वी का दृश्य था। पृथ्वी सबसे ज्यादा प्रभावित करनेवाला दृश्य था। जैसे हम लोग चंद्रमा के दूरस्थ स्थलों के ऊपर से उड़े और वहाँ से पृथ्वी को क्षैतिज के ऊपर देखा तो मैंने ब्रह्मांड के एक अद्‌भुत रंग का अवलोकन किया। नीले रंग के समुद्र, सफेद बादल, गुलाबी और अन्य रंगों की चीजें भी थीं। वहाँ से मैं अपने अँगूठे के पीछे सारी पृथ्वी को छिपा सकता था। उसके बाद यह मेरे ऊपर आच्छादित हो गई। जिन सभी चीजों को जिन्हें मैंने कभी जाना—मेरा परिवार, मेरा देश, मेरी दुनिया, ये सभी मेरे अँगूठे के पीछे आ गए थे। इस प्रकार इस लघु चीज (अंतरिक्ष यान) के अंदर हम चक्कर लगा रहे थे।

मैंने सोचा कि इस लघु चीज के अंदर हम सभी मिशन अंतरिक्ष यात्री सीमित संसाधनों के साथ वैसे ही रहे थे, जैसे किसी स्टारशिप में रहे थे। एक तरह से यह भी अपोलो-13 की भाँति था तथा हमने उसमें एक साथ रहना और कार्य करना सीखा। मैं आशा करता हूँ कि वह संदेश पृथ्वी के लोगों के लिए फिर लाऊँ।

लेकिन मैं अपोलो-13 की कुछ अन्य यादों को भी बताना चाहता हूँ, वह था 'स्प्लैशडाउन' अर्थात् वापसी। पैराशूट को देखना, समुद्र में कैप्सूल का तैरना तथा एक गोताखोर को कैप्सूल के दरवाजे को टकटकाना (नॉक करना) जैसी कुछ ऐसी चीजें थीं जो अत्यधिक भावनात्मक थीं।

प्रश्न : आपको कौन सी चीज सबसे अधिक खतरनाक लगी—अपोलो-13 का विस्फोट अथवा सर्विस मॉड्यूल की जेट फायरिंग (तथा इस बात की उधेड़बुन कि क्या हीट शील्ड अब भी वैसी ही थी)?

लोवेल : सबसे निम्न बिंदु विस्फोट था, जिसे हम लोगों ने तब तक नहीं महसूस किया कि यह एक विस्फोट था जब तक कि हमने अंतरिक्ष यान के बाहर ऑक्सीजन को रिसते (लीक) हुए नहीं देखा। अपने उपकरणों के द्वारा हमने देखा कि हम पूरी तरह बिना ऑक्सीजन के हो सकते हैं। इसका मतलब यह भी था कि हम बिना बिजली पावर के हो जाएँगे और चूँकि हम रॉकेट इंजन को नियंत्रित करने के लिए विद्युत् पावर का प्रयोग कर रहे थे। इसलिए हमारा नोदन तंत्र भी बेकार हो गया। हमें पता लग गया कि हम कमांड मॉड्यूल खोनेवाले हैं। लेकिन केवल वही एक ऐसी चीज थी, जिसमें हीट

शील्ड थी, जिसके द्वारा हम पृथ्वी को वापस आ सकते थे।

जैसे-जैसे हम इन सबके बीच से गुजरते हुए समस्याओं को एक-एक करके समाधित करते जा रहे थे, तभी हम पृथ्वी की ओर वापस लौटे और सर्विस मॉड्यूल को प्रज्वलित किया तथा देखा कि विस्फोट ने पूरे साइड पैनेल को ध्वस्त कर दिया था, लेकिन हमें हीड शील्ड के विषय में आश्चर्य हुआ जो कि हमारे ठीक पीछे थे (और सोचा कि क्या होता यदि विस्फोट से इसमें दरार आ जाती)। लेकिन उस बिंदु पर हम कुछ नहीं कर सकते थे तथा कोई समाधान भी नहीं था। जो कुछ भी हम लोगों के बस में था, वह सब हम कर चुके थे। जब हम लोगों ने पृथ्वी के वायुमंडल में प्रवेश किया तो हम केवल आशा कर सकते थे कि हीट शील्ड बिलकुल ठीक (इनटैक्ट) होगी—और यह बिलकुल ठीक थी।

प्रश्न : क्या अंतरिक्ष कार्यक्रम से आप अन्य प्रकार के व्यवसाय में चले गए? कैसा लगा?

लोवेल : नासा और नेवी से सेवानिवृत्त होने के बाद मैं कुछ करने की सोच रहा था। मैं हावर्ड विश्वविद्यालय में एडवांस्ड मैनेजमेंट कार्यक्रम के लिए गया तथा व्यवसाय के विषय में काफी चीजें सीखीं। मेरे कुछ मित्रों के पास टगबोट कंपनी थी और एक दोस्त ने मुझे जॉब ऑफर किया। चूँकि मैं एक नेवी ऑफिसर था, जिसने जलयानों और जल के साथ काफी कार्य किए थे। इसीलिए मैंने सोचा कि मैं इसे हैंडल कर सकता हूँ। मैं इस प्रकार के कार्यों में 5 वर्ष रहा। उसके बाद मैं दूरसंचार व्यवसाय में चला गया, जो सौभाग्यशाली टाइमिंग थी, क्योंकि ए.टी. एंड टी. का डीरेगुलेशन काफी समीप था। हम डिजिटल तंत्र बेच रहे थे, जबकि ए.टी. एंड टी. के पास अनालाग तंत्र थे और हम तंत्रों की बिक्री कर सकते थे (बजाय सोचते कि पहले यह कैसे किया गया था जहाँ पर उपभोक्ताओं ने फोन कंपनी से उपकरण लीज पर लिये थे)।

प्रश्न : जब आप इस म्यूजियम और पुस्तकालय (अब्राहम लिंकन प्रेसीडेंशियल लाइब्रेरी एंड म्यूजियम, स्प्रिंगफील्ड) में इस समय बैठे हुए हैं तो भूतकाल को सोचकर आपके मस्तिष्क में क्या विचार आते हैं?

लोवेल : यह पुस्तकालय एवं म्यूजियम मात्र कोई ऐसी चीज नहीं है, जिसके द्वारा राष्ट्रपति लिंकन के समय की बातें मालूम होती हैं। यह सभी वर्गों के लोगों को यह शिक्षा देता है कि भविष्य में हम अपने देश को कैसे एकजुट रख सकते हैं। देश के विभिन्न म्यूजियमों, जैसे एयर एंड स्पेस म्यूजियम में हम यह दिखाते हैं कि अंतरिक्ष उड़ान के क्षेत्र में लोगों ने भूतकाल में क्या किया है। यहाँ और वहाँ पर हमने (विभिन्न म्यूजियमों के माध्यम से) यह प्रदर्शित करने का प्रयास किया है कि लोग विभिन्न चीजों को करने लिए किस तरह दृढ़ संकल्प हैं। लिंकन देश को सुरक्षित रखने के प्रति दृढ़

चित्र-16.3 : अपोलो-13 मिशन की सुरक्षित वापसी के समाचार को एक अखबार में पढ़ते हुए कमांडर जेम्स लोवेल

संकल्प थे। इस तरह का एक संस्थान (इंस्टीट्यूशन) उन युवा लोगों को अवसर प्रदान करता है कि उन लोगों से वे कुछ सीखें, जो देश को मजबूत बनाने के प्रति दृढ़ संकल्प थे; इससे प्रत्येक की भविष्य के प्रति आशा बढ़ती है।

प्रश्न : अपोलो-13 मिशन के बाद आपने पिछले 20 सालों से एक पुस्तक 'लास्ट मून' लिखी है। इतना ज्यादा समय क्यों लगा?

लोवेल : जब हम लोग अपोलो-13 से वापस लौटे तो हम तीनों अंतरिक्ष यात्रियों ने कहा कि यह एक खास और असामान्य उड़ान थी, इसलिए हमें इस पर एक पुस्तक लिखनी चाहिए। इसीलिए हमने कहा कि हम एक साथ मिलकर कुछ लिखने जा रहे हैं। लेकिन जैसा प्राय: होता है, जैसे-जैसे समय बीतता गया, हम लोगों के पास बहुत से कार्य आ गए। हम तीनों लोगों की जिंदगी व्यस्त हो गई। जैक स्विगर्ट ने कोलोरैडो में राजनीति ज्वॉइन कर ली और उसके कुछ समय बाद उनकी मृत्यु हो गई। फ्रेड हेज ग्रूमैन के साथ एरोस्पेस व्यवसाय में चले गए तथा मैं टेलीफोन व्यवसाय में चला गया। लेकिन उसके बाद मैं रिटायर हो गया तथा मुझे एक युवा व्यक्ति (जेफ्री क्लगर) का टेलीफोन आया, जिसने मुझसे कहा कि उसने इसके पहले कोई किताब नहीं लिखी थी। लेकिन वह 'डिस्कवर' पत्रिका के लेखक थे।

एक लंबी कहानी को संक्षिप्त बनाने के लिए मुझे उनका (क्लगर) तरीका पसंद आया तथा उनके साथ मिलकर अपोलो-13 पर पुस्तक अपोलो-13 मिशन की समाप्ति के 22 वर्ष बाद लिखी। लेकिन आपको यह याद रखना है कि अपोलो-13 मिशन असफल रहा था। मेरा मतलब है कि केवल एकमात्र परीक्षण (इस संदर्भ में) जो वास्तव में पूरा किया गया था वह मिशन नियंत्रण टीम के द्वारा पूरा किया गया था। जब उन्होंने हमारे बूस्टर की तीसरी स्टेज का प्रसाधन (मनूवर) इस तरह किया, जिससे यह चंद्रमा को हिट करे, जिससे कि अपोलो-12 मिशन के भूकंपमापी (सेस्मोमीटर) चंद्रमा से हिट होने के स्पंदन को पिकअप कर सकें और चंद्र सतह के विषय में कुछ जान सकें। इस प्रकार इसके अलावा अन्य कोई सफल परीक्षण नहीं था। केवल एक मात्र चीज जो हम उस समय कर रहे थे, वह था वापस पृथ्वी ग्रह में आने का प्रयास।

वापस आने के कई वर्षों बाद मुझे निराशा महसूस हुई। मैंने भी अन्य अपोलो अंतरिक्ष यात्री दलों की भाँति चंद्र सतह पर लैंड करना चाहा था। लेकिन वह संभव नहीं हो सका। लेकिन जब मैंने किताब लिखना प्रारंभ किया तो प्रारंभिक दौर में मैंने महसूस किया कि हाँ मिशन असफल रहा था। लेकिन जब लेखन में और प्रगति की तो मैंने यह महसूस किया कि मिशन नियंत्रण टीम ने हम लोगों को वापस पृथ्वी में लाने के लिए कितनी कड़ी मेहनत से काम किया और तब मैंने यह महसूस किया कि यह वास्तव में एक विजय थी (जिस तरीके से लोगों ने इस संकट पर विजय पाई) तथा इसका श्रेय नासा में सभी स्तर पर अच्छे नेतृत्व को जाता है, अच्छे टीम वर्क को जाता है, जो नेतृत्व के फलस्वरूप बन पाया, अच्छी कल्पना और अच्छी पहल (इस चीज को इंगित करने के लिए कि अंतरिक्ष यान में उपलब्ध साधनों को प्रयोग करते हुए कैसे वापस पृथ्वी पर लौटें) को जाता है, लोगों के लगातार किए गए प्रयासों को जाता है, जो आत्मविश्वास के साथ आखिरी घड़ी तक लगे रहे (भले ही यह लगने लगा था कि अब कुछ नहीं हो सकता है)। जूल्स बर्गमैन (ए.बी.सी. साइंस रिपोर्टर) ने केवल 10 प्रतिशत की संभावना बताई थी तथा मेरी पत्नी ने उसे इस बात के लिए कभी माफ नहीं किया।

□

17

पामेला मेलर्वाय : स्पेस शटल की द्वितीय महिला कमांडर

पामेला मेलर्वाय का जन्म 17 सितंबर, 1961 को कैलीफोर्निया के पालो आल्टो में हुआ। उनका विवाह डगलस डब्ल्यू. होलेट से हुआ। पामेला के माता-पिता डेविड और हेलेन मेलर्वाय न्यूयॉर्क में रहते हैं तथा पामेला भी न्यूयॉर्क को ही अपना घर मानती हैं। पामेला के व्यक्तिगत शौकों में थियेटर, टैंप और जॉज नृत्य, खाना बनाना, उड़ना शामिल हैं।

पामेला ने सन् 1979 में राचेस्टर के बिशप किपर्नी हाई स्कूल से ग्रेजुएशन किया। सन् 1983 में वेलेस्ली कॉलेज से भौतिकी और खगौलिकी में विज्ञान की बैचलर डिग्री प्राप्त की तथा सन् 1984 में मेसाचूसेट्स तकनीकी संस्थान से भू और ग्रहीय विज्ञान में मास्टर ऑफ साइंस की डिग्री प्राप्त की। सन् 1983 में वायुसेना आर.ओ.टी.सी. कार्यक्रम के अंतर्गत पामेला की नियुक्ति की गई। मास्टर डिग्री पूरी करने के बाद उन्होंने टेक्सास में अंडरग्रेजुएट पायलट ट्रेनिंग ली (ल्युबक के टीस वायुसेना बेस में)। पामेला के पास 5,000 घंटे का 50 विभिन्न प्रकार के वायुयानों का फ्लाइंग अनुभव है। सन् 2007 में पामेला ने वायुसेना से सेवानिवृत्ति ले ली।

पामेला का दिसंबर सन् 1994 में अंतरिक्ष यात्री उम्मीदवार के रूप में चयन हुआ तथा उन्होंने मार्च 1995 में जॉनसन अंतरिक्ष केंद्र में रिपोर्ट किया। पामेला स्पेस शटल के द्वारा तीन बार अंतरिक्ष यात्रा कर चुकी हैं और तीन अंतरिक्ष उड़ानों के द्वारा उन्होंने अंतरिक्ष में कुल 38 दिन 20 घंटे का समय गुजारा। पामेला की ये तीन उड़ानें थीं एस.टी.एस.-92 (जिसमें वे स्पेस शटल पायलट थीं), एस.टी.एस.-112 (स्पेस शटल पायलट) तथा एस.टी.एस.-120 (जिसमें वे स्पेस शटल की कमांडर थीं)। ये तीन उड़ानें

अंतरराष्ट्रीय अंतरिक्ष स्टेशन 'अल्फा' के लिए थीं।

पामेला मेलर्‌वाय का यह साक्षात्कार 27 सितंबर, 2007 को उनकी स्पेस शटल की उड़ान एस.टी.एस.-120 के पहले लिया गया था, जिसमें वे स्पेस शटल की पहली बार द्वितीय महिला कमांडर बनीं।

चित्र-17.1 : स्पेस शटल की द्वितीय महिला कमांडर पामेला मेलर्‌वाय

प्रश्न : ठीक है, हमारा साक्षात्कार एस.टी.एस.-120 की कमांडर पामेला मेलर्‌वाय के साथ प्रारंभ होता है। हमें ज्वॉइन करने के लिए धन्यवाद।

पामेला : मुझे खुशी है।

प्रश्न : पाम, हम लोग पहले संक्षिप्त में इस आई.एस.एस. (अंतरराष्ट्रीय अंतरिक्ष स्टेशन) असेंबली मिशन के लक्ष्यों की चर्चा करेंगे।

पामेला : यह एक अत्यंत जटिल असेंबली मिशन है। उसका कारण यह है कि हमें वास्तव में दो लक्ष्यों की प्राप्ति करनी है। प्रायः जब कोई असेंबली मिशन होता है तो उस समय हम एक बड़े अवयव को डिलीवर और सक्रिय (एक्टिवेट) करते हैं। इस मिशन में हम लोग वास्तव में दो चीजें कर रहे हैं। हमारी प्रथम गतिविधि नोड-2 को डिलीवर करनी होगी, जिसका नाम हार्मोनी रखा गया है। यह मूल रूप से अंतरिक्ष स्टेशन की सभी वैज्ञानिक प्रयोगशाला सेक्शन का हब है। इसलिए हम इसे डिलीवर करेंगे। वास्तव में हम इसे नोड-1 साइड से हटाएँगे, क्योंकि जब हम अंतरिक्ष स्टेशन से अलग (अनडाक) होंगे तो यह अपनी निर्धारित स्थिति में नहीं जा सकेगा। इस तरह इसके साथ काफी जटिलता जुड़ी हुई है। इसके अलावा हम 'पी 6' सौर एरे मूव करेंगे, जो वर्तमान में 'जेड-1' ट्रस के ऊपर स्थित है तथा वहाँ पर यह सन् 2000 से है, जब इसे डिलीवर किया गया था तथा प्रथम स्थायी अंतरिक्ष यात्री दल वहाँ पर रहने के लिए आया था। इसलिए इसे हम पोर्ट ट्रस के आखिरी छोर तक मूव करेंगे।

पामेला : क्या आप उस ऑपरेशन की चर्चा करेंगी जब स्पेस शटल अंतरिक्ष स्टेशन के अत्यंत समीप से गुजरेगी?

पामेला : अनेक विभिन्न कारणों से अंतरिक्ष स्टेशन के बहुत समीप से गुजरना

काफी रोमांचक क्षण होता है। पहली बात तो यही है कि पायलट और कमांडर के लिए हम टेस्ट पायलट होते हैं। इसलिए वेहिकल को फ्लाई करने का कोई भी अवसर वास्तव में ही हमें रोमांचित कर देता है। इसके लिए हम प्रशिक्षण के दौरान इसमें काफी अधिक ध्यान केंद्रित करते हैं, लेकिन व्यक्तिगत स्तर पर काफी रोमांचक होता है, क्योंकि जब आप अंतरिक्ष स्टेशन के काफी समीप पहुँचते हैं तो यह एक अद्‌भुत दृश्य होता है। प्रत्येक व्यक्ति फ्लोरिडा जा सकता है (यदि वह चाहे) तथा स्पेस शटल का प्रमोचन देख सकता है। लेकिन अंतरिक्ष स्टेशन को केवल अंतरिक्ष यात्री ही देख सकता है। यह वास्तव में एक तरह का आश्चर्य देकर प्रेरित करता है, जब आप अंतरराष्ट्रीय अंतरिक्ष स्टेशन के पास पहुँचते हैं। इस तरह वहाँ जाकर इसे देखना बड़ा रोमांचक क्षण होता है। इस बात का विश्वास ही नहीं होता है कि यह कितना बड़ा है।

प्रश्न : आप इसके पहले भी अंतरिक्ष स्टेशन में जा चुकी हैं। जब आप वहाँ जाती हैं तो यह अलग रूप में दिखाई पड़ेगा तथा जब आप इसे छोड़ेंगी तो यह फिर अलग सा दिखाई पड़ेगा। इस विषय में तथा स्टेशन के विकसित होते हुए देखने पर आपके क्या विचार हैं?

पामेला : मैं समझती हूँ कि मेरी पिछली दो उड़ानों में मेरे मिशन के सबसे रोमांचक वे भाग थे, जब आप स्टेशन में अपने द्वारा स्थापित किए गए अवयव को देखते हैं। आपने स्टेशन को अपनी आँखों के सामने ग्रो करते हुए देखा है तथा जानते हैं कि हम इसमें पूरी तरह से शामिल थे। यह भी एक नाटक की भाँति प्रतीत होता है। जब हम असेंबली कार्य कर रहे होते हैं तो अंतरिक्ष स्टेशन प्रत्येक असेंबली कार्य के साथ भिन्न दिखता है। हम जो स्टेशन के चित्र लेते हैं, जो वीडियो खींचते हैं तथा हमारी आँखें जो दृश्य देखती हैं, वह विशिष्ट होता है तथा एक इतिहास होता है।

प्रश्न : अब हम इस मिशन के प्रमुख नीतभार पर अपना ध्यान केंद्रित करते हैं, जिसका नाम हार्मोनी है। क्या आप संक्षिप्त में बतला सकती हैं कि यह क्या है तथा यह क्या काम करेगा और अंतरिक्ष स्टेशन के लिए यह किस प्रकार से महत्त्वपूर्ण है?

पामेला : हार्मोनी अंतरिक्ष स्टेशन में लगाया जानेवाला दूसरा नोड है। हम अपने नोडों (अंतरिक्ष स्टेशन के संदर्भ में) को यह कहते हैं कि ये एक प्रकार के हब होते हैं तथा उनके प्रत्येक छोर पर संलग्नक बिंदु होते हैं तथा चारों ओर 4 संलग्नक बिंदु होते हैं। इस तरह यह (हार्मोनी) वास्तव में विभिन्न सेगमेंटों को एक साथ संलग्न करने की दक्षता है। 'नोड 2' का एक विशिष्ट उद्‌देश्य है। यह सभी अंतरराष्ट्रीय प्रयोगशालाओं (अंतरिक्ष स्टेशन की) का केंद्र एवं हब होगा। इस प्रकार अंत में यह जापानी प्रयोगशाला (किबो) को यूरोपीय प्रयोगशाला (कोलंबस) से और अमेरिकी प्रयोगशाला (डेस्टिनी) से जोड़ेगा। यह एक अति विशिष्ट नाम (हार्मोनी) है और मैं समझती हूँ कि यह अपने शाब्दिक अर्थ को साकार

करता है तथा स्टेशन के अंदर एक 'क्रॉस रोड' बनाता है। यह स्टेशन के अंतरिक्ष यात्रियों के लिए अतिरिक्त आवासीय और कार्य करने की क्षमता भी प्रदान करता है।

प्रश्न : इस मिशन के कमांडर और इसके एक भाग होने के रूप में यह जानते हुए कि हार्मोनी मॉडयूल के स्थापन के बाद स्टेशन का असेंबली कार्य और भी तेजी से बढ़ेगा, आप कैसा महसूस करती हैं?

पामेला : उस दृष्टि से 'नोड-2' बहुत विशिष्ट है। इस तरह के कुछ माइलस्टोन हैं, जो इस अंतरिक्ष स्टेशन के निर्माण में संपन्न हुए हैं। जिस प्रकार किसी विशाल सुविधाओं वाली बिल्डिंग के निर्माण में एक क्षण आता है, जब इसे बिजली की सप्लाई प्रदान की जाती है, इसमें टेलीफोन का कनेक्शन दिया जाता है, आवासीय कमरे बनकर तैयार होते हैं। उसी प्रकार का घटनाक्रम इस स्टेशन के निर्माण में भी होता है। लेकिन हमारे लिए यह एक विशष्टि क्षण है, क्योंकि यह सभी अंतरिक्ष यात्रियों (जो इस स्टेशन में आए) के द्वारा किए गए कार्यों को दरशाता है तथा ग्राउंड स्टेशन से प्रदत्त सहयोग को भी दरशाता है। इसके द्वारा अंतरिक्ष में विज्ञान का भी प्रदर्शन किया जाता है। मैं इसके अंतरराष्ट्रीय अवयव की प्रशंसक हूँ। हम लोग जब चंद्रमा पर गए, तब से अब अंतरिक्ष कार्यक्रम में काफी परिवर्तन आया है। प्रारंभिक अंतरिक्ष कार्यक्रम में अंतरराष्ट्रीय स्पर्धा थी तथा आज का अंतरिक्ष कार्यक्रम पारस्परिक सहयोग से ओतप्रोत है। इस प्रकार की चीज का देखा जाना दिल को छू लेता है।

प्रश्न : स्पुतनिक-1 के प्रमोचन की यह 50वीं वर्षगाँठ है, जिसे अंतरिक्ष युग का प्रारंभ कहा जाता है। अंतरिक्ष यात्रा की प्रगति पर आपके क्या विचार हैं?

पामेला : मैं समझती हूँ कि हमने इसमें काफी कार्य किया है। मेरा यह भी मानना है कि हम और भी बेहतर कर सकते हैं। जब मैं पीछे मुड़कर देखती हूँ, उदाहरणार्थ—प्रथम ऑटोमोबाइल के विकास के 50 वर्ष बाद, तो हम उस समय उस स्थान पर थे, जब कोई भी अपना निजी ऑटोमोबाइल या वायुयान रख सकता था तथा ऑपरेट कर सकता था। लेकिन 50 साल बाद भी हम अंतरिक्ष उड़ान के संदर्भ में उस स्थिति में नहीं हैं। अब यह काफी अधिक जटिल और तकनीकी दृष्टि से मुश्किल हो गया है। लेकिन मुझे आशा है कि आनेवाले 50 वर्षों में हम वह लक्ष्य पूरा कर सकेंगे तथा स्पुतनिक-1 के प्रमोचन के 100 वर्ष बाद कोई भी अंतरिक्ष में जा सकेगा। मैं यह भी आशा करती हूँ कि उस समय हमारे पास बहूद्देशीय अंतरिक्ष यान होंगे, जो अनेक प्रकार के कार्य कर सकेंगे (उसी तरह जैसे हम विभिन्न कार्यों के लिए विभिन्न प्रकार के अंतरिक्ष यान रखते हैं, जैसे जेट फाइटर्स से एयर लाइनर्स से उच्च ऊँचाई तक जानेवाले वायुयान इत्यादि)। मुझे यह भी आशा है कि अब से 50 वर्ष बाद हमारे पास विस्तृत स्पेक्ट्रम उपलब्ध होगा।

प्रश्न : 'दी विजन फॉर स्पेस एक्सप्लोरेशन' हमसे यह उम्मीद करता है कि हम

अंतरिक्ष स्टेशन से और आगे जाएँ। भावी मानवयुक्त अंतरिक्ष अन्वेषण पर आपके क्या विचार हैं?

पामेला : मैं समझती हूँ कि भावी मानवयुक्त अंतरिक्ष अन्वेषण कभी न समाप्त होनेवाली प्रक्रिया है। मैं नहीं मानती कि कभी भी ऐसा क्षण आएगा जब लोग अंतरिक्ष में जाना और ब्रह्मांड के विषय में अधिकाधिक समझना नापसंद करें। अंतरिक्ष अन्वेषण के प्रति लगाव बढ़ता जाएगा। मेरे अनुसार जब मैं किसी समस्या (व्यक्तिगत अथवा तकनीकी) से जूझ रही होती हूँ तो जितना अधिक सोचती हूँ, उतना बेहतर समाधान प्राप्त होता है। मैंने यह भी महसूस किया है कि जितना अधिक हम इसकी (समस्या के) तह में जाने का प्रयास करते हैं, उतना ही बेहतर समाधान पाते हैं। मैं मानवयुक्त अंतरिक्ष अन्वेषण प्रक्रिया को भी उसी तरह देखती हूँ। मैं सोचती हूँ कि हमें ब्रह्मांड में बाह्य रूप से प्रस्तरित (एक्सपैंड) होना चाहिए, जिससे हम अपनी पृथ्वी को और भी बेहतर समझ सकें तथा यह भी समझ सकें कि पृथ्वी में रहनेवाले मानवों के रूप में हमारी भूमिका क्या है एवं ब्रह्मांड में हमारा स्थान क्या है। वास्तव में मैं अधिक-से-अधिक लोगों को अंतरिक्ष में देखना चाहती हूँ; हालाँकि यह एक आश्चर्यजनक और आनंदपूर्ण अनुभव है, लेकिन कभी-कभी यह मुश्किल अनुभव लगता है, क्योंकि हम में से कुछ के पास ही यह है तथा हम इसे प्रत्येक के साथ शेयर करना चाहते हैं।

प्रश्न : पूरे विश्व में सैकड़ों और हजारों पायलट तथा वैज्ञानिक हैं। लेकिन उनमें से कुछ ही अंतरिक्ष यात्री हैं। वह कौन सी चीज थी, जिसने आपको अंतरिक्ष यात्री बनाया?

पामेला : मैं समझती हूँ कि कोई बात तो ऐसी अवश्य है जो अन्वेषण के विचार के पीछे गंभीरता से लगी हुई है। मुझे अंतरिक्ष अन्वेषण काफी प्रेरणात्मक और आकर्षक महसूस होता है। खगौलिकी का अध्ययन बहुत असामान्य सी चीज है, क्योंकि अधिकांश मामलों में यदि हम रसायन शास्त्र, जीव विज्ञान और अन्य प्रकार के विज्ञान का अध्ययन करते हैं तो भौतिक रूप से उस चीज से संबद्ध हो जाते हैं, जो परीक्षण हम कर रहे होते हैं। वह चीज हम खगोलशास्त्र के साथ नहीं कर सकते हैं। यह पूर्णरूपेण प्रेक्षणात्मक प्रक्रिया है। हम अपने डाटास्रोतों से विशाल दूरियों पर होते हैं। मुझे हर समय इस चीज से प्रेरणा मिलती थी कि मैं इन डाटास्रोतों के काफी समीप पहुँच रही हूँ, भले ही यह मात्र 100 मील दूर ही क्यों न हो। मैं समझती हूँ कि यही अन्वेषण का विचार होता है, साथ ही कुछ करने की इच्छा भी होती है, जो प्रत्येक को बहुमूल्य लगे, क्योंकि मेरा ऐसा मानना है कि जो चीजें हम सीख रहे हैं उनका प्रभाव हर एक के जीवन पर होता है।

प्रश्न : जब स्पेस शटल (जिसके द्वारा आप अंतरिक्ष स्टेशन में कमांडर के रूप में जा रही हैं) अंतरिक्ष स्टेशन से जुड़ेंगी तो वहाँ पर अंतरराष्ट्रीय अंतरिक्ष स्टेशन की एक

महिला कमांडर पेग्गी ह्विटसन से मुलाकात होगी और आप उस समय स्पेस शटल की महिला कमांडर होंगी। इस ऐतिहासिक उड़ान (और वह भी उस तरह की प्रथम) पर आपके क्या विचार हैं?

पामेला : इस चीज के विषय में सर्वोत्तम बात यह है कि यह मात्र एक संयोग है। किसी ने भी इसे इस प्रकार से नियोजित नहीं किया था। किसी ने यह नहीं कहा था, 'अरे ऐसा हो तो बहुत अच्छा होगा।' पेग्गी का निर्धारण काफी पहले किया जा चुका था तथा स्थायी अंतरिक्ष यात्री दलों के सदस्यों में काफी उलट-पलट चला करती है। हम हर समय आश्वस्त नहीं रहते हैं कि कब हमारी ड्यूटी समय-तालिका बदल दी जाए (रोटेट कर दी जाए)। यह ड्यूटी आती-जाती रहती है। जब हम लोगों का निर्धारण किया गया था तो उसके मुताबिक हमें कुछ महीने पहले फ्लाई करना था तो उसके हिसाब से ऐसा नहीं होना था। हम लोग वास्तव में ऐसा नहीं कर पा रहे थे। हम लोगों के लिए यह एक प्रकार का आश्चर्य था। मुझे यह प्रिय है, क्योंकि ऐसा मात्र एक संयोगवश हुआ। किसी ने इसकी योजना नहीं बनाई थी। मेरे लिए यह एक अंतिम लक्ष्य है। जब आप एक बिंदु पर पहुँचते हैं, जहाँ पर कोई इस प्रकार की बातों के विषय में दुबारा नहीं सोचता है तथा मेरे लिए व अंतरिक्ष कार्यक्रम के लिए यह एक महान् क्षण है।

प्रश्न : अब हम थोड़ा पहले की बात करते हैं, जब आप अंतरिक्ष यात्री नहीं बनी थीं। अपने उस स्थान की बात करें, जहाँ पर बड़ी हुईं।

पामेला : जब मैं छोटी थी तो मेरे पिताजी मिलिटरी में थे। इसलिए मैंने सारे देश का भ्रमण किया है। लेकिन हम लोग अपस्टेट न्यूयॉर्क (रोचेस्टर न्यूयॉर्क) में बस गए, जब मैं जूनियर स्कूल में थी। यह वह स्थान था, जहाँ पर मैं एक स्थान पर सबसे लंबे समय तक रही तथा स्कूलिंग की। इसलिए स्वाभाविक रूप से मैं एक स्थान से बहुत अधिक जुड़ी हूँ। इसीलिए मैं रोचेस्टर न्यूयॉर्क को ही अपना होमटाउन समझती हूँ। मेरे माता-पिता शहर से बाहर रहते हैं, वे मेरे लिए अत्यधिक सपोर्टिव हैं।

प्रश्न : क्या आपकी प्रगति के मार्ग पर कुछ अध्यापक और अन्य लोग भी थे, जिन्होंने आपको प्रभावित किया?

पामेला : बिलकुल, बहुत सारे अध्यापक हैं, जो उन विभिन्न स्कूलों से तथा पूरे देश से हैं तथा उनका प्रभाव मेरे ऊपर हर समय रहा है। लेकिन विशेषकर अपने हाई स्कूल के भौतिकी के अध्यापक ब्रदर विलियम राइट को याद करती हूँ, मैं उनके संपर्क में अब भी हूँ। मैंने उन्हें प्रमोचन अवसर पर आमंत्रित किया है। वे कहा करते थे, 'नालेज मेक्स ए ब्लडी एंट्रेंस' और उनकी यह कहावत बतलाती थी कि भौतिकी विषय क्यों कठिन होता है और इसीलिए इसमें काफी मेहनत करनी पड़ती है। लेकिन मुझे पता है कि मैं कॉलेज में फिजिक्स मैजर बनना चाहती थी और इसलिए मैंने उनसे काफी सीखने का

प्रयास किया। वे मेरे लिए महान् प्रेरणा के स्रोत थे।

प्रश्न : क्या आप अपनी शिक्षा और प्रोफेशनल कैरियर के विषय में कुछ बताएँगी?

पामेला : मुझे पता था कि मैं भौतिकी और खगौलिकी में मैजर बनना चाहती थी। इसलिए मैंने उत्तर-पूर्व में अपने स्कूलों को देखा तथा वेलेस्ली कॉलेज से मुझे प्यार हो गया। बोस्टन के बाहर स्थित यह एक महिला कॉलेज है (वन ऑफ दी सेवन सिस्टर्स)। यह बहुत सुंदर स्थल है। यहाँ की प्रेक्षणशाला अति सुंदर है। जब मैंने वहाँ दूरबीन देखी तथा प्रोफेसरों से मिली, जो वहाँ पढ़ाते थे तो वास्तव में मैंने अपने कॉलेजों के साक्षात्कार रद्द कर दिए (बोस्टन में)। मैंने अपने माता-पिता से कह दिया, "यह वह स्कूल है, जहाँ मैं अपनी पढ़ाई करूँगी।" इस तरह मैंने भौतिकी और खगौलिकी का अध्ययन किया और गणित मेरा माइनर विषय था। उसके बाद मैं मैसाचूसेट्स तकनीकी संस्थान में गई तथा ग्रहीय विज्ञान में मास्टर की डिग्री प्राप्त की और उसके बाद कमीशन हो जाने के बाद मैंने एक वर्ष ग्रेजुएट स्कूल में बिताया। मास्टर डिग्री प्राप्त करने के बाद मैं वायुसेना में चली गई तथा उसके बाद रीस वायु सेना बेस में (ल्युबक में) पायलट ट्रेनिंग में चली गई, जो अब बंद हो गया है। उसके बाद मैं बार्क्सडेल वायुसेना बेस (ल्युसियाना) में 6 वर्ष रही। यह मेरे लिए काफी लंबा समय था, क्योंकि छोटेपन में मैं पहले ही काफी जगहों पर घूम चुकी थी। वहाँ पर मैंने के सी-10 वायुयान पहले 'को-पायलट' के रूप में फिर वायुयान कमांडर के रूप में (इंस्ट्रक्टर पायलट की भाँति) उड़ाए। मुझे विशिष्ट मिशनों—जस्ट क़ाज, डिजर्ट शील्ड और डिजर्ट स्टार्म में सेवा करने का सम्मान प्राप्त

चित्र-17.2 : कमांडर पामेला (बीच में) अपनी अंतरिक्ष यात्रा के प्रशिक्षण की समाप्ति पर सह अंतरिक्ष यात्रियों के साथ केक काटकर खुशी मनाती हुईं।

हुआ। मेरे लिए यह एक विस्मयकारी वृद्धि अवधि का अवसर था (200 घंटे की पायलट ट्रेनिंग से इंस्ट्रक्टर पायलट तक कॉम्बेट परिस्थिति में)। इसके बाद मैं टेस्ट पायलट स्कूल में गई जो कि मेरा एक सपना था। वायुसेना में जाना भी मेरा एक सपना था, क्योंकि मैं अंतरिक्ष यात्री बनना चाहती थी। इसीलिए मैंने टेस्ट पायलट स्कूल में जाने की उम्मीद लगाई थी।

प्रश्न : क्या आप अपनी यह कहानी बता सकती हैं कि आपका चयन कैसे हुआ अथवा यह बताएँ कि आपको कैसे मालूम हुआ कि आपका चयन एक अंतरिक्ष यात्री के रूप में हो गया है?

पामेला : हाँ, लेकिन यह भी बड़ा रोचक है। मैंने उस क्षण की प्रतीक्षा में अपने जीवन में काफी चिंतन किया तथा काफी समय लगाया कि कब वह टेलीफोन आएगा यह बताने के लिए, जिसका प्रतिबिंब मैंने अपने मस्तिष्क में बहुत पहले से बना रखा था। वह प्रतिबिंब था कि मैं अपने रसोईघर में बैठी हूँगी तथा मेरी शादी हो चुकी होगी और मेरे पास एक महान् कार्य होगा, जिसे मैं बहुत पसंद करती हूँ। मुझे यह टेलीफोन काल आएगी, इस क्षण को शेयर करने के लिए मेरे मित्र और परिवारजन होंगे तथा यह अत्यधिक रोमांचक क्षण होगा। लेकिन यह क्षण ठीक उसी रूप में आया। मुझे डेव लस्टिमा का फोन काल आया और उन्होंने मुझे कहा, 'हम चाहते हैं कि आप ह्यूस्टन आएँ तथा एक अंतरिक्ष यात्री बनें'।

प्रश्न : अंतरिक्ष में उड़ना तथा भीषण पर्यावरण में काम करना बहुत अधिक जोखिम भरा काम होता है। अंतरिक्ष में लोगों को उड़ाने के विषय में (जो कि एक जोखिम भरा कार्य है) आपके क्या विचार हैं?

पामेला : मैं सोचती हूँ कि मानवयुक्त अंतरिक्ष उड़ान के फायदों के अनेक अवयव हैं। इसमें एक प्रेरणात्मक अवयव भी शामिल हैं। हम जिस चीज का अन्वेषण अथवा प्रेक्षण करना चाहते हैं (एक नए अंदाज से या किसी नए रूप में), वह प्रत्येक के दिल को स्पर्श करती है। उस चीज का भाग बनना एक आश्चर्यजनक चीज है। यह भी स्वाभाविक है कि इसके वैज्ञानिक फायदे हैं तथा यह बताना बड़ा मुश्किल है कि कौन सा फायदा किसके हिस्से में आता है। आज से सौ वर्ष पहले किसी की समझ में यह बात नहीं आई कि परमाणु के स्वभाव को समझने से हमें क्या मिलनेवाला है। लेकिन यदि हम परमाणु के स्वभाव को नहीं समझते तो हम लेजर का निर्माण न कर पाते (उदाहरणार्थ)। इस प्रकार विज्ञान की अनेक बातें जो अब हम कर रहे हैं, उनके विषय में यह कहना मुश्किल है कि वे बातें जैविक प्रक्रियाओं, रासायनिक प्रक्रियाओं, यांत्रिकी प्रक्रियाओं में सूक्ष्म गुरुत्व की उपस्थिति में कैसे महत्त्वपूर्ण बनती हैं। मैं समझती हूँ कि यह एक लाभ है, जिसे मैं आपको ठीक प्रकार बतला सकती हूँ। इसके अलावा अंतरिक्ष में जाने से संबंधित शुद्ध मेकैनिक्स एवं लॉजिस्टिक्स

के पहलू हैं। मैं सोचती हूँ कि इस तरह की कुछ चीजें हैं, जिन्हें हम लोगों ने अपने जीवन में देखा है और यहाँ तक कि अंतरिक्ष यात्री कार्यालय में देखा है और वह है मेडिकल उपकरणों का सूक्ष्मीकरण, जिससे अंतरिक्ष में अंतरिक्ष यात्रियों की देखरेख की जा सके। टेलीमेडिसिन एक ऐसी प्रक्रिया है, जिसके लिए नासा अपने को कर्णधार मानता है। इस संदर्भ में सैकड़ों-हजारों पेटेंट हैं, जिन्हें विभिन्न कंपनियों ने हमारे लिए इस समस्या का समाधान करने के लिए कराए हैं।

प्रश्न : अंतरराष्ट्रीय अंतरिक्ष स्टेशन सबसे विशालतम और सबसे जटिल काम्प्लेक्स है, जिसे हमने पहली बार अंतरिक्ष में निर्मित किया है। इस ऐतिहासिक कार्य का एक भाग बनने में आप कैसा महसूस करती हैं?

पामेला : यह सबसे जटिल चीज है जो कभी बनाई गई। मेरा कहने का अर्थ है कि यह बात निश्चित तौर पर मेरे मन में है, क्योंकि यह विश्व का प्रधान आश्चर्य है। मैं नहीं समझती कि दुनिया में क्या कोई ऐसी चीज है, जिससे इसकी तुलना की जा सके। वहाँ का (अर्थात् अंतरिक्ष का) पर्यावरण अत्यंत आक्रामक है (तापीय दृष्टि से) तथा यहाँ पूर्ण रूपेण निर्वात है। इसके निर्माण में रोबोटिक तकनीकों तथा स्पेस वॉकों का भरपूर प्रयोग किया गया है। इसके विषय में मेरी भावना उसी प्रकार की है, जो स्पेस शटल के प्रमोचन के समय होती है।

प्रश्न : आपके मिशन का एक बड़ा भाग है—पी-6 सौर ऐरे को मूव करना। क्या इसके विषय में कुछ कहेंगी?

पामेला : यह एक जटिल मामला है, क्योंकि यह सबकुछ हम एक दिन में नहीं कर सकते हैं। पी-6 सौर एरे का मूव करना एक बड़ी गतिविधि है। हम सामान्य रूप में इस तक नहीं पहुँच सकते, जहाँ पर यह वर्तमान में है तथा जहाँ पर इसे स्थापित किया जाना है। रोबोटिक भुजा अंतरिक्ष स्टेशन के चारों ओर मूव कर सकती है (जहाँ भी इसकी आवश्यकता हो)। लेकिन यह एक स्थिति में काम नहीं कर सकती है।

प्रश्न : आप प्रत्येक स्पेस वॉक (जिसे तकनीकी भाषा में एक्स्ट्रा वेहिकुलर एक्टिविटी अथवा संक्षिप्त में 'ईवा' कहते हैं) में क्या करेंगी?

पामेला : पहली स्पेस वॉक 'नोड-2' (हार्मोनी) के लिए है। सभी स्पेस वॉकों में स्टेशन साइड से रोबोटिक भुजा का प्रयोग किया जाएगा तथा कुछ गतिविधियाँ शटल साइड से की जाएँगी।

□

18

बारबरा मोर्गन : नासा के 'अंतरिक्ष में अध्यापक' कार्यक्रम की बैकअप अंतरिक्ष यात्री

अंतरिक्ष में अध्यापक परियोजना (टी.आई.एस.पी.) नासा का एक अंतरिक्ष कार्यक्रम था, जिसकी घोषणा तत्कालीन अमेरिकी राष्ट्रपति रोनाल्ड रीगन ने विद्यार्थियों को प्रेरित करने, अध्यापकों को सम्मानित करने तथा गणित, विज्ञान और अंतरिक्ष अन्वेषण विषयों में दिलचस्पी पैदा करने के उद्देश्य से सन् 1984 में की थी। इस कार्यक्रम के लिए 11,000 से अधिक अध्यापकों ने आवेदन किया। नासा ने इस कार्यक्रम के लिए क्रिस्टा मैकाफी को प्रथम अंतरिक्ष अध्यापक तथा बारबारा मोर्गन को उनके बैकअप के रूप में चुना। 28 जनवरी, 1986 को स्पेस शटल चैलेंजर की दुर्घटना (जिसके द्वारा एक साधारण मानव और स्कूल टीचर के रूप में क्रिस्टा मैकाफी गईं) के बाद—'अंतरिक्ष में अध्यापक' कार्यक्रम रद्द कर दिया गया, लेकिन सन् 1990 में इस कार्यक्रम को एक अन्य कार्यक्रम 'शिक्षक अंतरिक्ष यात्री प्रोजेक्ट' से रिप्लेस किया गया। इसके अंतर्गत चयनित उम्मीदवारों को अपना टीचिंग कैरियर छोड़कर नासा कार्यकर्ता के रूप में ह्यूस्टन में कार्य करना था।

बारबरा मोर्गन का चयन जनवरी 1998 में (क्रिस्टा मैकाफी की मृत्यु के 12 वर्ष बाद) नासा के द्वारा मिशन विशेषज्ञ के रूप में किया गया। 8 अगस्त, 2007 को स्पेस शटल एंडयौर के द्वारा मोर्गन अंतरिक्ष स्टेशन 'अल्फा' में गईं तथा 12 दिन 17 घंटे 55 मिनट तक रहने के बाद 21 अगस्त, 2007 को वापस पृथ्वी पर आईं।

बारबरा मोर्गन का जन्म 28 नवंबर, 1951 को कैलीफोर्निया के फ्रेसनो स्थान पर

चित्र-18.1 : महिला अंतरिक्ष यात्री बारबारा मोर्गन।

हुआ तथा उनकी शादी क्ले मोर्गन से हुई। उनके दो बेटे हैं। बारबारा के व्यक्तिगत शौकों में बाँसुरी वादन, पढ़ना, स्विमिंग और स्कीइंग हैं। उन्होंने सन् 1969 में हूवर हाई स्कूल फ्रेसनो से ग्रेजुएशन, 1973 में स्टैनफोर्ड विश्वविद्यालय से बी.ए. (मानव जीव विज्ञान में, विशिष्ट योग्यता के साथ) डिग्री, सन् 1974 में बेलमोंट के कॉलेज से टीचिंग फ्रेडेंशियल प्राप्त किया तथा सन् 2008 में बोएज स्टेट विश्वविद्यालय से ऑनरेरी डॉक्टरेट डिग्री (विज्ञान में) प्राप्त की। बारबरा मोर्गन का यह साक्षात्कार नासा के द्वारा

उनकी अंतरिक्ष उड़ान एस.टी.एस.-118 के पहले लिया गया था।

प्रश्न : हमारा यह साक्षात्कार एस.टी.एस.-118 की मिशन विशेषज्ञ 4 बारबरा मोर्गन के साथ है। आपका स्वागत है। एक सामान्य मानव को आप एस.टी.एस.-118 (स्पेस शटल मिशन) मिशन के विषय में आप क्या समझाएँगी?

मोर्गन : मेरे प्रथम शब्द हैं कि यह एक रोमांचक मिशन होगा। वास्तव में हम लोग चंद्रमा और मंगल जैसे दुर्गम अभियानों के एक हिस्सा हैं। हम लोग एक असेंबली मिशन हैं, जिसका अर्थ है कि हम लोग अंतरराष्ट्रीय अंतरिक्ष स्टेशन में जा रहे हैं, उससे जुड़ेंगे, इसमें सहायक बनेंगे तथा इसके निर्माण कार्य को पूरा करेंगे।

प्रश्न : आपकी दृष्टि में एस.टी.एस.-118 मिशन की सफलता का मापदंड क्या होगा?

मोर्गन : प्रथम बात यह है कि हम लोग सुरक्षित पृथ्वी पर वापस आ जाएँ तथा इस मिशन के लक्ष्यों को प्राप्त करें और मेरे लिए शैक्षणिक दृष्टि से यह महत्त्वपूर्ण होगा कि हम वे सभी चीजें सीखें कि हम अपने विद्यार्थियों और शिक्षकों को कैसे व्यस्त रखें, क्योंकि उनके लिए (विद्यार्थी और शिक्षक) यह काफी रोमांचक विषय है।

प्रश्न : अब हम इस उड़ान की समय तालिका की बात करते हैं। प्रमोचन के बाद आप स्टेशन के समीप जाएँगे तथा उससे जुड़ेंगे। अंतरराष्ट्रीय अंतरिक्ष स्टेशन के पास तक पहुँचने और उससे जुड़ने में आपकी भूमिका क्या है?

मोर्गन : मेरा प्रथम कार्य होगा समीप पहुँचने और जुड़ने की तैयारी करना तथा जब हम स्टेशन के समीप से गुजरेंगे तो हम में से कुछ फोटो और टेलीविजन उपकरणों के साथ इस तरह तैयार रहेंगे, जिससे कि हम उन सभी का चित्रण कर सकें, जो हम कर रहे हैं। इसमें स्टेशन के समीप पहुँचने पर डाकिंग का मानचित्रण करना है। जब स्पेस शटल और भी समीप आ जाएगी (स्टेशन के पास) तब डेव विलियम्स और मैं जुड़न यांत्रिकी (मेकैनिज्म) पर कार्य करेंगे। समीप आने पर हम सब चीज 'आन' कर देंगे और सभी तंत्रों का मॉनीटरन प्रारंभ कर देंगे। स्टेशन का मनूवर हम इस प्रकार करेंगे कि इसकी डाकिंग शटल से हो सके।

प्रश्न : क्या इस उड़ान के दौरान आप अंतरराष्ट्रीय अंतरिक्ष स्टेशन और स्पेस शटल की भुजाओं पर कार्य करेंगी?

मोर्गन : हाँ, मैं सौभाग्यशाली हूँ कि मुझे दोनों रोबोटिक भुजाओं के ऊपर कार्य करने का अवसर प्राप्त होगा।

प्रश्न : क्या दोनों भुजाओं में अंतर है?

मोर्गन : अंतरिक्ष स्टेशन की भुजा काफी जटिल है, क्योंकि यह एक छोर पर संलग्न नहीं है। एक छोर पर संलग्न तो है पर स्थायी रूप से नहीं। शटल में रोबोटिक

भुजा इसके कंधे से संलग्न है तथा हम इस रूप में इसका मनूवर कर सकते हैं। लेकिन यह हर समय इसके कंधे से ही संलग्न रहेगा। स्टेशन की रोबोटिक भुजा कहीं भी जा सकती है। ये कुछ ऐसी चीजें हैं, जिन्हें आपको सीखना होता है तथा यह जानना आवश्यक होता है कि आप क्या कर रहे हैं।

प्रश्न : अब हम थोड़ा सा आपके प्रशिक्षण (ट्रेनिंग) के बारे में बात करते हैं। इस मिशन के लिए प्रशिक्षण का सबसे बड़ा चुनौतीपूर्ण कार्य क्या था?

मोर्गन : मुख्य चीज थी सीखना। सीखना और उस सीख को औरों के साथ शेयर करना तथा टीम के साथ कार्य करना प्रमुख चीज थी। हमारी टीम बहुत ही अच्छी है। टीम में केवल हमारा अंतरिक्ष यात्री दल ही नहीं है, बल्कि यह संपूर्ण टीम है। वास्तविक रूप से इस टीम में हजारों लोग होते हैं जो मिशन को आगे बढ़ाते हैं और इस प्रकार के विशिष्ट लोगों के साथ काम करना वास्तव में अवसरों से भरी हुई बात है।

प्रश्न : अब हम उस मार्ग की बात करते हैं, जिस पर चलकर आप अपने कैरियर के इस मुकाम तक पहुँचीं। आप सार्वजनिक रूप से उस समय विख्यात हुईं, जब आपका चयन 'टीचर इन स्पेस' कार्यक्रम के अंतर्गत क्रिस्टा मैकाफी के बैकअप (वैकल्पिक) अंतरिक्ष यात्री के रूप में हुआ। क्या आप उस विषय में कुछ बताएँगी। वह कौन सी प्रेरणा थी, जिसने आपको 'टीचर इन स्पेस' कार्यक्रम में आवेदन देने के लिए प्रेरित किया?

मोर्गन : मैं इसके पहले भाग का उत्तर पहले दूँगी। क्रिस्टा तथा चैलेंजर शटल मिशन के अंतरिक्ष यात्री दल के साथ प्रशिक्षण लेना एक सौभाग्यपूर्ण क्षण था। मैंने उन लोगों से अनेक चीजें सीखीं। मेरी उन लोगों के साथ फ्लाई करने की इच्छा थी तथा जो चीजें मैंने उन लोगों से सीखीं, उन्हें मैं हर समय ध्यान रखती हूँ। जहाँ तक 'टीचर इन स्पेस' कार्यक्रम का प्रश्न है, तो एक दिन मैं स्कूल से आई तथा टेलीविजन में शाम की खबरें देख रही थी, और दिनों की भाँति मैं तथा मेरे पति बिस्तर में बैठकर खबरें देख रहे थे। राष्ट्रपति रीगन टेलीविजन पर प्रकट हुए, उन्होंने घोषित किया कि वे एक अध्यापक अंतरिक्ष में भेजना चाहते हैं, मेरे लिए बड़ा आश्चर्य था। मैं इसके विषय में और बहुत कुछ जानना चाहती थी, तभी मेरे पति ने कहा, 'अध्यापक ही क्यों? एक लेखक को क्यों नहीं?' इस तरह मैंने आवेदन किया (अन्य बहुतों की तरह) तथा कार्यक्रम का सबसे अच्छा भाग यह था कि मैं देश के अनेक अध्यापकों से मिल सकी, जो एक महान् कार्य कर रहे थे। हममें से प्रत्येक ने इस चीज का आभास किया कि हम सैकड़ों-हजारों महान् अध्यापकों का प्रदर्शन कर रहे हैं और वास्तव में संपूर्ण कार्यक्रम का सर्वोत्तम भाग वही था।

प्रश्न : आपने इस बात का जिक्र किया है कि आपके निर्णय में आपको आपके पति का सहयोग प्राप्त हुआ। क्या कुछ अन्य लोग भी थे, जिन्होंने आपको 'टीचर इन

स्पेस कार्यक्रम' के लिए प्रेरित किया?

मोर्गन : मुझे पता लगा कि मेरे सुपरिंटेंडेंट को कार्यक्रम की जानकारी प्राप्त हुई थी। इसलिए मैं दूसरे दिन उनके पास गई और उनकी इच्छा जानी। उस समय उन्होंने कहा, 'निश्चित ही मुझे खुशी होगी कि यह बात मैं तुम्हें बताऊँ। लेकिन मैं समझता हूँ कि तुम काफी उत्साहित हो।' इस तरह इस कार्यक्रम में हमारा स्कूल और हम सभी शामिल हो गए। वे (मेरे प्रिंसिपल सुपरिंटेंडेंट, स्कूल) मेरे सपोर्टर बन गए और मेरा उत्साह बढ़ाया। इसलिए मैं उनके प्रति बहुत कृतज्ञ हूँ।

प्रश्न : अब थोड़ा पीछे आते हैं और आपके अध्यापन कैरियर की बात करते हैं। किस चीज ने आपको अध्यापक बनने के लिए प्रेरित किया तथा वह सब कैसे संपन्न हुआ?

मोर्गन : एक अध्यापक के रूप में मेरा कैरियर काफी अच्छा रहा है और भविष्य में भी मैं उसमें वापस जाना चाहूँगी। यह कुछ इस प्रकार का कार्य था, जिसे मैं तब से करना चाहती थी जब मैं छोटी थी, क्योंकि मुझे नई-नई चीजें सीखने का शौक था तथा महान् अध्यापकों के संपर्क में रही हूँ जब मैं छोटी थी। मैं समझती हूँ कि मेरे ऊपर उनका काफी प्रभाव रहा है। हाई स्कूल और कॉलेज अध्ययन पूरा करने के बाद लड़कियाँ प्रायः टीचर या नर्स बन जाया करती हैं। इस सीमितता को मैंने पसंद नहीं किया। लेकिन मानव जीव विज्ञान की एक कक्षा ने वास्तव में मुझे बहुत आकर्षित किया तथा इस कक्षा में मस्तिष्क के विषय में व इसकी बनावट और कार्य प्रणाली की चर्चा हो रही थी। उसी के साथ-साथ मैं मनोविज्ञान की कक्षा में याददाश्त और प्रशिक्षण संकल्पनाओं के विषय में ज्ञान प्राप्त कर रही थी। कुल मिलाकर इन सभी चीजों ने मुझमें अध्यापक बनने के प्रति दिलचस्पी पैदा कर दी।

प्रश्न : अब हम 'टीचर इन स्पेस' कार्यक्रम की ओर जाते हैं?

मोर्गन : इसमें कुछ चुनौतियाँ भी हैं, जो प्रिय नहीं लगती हैं।

प्रश्न : अब 'टीचर इन स्पेस' कार्यक्रम की बात करते हैं तथा चैलेंजर स्पेस शटल दुर्घटना के बाद नासा ने आपसे कहा कि आप अमेरिका की अंतरिक्ष अंबेसडर और 'टीचर इन स्पेस डिजिग्नी' बन जाएँ। क्या आप बता सकती हैं कि आपके जीवन का वह समय कैसा रहा?

मोर्गन : वास्तव में नासा ने हमसे पूछा था कि क्या मैं उस भूमिका में रहना चाहूँगी, जिसके लिए क्रिस्टा का चयन किया गया था। उस भूमिका को उन्होंने 'टीचर इन स्पेस डिजिग्नी' नाम दिया। मेरे लिए वास्तव में यह एक महत्त्वपूर्ण निर्णय था, आसान भी था।

प्रश्न : सन् 1986 के बाद आप पुनः टीचिंग में चली गईं। लेकिन उसके बावजूद आप नासा के शिक्षा विभाग से जुड़ी रहीं। आपने नासा के साथ किस तरह के कार्य किए?

मोर्गन : नासा के साथ अनेक परामर्श हुए। मूल रूप से हमारे साथ एक पार्टनर टीचर था तथा हम एक साथ क्लासरूम शेयर करते थे। उन सभी वर्षों में शिक्षण कार्य बहुत अच्छा रहा। महीने में एक सप्ताह कक्षा से बाहर रहकर नासा के लिए कार्य करती थी। इस कार्य में मुझे काफी यात्रा करनी पड़ती थी। लेकिन इसमें विभिन्न ग्रुपों, उद्योग जगत्, व्यवसाय जगत्, स्कूल ग्रुपों के साथ कार्य करने का अवसर प्राप्त होता था तथा यह सुनिश्चित करने में मदद करता था कि ये अध्यापकों और विद्यार्थियों की आवश्यकता को पूरा कर सकें जिसका प्रयोग वे अपनी कक्षा के अंदर और बाहर कर सकें। इस कार्य में उन लोगों को मजा भी आता था तथा दिलचपस्पी भी बढ़ती थी। उस अवधि के दौरान मुझे अपना एक प्रिय कार्य करने का भी सौभाग्य प्राप्त हुआ, जिसमें फेडरल टास्क फोर्स के अंतर्गत मैंने महिलाओं, अल्प समुदाय और हैंडीकैप्ड लोगों के लिए विज्ञान और इंजीनियरिंग क्षेत्र में कार्य किया। इस प्रकार के कार्यों ने मेरी आँखें खोल दीं। यह खयाल आया कि हमारे पास अनेक लोग हैं, जो इतने शिक्षित हैं तथा प्रशिक्षित हैं कि वे उस प्रकार के कार्य कर सकते हैं, जिनकी आवश्यकता मंगल ग्रह और चंद्रमा में जाने के लिए पड़ती है अथवा इनके द्वारा हम अंतरिक्ष स्टेशनों का निर्माण कर सकते हैं या किसी भी अपरिचित पर्यावरण में अन्वेषण के कार्य कर सकते हैं। मैं समझती हूँ कि उस तरह के कार्य करना बहुत महत्त्वपूर्ण बात थी।

प्रश्न : क्या उस अवधि में आपने यह महसूस किया कि अध्यापक और विद्यार्थी फिर भी शिक्षक को अंतरिक्ष में भेजने की पैरवी कर रहे थे?

मोर्गन : हाँ, बिलकुल।

प्रश्न : अब हम आगे बढ़ते हैं। सन् 1998 की ओर जब आप का चयन अंतरिक्ष यात्री के रूप में हो गया था तब आपको कैसा लगा?

मोर्गन : स्कूल के पहले सुबह मुझे अपने प्रशासक डैन गोल्डिन और जॉनसन अंतरिक्ष केंद्र के निदेशक जॉर्ज अबे का टेलीफोन आया। प्रत्येक दिन की भाँति मैं उस दिन भी स्कूल गई। मैं यह जानना चाहती थी कि मेरे सहयोगियों को क्या यह बात मालूम है। इस दिन के लिए वे बहुत बहुत वर्षों के भागीदार रहे हैं और वे सब इस दिन की प्रतीक्षा कर रहे थे। मेरे स्कूल और देश में सब जगह खुशी का माहौल था।

प्रश्न : तो आपका चयन एक अंतरिक्ष यात्री के रूप में हो गया था। क्या इसने आपकी जीवन शैली को बदल दिया कि एक विशिष्ट मिशन के नीतभार विशेषज्ञ के बजाय अब आप पूर्ण रूप से मिशन विशेषज्ञ के रूप में प्रशिक्षण ले रही हैं। क्या उसने आपके जीवन को बदल दिया?

मोर्गन : वास्तव में ऐसा नहीं था। मैं तो कहूँगी कि एक अध्यापक से एक अंतरिक्ष यात्री बनना या अंतरिक्ष यात्री बनने की शिक्षा लेना—ये सब चीजें टीचिंग के ही

समान हैं। यह (अंतरिक्ष यात्री बनना) जटिल लोगों के साथ जटिल चीजों के साथ जटिल विचारों को लेकर जटिल पर्यावरण में काम करने की भाँति है। यह व्यस्तता भरा है, इसमें काफी समय लगता है। हमारा मस्तिष्क हर समय चलायमान रहता है तथा इसमें काफी रचनात्मक कार्य शामिल होते हैं। प्रत्येक चीज के लिए इसमें कभी भी पर्याप्त समय नहीं होता है, जिसकी आपको आवश्यकता पड़ती है, जिसमें आपके परिवार के लिए भी समय शामिल है, इसलिए यह सब एक ही चीज है।

प्रश्न : तो आप अब पूर्णरूपेण प्रशिक्षित मिशन विशेषज्ञ अंतरिक्ष यात्री बन गई हैं तथा अन्य अंतरिक्ष यात्रियों की भाँति उड़ान की तिथि के निर्धारण का इंतजार कर रही हैं। उसके विषय में कुछ बताएँ?

मोर्गन : पहले तो मैं यह बताना चाहूँगी कि उड़ान निर्धारण के लिए हमें कभी भी इंतजार नहीं करना पड़ता है। हम लगातार मेहनत कर रहे होते हैं। वास्तव में वही एक चीज है जो हम अंतरिक्ष यात्री के रूप में करते हैं तथा अंतरिक्ष उड़ान भाग आखिरी मंजिल होती है, लेकिन समय की दृष्टि से यह सबसे छोटा भाग होता है तथा तीव्रता की दृष्टि से सबसे मध्य भाग होता है। हम अन्य जो कार्य करते हैं, वे आकर्षक होते हैं। लेकिन वास्तव में अति महत्त्वपूर्ण कार्य होते हैं। ये कार्य संपूर्ण कार्यक्रम को सपोर्ट करते हैं।

प्रश्न : पिछले 20 वर्षों के दौरान (जब क्रिस्टा मैकाफी को स्पेस शटल चैलेंजर से उड़ान भरनी थी) शिक्षा के विषय में अनेक बातें सुनने में आईं। अब भी हम इसके विषय में अनेक बातें सुन रहे हैं। इन पिछले 20 वर्षों में नासा और शिक्षण समुदाय के बीच क्या भागीदारी बनी?

मोर्गन : वास्तव में यह पिछले 20 वर्षों की कहानी है। यदि हम नासा के मूलभूत चार्टर को देखें तो पता लगता है कि यह एक चार्टर है, जो ज्ञान और अनुभव को शेयर करता है, जो अंतरिक्ष उड़ान से प्राप्त होता है। शिक्षा नासा के मूलभूत चार्टर का एक भाग है, जब इसका (नासा का) नाम 'एन.ए.सी.ए.' था। जब मैं छोटी बच्ची थी, एरोस्पेस विशेषज्ञ हमारे स्कूल में आया करते थे। वह वास्तव में रोमांचक समय था। क्रिस्टा के साथ नासा को महत्त्वपूर्ण अंतरिक्ष उड़ान के क्षेत्र में प्रशिक्षक सीधे-सीधे प्राप्त होने लगे। यह कार्यक्रम अब भी चालू है। हमारे पास तीन नए अध्यापक हैं, जिन्होंने हमें अंतरिक्ष यात्री कार्यालय में ज्वॉइन किया है तथा महान् कार्य कर रहे हैं। उनका प्रारंभिक प्रशिक्षण कार्य पूरा हो चुका है। वे अपने निर्धारित तकनीकी कार्यों में कड़ी मेहनत कर रहे हैं एवं शैक्षणिक पहलू पर काफी कार्य कर रहे हैं। उनका शीघ्र ही अंतरिक्ष उड़ान के लिए निर्धारण होगा। लेकिन अध्यापक होने से नासा को अनुभव और विशेषज्ञता प्राप्त होती है, जिससे नासा अध्यापकों और विद्यार्थियों की आवश्यकताओं को पूरा करता है। यह एक

चित्र-18.2 : क्रिस्टा मैकाफी ('टीचर इन स्पेस' कार्यक्रम की अंतरिक्ष टीचर, जिनकी स्पेस शटल चैलेंजर दुर्घटना में मृत्यु हो गई थी) के साथ बारबारा मोर्गन (बाएँ)।

दो-तरफा कार्य है।

प्रश्न : क्या आप महसूस करती हैं कि आपके इस मिशन में जाने के बाद यह प्रोजेक्ट बंद हो जाएगा?

मोर्गन : क्रिस्टा का प्रभुत्व काल (लीगेसी) अनंत है। वैसे भी किसी भी अध्यापक का प्रभुत्व काल महत्त्वपूर्ण होता है। मुझे आशा है और मैं जानती हूँ कि संबद्ध लोग क्रिस्टा और चैलेंजर शटल अंतरिक्ष यात्री दल को काफी दिनों तक याद रखेंगे,

जिन्होंने इसके लिए कार्य किया।

प्रश्न : क्या आप महसूस करती हैं कि क्रिस्टा मैकाफी के उत्तराधिकारी के रूप में आपकी अंतरिक्ष उड़ान के दौरान लोगों की नजरें आप पर रहेंगी?

मोर्गन : निश्चित ही। लेकिन केवल मेरे ऊपर ही नहीं, बल्कि संपूर्ण अंतरिक्ष यात्री दल के ऊपर होंगी। हमारा अंतरिक्ष यात्री दल महान् है। केवल अंतरिक्ष यात्री दल के ऊपर ही आँख नहीं रहेंगी, बल्कि ग्राउंड सपोर्ट दल पर भी आँख होगी। हमारी एक टीम है, जो हमारी अंतरिक्ष उड़ान निर्धारण से कई वर्ष पहले से कार्य कर रही है। मैं जानती हूँ कि लोग क्रिस्टा और चैलेंजर अंतरिक्ष यात्री दल को हर समय याद करेंगे, क्योंकि जो ये लोग कार्य करने जा रहे थे वह सही कार्य था। मुझे खुशी है कि लोग वैसा सोचेंगे। मुझे इस बात की भी खुशी है कि लोग अध्यापकों एवं अन्य लोगों के बारे में भी सोचेंगे, जो क्रिस्टा और चैलेंजर अंतरिक्ष यात्री दल के कार्य को आगे बढ़ाने में जी तोड़ मेहनत कर रहे हैं।

प्रश्न : आपने ग्राउंड सपोर्ट कार्यकर्ताओं की बात की है। क्या आपको उनसे कभी बात करने का अवसर प्राप्त हुआ है, जो ग्राउंड से इस मिशन (एस.टी.एस.-118 मिशन) को सपोर्ट कर रहे हैं?

मोर्गन : हाँ बिलकुल! हम उनके साथ कार्य करते हैं। अपनी मिशन नियंत्रण टीम के साथ हमने अनेक एकीकृत सिमुलेशन परीक्षण किए।

प्रश्न : बारबरा, इस मिशन के शैक्षणिक नतिभारों के विषय में भी कुछ बताइए।

मोर्गन : यह प्रश्न मेरे चेहरे पर एक बड़ी मुसकान बिखेरता है। प्रथम तो इस मिशन के हमारे शैक्षणिक लक्ष्य हैं—हम 'विजन फॉर एक्सप्लोरेशन' में अधिक-से-अधिक विद्यार्थी और अध्यापक शामिल करना चाहते हैं (जिसमें चंद्र मिशन, मंगल ग्रह मिशन और उसके भी बाहर के मिशन शामिल हैं)। इसलिए हम जो भी शैक्षणिक नीतभार अपने साथ इस मिशन में ले जा रहे हैं, वे इन उपर्युक्त वर्णित चीजों को सपोर्ट करते हैं। यह सब कुछ बच्चों, उनके अध्यापकों, उनके स्काउट लीडरों और म्यूजियम निदेशकों के लिए है, जो ग्राउंड में वही काम कर रहे हैं, जो हम अंतरिक्ष की कक्षा में करते हैं।

प्रश्न : ऐसा लगता है कि आप अंतरिक्ष में उत्तर ढूँढ़ने नहीं, बल्कि अनेक प्रश्नों की खोज में जा रही हैं।

मोर्गन : निस्संदेह, हम वहाँ पर उत्तर के लिए नहीं जा रहे हैं। हमारे मिशन का उद्देश्य है, उत्तरों को पाने में मदद करना। यह कार्य अंतरराष्ट्रीय अंतरिक्ष स्टेशन के निर्माण के द्वारा संभव होगा। यह चंद्रमा और मंगल ग्रह में जाने की अगली कड़ी है।

प्रश्न : मानव समुदाय के लिए कौतूहल कितना महत्त्वपूर्ण होता है?

मोर्गन : मेरे लिए कौतूहल वह चीज है, जो मानव समुदाय को चलायमान रखता है। मानव बनने का सबसे आनंदपूर्ण क्षण यह है कि हम सीख सकते हैं, अन्वेषण कर सकते हैं और खोज कर सकते हैं तथा इन सबका दायरा कौतूहल के इर्द-गिर्द घूमता है।

प्रश्न : आप किसी ऐसे व्यक्ति को क्या परामर्श देना चाहेंगी, जो अंतरिक्ष यात्री बनने की इच्छा रखता है?

मोर्गन : यही सलाह मैं एक ऐसे व्यक्ति को भी देना चाहूँगी, जो एक टीचर बनना चाहता है। यह एक ऐसी चीज है, जिसमें आपकी दिलचस्पी है, क्योंकि यह एक महान् कार्य है। यह चुनौतीपूर्ण कार्य है तथा पुरस्कार योग्य है। यह वास्तव में मुश्किल एवं आनंददायक है। चाहे आप अध्यापन में हों अथवा आज की अंतरिक्ष उड़ान में हों (केवल अंतरिक्ष यात्री ही नहीं बनना चाहते हैं, जिससे आप अंतरिक्ष अन्वेषण के कार्य कर सकें), मेरा कहना तो यही होगा कि 'आगे बढ़कर इसे पूरा करें'।

प्रश्न : अंतरिक्ष में लगाातर मानव उपस्थिति का हिस्सा बनते हुए आप कैसा महसूस करती हैं?

मोर्गन : मैं वास्तव में उसके विषय में उत्साहित हूँ। मैं अपने को बहुत भाग्यशाली मानती हूँ कि एक ऐसी चीज के साथ जुड़ी, जो अत्यधिक महान् है।

प्रश्न : वर्तमान दुनिया और भावी पीढ़ी के लिए आपकी दृष्टि में अंतरराष्ट्रीय अंतरिक्ष स्टेशन का क्या महत्त्व है?

मोर्गन : बहुत अच्छा प्रश्न है। लेकिन यह प्रश्न हमें पृथ्वी ग्रह में हर जगह जाकर पूछना चाहिए। मेरे लिए यह अंतरिक्ष अन्वेषण का अगला कदम है, जो कि एक भारी प्रक्रिया है। जहाँ तक मुझे मालूम है कि हमारा ब्रह्मांड लगातार विस्तरित (एक्सपैंड) हो रहा है, जिसका अर्थ यह है कि मानव समुदाय की सभी गतिविधियाँ भी लगातार विस्तरित हो रही हैं। अंतरराष्ट्रीय अंतरिक्ष स्टेशन इंजीनियरिंग की एक महान् स्मृति है (विशेषकर इसका अंतरराष्ट्रीय पहलू), जहाँ अनेक देशों के लोग एक साथ मिलकर कार्य कर रहे हैं।

प्रश्न : आपकी बैकग्राउंड का कौन सा भाग इस मिशन के लिए उपयोगी होगा?

मोर्गन : मैं समझती हूँ कि मेरा अध्यापन बैकग्राउंड (पृष्ठभूमि) और महान् प्रशिक्षण इसमें उपयोगी होगा।

प्रश्न : इस मिशन का उद्देश्य स्थायी अंतरिक्ष यात्री दल (अंतरिक्ष स्टेशन के लिए) का रोटेशन था और अब इसमें रोबोटिक तकनीकी कार्य भी शामिल हो गया है। अभी आपके मिशन में हाल में एक कार्य भी शामिल किया गया है। यह लचीलापन कितना महत्त्वपूर्ण है, जब इस तरह के मिशन में आप प्रशिक्षण के दौर से गुजर रही हैं?

मोर्गन : लचीलापन होना बहुत आवश्यक है। वे सभी परिवर्तन जो किए गए हैं,

वे अच्छे परिवर्तन हैं। यद्यपि ये पहले भी अच्छे थे और अब भी अच्छे हैं। अध्यापन की दुनिया में एक कहावत कही जाती है कि लचीलेपन वाली दुनिया बहुत महत्त्वपूर्ण होती है। जब आप कक्षा में होते हैं तो किसी भी समय कुछ भी हो सकता है। यह भी काफी हद तक अंतरिक्ष उड़ान की भाँति ही होता है।

प्रश्न : कुछ क्षणों के लिए अब हम आपके होमटाउन की बात करते हैं। क्या वहाँ आप जाती रहती हैं?

मोर्गन : हमारे कई होमटाउन हैं तथा उनमें से एक है जहाँ पर मैं बड़ी हुई तथा उसका नाम है फ्रेसनो (कैलीफोर्निया)। यहाँ पर मैंने हाई स्कूल तक के वर्ष गुजारे। यहाँ के लोग और स्थल मुझे अत्यधिक प्रिय और मेरे दिल के समीप हैं। मेरा अन्य होमटाउन वह है जहाँ पर मैं रही तथा 24 वर्षों तक अध्यापन कार्य किया (जॉनसन अंतरिक्ष केंद्र में आने के पहले) तथा उसका नाम मैकाल (इडाहो) है। यहाँ के लोग भी मुझे प्रिय हैं। इन स्थलों पर प्रायः नहीं जा पाती हूँ।

प्रश्न : क्या उड़ान के दौरान इन जगहों को अंतरिक्ष से देखने की कोई योजना आपने बनाई है?

मोर्गन : बिलकुल! निश्चित ही मैं अंतरिक्ष से इन स्थलों को देखना चाहूँगी।

प्रश्न : बारबरा, क्या आज के युवा वर्ग के लिए आप कोई संदेश देना चाहेंगी?

मोर्गन : मैं आशा करती हूँ कि हमारे युवा सारी दुनिया, सारे देश को जानते हैं तथा उनकी परवाह करते हैं। अपने भविष्य के प्रति भी जागरूक हैं। वे एक सुनहरा और असीमित छोर वाला भविष्य अपने लिए देख रहे हैं। हमें अपने ज्ञान के दरवाजे खुले रखने हैं, क्योंकि रास्ते में अनेक चुनौतियाँ और मुश्किलें आ सकती हैं। लेकिन यदि अपने दरवाजों को पूरी तरह खुला रखेंगे तो भविष्य भी असीमित और खुले रूप में होगा। सभी प्रकार के अवसर उपलब्ध हैं, चाहे वे आपके लक्ष्यों से संबंधित हो या न हों। लेकिन वे अवसर आपके दरवाजे पर दस्तक दे रहे होंगे।

प्रश्न : बारबरा मोर्गन, हमसे बातचीत करने के लिए धन्यवाद!

मोर्गन : आपको भी बहुत-बहुत धन्यवाद!

□

परिशिष्ट

अंतरिक्ष अन्वेषण और अंतरिक्ष विज्ञान पर विख्यात अंतरिक्ष यात्रियों एवं अंतरिक्ष विशेषज्ञों के उद्धरण

1. यूरी गागरिन (अंतरिक्ष में जानेवाले प्रथम मानव)

(क) अंतरिक्ष उड़ानें नहीं रोकी जा सकती हैं। यह न ही किसी एक व्यक्ति का अथवा एक अकेले ग्रुप का कार्य है। यह एक ऐतिहासिक प्रक्रिया है, जिसे मानव समुदाय मानवीय विकास के प्राकृतिक नियमों के अनुसार कर रहा है।

(ख) एक कॉस्मोनट का मार्ग आसान नहीं होता है। लेकिन यह कीर्ति का एक विजय मार्च होता है। अंतरिक्ष यान के अंदर जाने के पहले केवल हर्ष का ही नही, बल्कि विषाद का मतलब भी जानना जरूरी होता है।

(ग) ब्रह्मांड के अंदर प्रथम के रूप में प्रवेश करना अपने को व्यस्त करना तथा भीषण परिस्थितियों में अकेले (सिंगल हैंडेड) कार्य करने से बड़ा कोई और सपना क्या हो सकता है?

2. जॉन यंग (जेमिनी-3, 10; अपोलो-10,15; शटल उड़ानों एस.टी.एस.-1, 9 के अंतरिक्ष यात्री)

(क) नासा 'मानवयुक्त अंतरिक्ष अन्वेषण अभियानों' के पीछे नहीं पड़ा है। हम यह कार्य केवल अंतरिक्ष में जाने के लिए नहीं कर रहे हैं, बल्कि इसलिए कर रहे हैं, क्योंकि अंतरिक्ष अभियानों से जो कुछ हम सीखते हैं, वे पृथ्वी के लोगों का बेहतर जीवन बनाने में सहायक होंगी, जो (पृथ्वी के लोग) वहाँ नहीं जा सकते हैं।

(ख) यह जानते हुए कि अब हमें पता चल गया है, इसलिए हम अपनी असफलताओं के प्रति गैर-जिम्मेदार बनते जा रहे हैं, जिससे वैज्ञानिक और तकनीकी प्रगति हो सके। हमें नए-नए अन्वेषित, गंभीर चुनौतियों को झेलते

हुए तथा लुप्तप्राय होने के कगार तक पहुँची मानव प्रजाति को बचाने के लिए इसकी आवश्यकता होगी।

3. नील आर्मस्ट्रांग (प्रथम चंद्र मानव एवं जेमिनी-8) अपोलो के अंतरिक्ष यात्री

(क) चूँकि मेरा बचपन और जन्म ओहियो में बीता, जो डेटन से 60 मील दूर है इसलिए महानतम राइट बंधुओं की यादें हमारे जेहन में हर समय रही हैं।

(ख) ह्यूस्टन! यहाँ ट्रैंक्वेलिटी बेस से बोल रहा हूँ। ईगल ने (चंद्र मॉड्यूल) लैंड कर लिया है।

(ग) यहाँ पर लोग पृथ्वी ग्रह से आए तथा चंद्र सतह का पदार्पण किया, जुलाई 1969 ए.डी.। हम यहाँ सर्व मानव समुदाय की शांति के लिए आए।

(घ) भूगर्भ शास्त्री कहावतें कहते हैं और चट्टानें उन्हें याद रखती हैं।

(ङ) हाँ, मेरा चयन प्रथम के रूप में नहीं किया गया था। मेरा चयन मात्र उस उड़ान को कमांड करने के लिए किया गया था। परिस्थितियों ने मुझे उस विशिष्ट भूमिका में खड़ा कर दिया। किसी ने भी उसका नियोजन उस तरह नहीं किया था।

(च) रहस्यमय चीजें आश्चर्य पैदा करती हैं तथा आश्चर्य मानव की समझने की इच्छाशक्ति का आधार होता है।

4. कोंस्टैंटिन सिलोल्कोवोस्की (अंतरिक्ष उड़ान की संकल्पना के पितामह)

मेरे लिए रॉकेट केवल तरीका है, जिसके द्वारा अंतरिक्ष की गहराई में पहुँचा जा सकता है। इसमें कोई शक नहीं है कि रॉकेट अंतरिक्ष यान बहुत महत्त्वपूर्ण है, क्योंकि वे मानव समुदाय को ब्रह्मांड में अन्यत्र बसने में मदद करेंगे। लेकिन जो मैं कह रहा हूँ, वह है पुनः बसने की बात। मुख्य विचार है पृथ्वी से निकलकर अंतरिक्ष में कहीं अन्यत्र बसने की बात।

5. आर्थर सी क्लार्क (दंतकथा लेखक तथा भू स्थिर कक्षीय उपग्रह संचार प्रणाली संकल्पना के जनक)

(क) अनेक प्रकार की हमारी गंभीर पार्थिव समस्याओं का समाधान केवल अंतरिक्ष में जाने से ही हो सकता है। बहुत पहले यह (मानव प्रजाति) लुप्तप्राय हो रही सामग्री थी लेकिन सौर तंत्र के नए मरुस्थल में मानव समुदाय के लिए भावी बचाव की व्यवस्था है।

(ख) अंतरिक्ष के आर-पार जाने से शायद मानव मस्तिष्क के अंदर अपने वर्तमान आवास (पृथ्वी) से बाहर जाने की इच्छा जागृत हो। इस संदर्भ में रॉकेट, मानव सभ्यता के विनाश करने के बजाय, एक सुरक्षा प्रहरी की भूमिका निभा सकता

है, जो मानव प्रजाति के बचाव के लिए आवश्यक है।

6. माइक ग्रिफिन (नासा के पूर्व प्रशासक)

लंबी अवधियों में एक ग्रहीय-प्रजाति सरवाइव नहीं कर पाएगी। (मुझे पता नहीं कब) लेकिन एक दिन पृथ्वी से बाहर अन्य जगहों पर रहनेवाले लोगों की संख्या पृथ्वी पर रहनेवाले लोगों से ज्यादा होगी।

7. वैलेंतीना तेरेस्कोवा (अंतरिक्ष में जानेवाली प्रथम महिला)

(क) जिस किसी ने भी अंतरिक्ष में चाहे जितना भी समय गुजारा हो, उसे आजीवन अंतरिक्ष से प्यार हो जाएगा। मैंने अपने बचपन के आकाश को छूने का सपना पूरा किया।

(ख) यदि रूस में महिलाएँ रेल रोड कार्यकर्ता बन सकती हैं तो वे अंतरिक्ष में क्यों नहीं जा सकतीं।

(ग) मैं इस चीज के लिए आश्वस्त हूँ कि अगली सदी के मानवयुक्त कक्षीय स्टेशनों के विकास में उसी मॉड्यूलर ढाँचे का प्रयोग किया जाएगा, जैसा कि मीर अंतरिक्ष स्टेशन में किया गया।

8. एलीन कालिंस (स्पेस शटल की प्रथम महिला कमांडर)

हम अंतरिक्ष अन्वेषण करना चाहते हैं। हम लोग कौतूहलपूर्ण लोग हैं। आप इतिहास को देखें और पाएँगे कि बाहर जाकर अन्वेषण करने के लिए लोगों ने अपने जीवन की भी परवाह नहीं की।

9. रॉबर्ट एच गोडार्ड (सन् 1926 में विश्व के प्रथम द्रव ईंधन युक्त रॉकेट के निर्माता और प्रमोचक)

(क) बीते हुए कल के सपने आज की आशा हैं तथा आनेवाले कल की वास्तविकता हैं।

(ख) स्टारों को ही लक्ष्य बनाकर 'फिनिश' (आखिर) लक्ष्य तय करने का विचार नहीं करना चाहिए। आँकड़ों तथा साहित्यिक, दोनों ही दृष्टियों से यह वह कार्य है जो पीढ़ी-दर-पीढ़ी चलता रहेगा। चाहे कोई कितनी भी प्रगति कर ले, पर 'प्रारंभ' का मजा ही कुछ और होता है।

10. क्रिस्टा मैकाफी ('टीचर इन स्पेस' कार्यक्रम की अग्रणी, जिनकी स्पेस शटल चैलेंजर की दुर्घटना में मृत्यु हो गई)

मैं अंतरिक्ष कार्यक्रम को ज्वॉइन करके एक अंतरिक्ष यात्री के रूप में अपना जीवन

पुन: प्रारंभ नहीं करना चाहती हूँ, लेकिन एक प्रशिक्षक के रूप में (मेरे अंतरिक्ष और इतिहास विषय के प्रति लगाव के संदर्भ में) यह एक विशिष्ट अवसर है, जिससे मैं अपनी पुरानी इच्छाओं को पूरा कर सकती हूँ।

11. वर्जिल ग्रिसम (जिनकी 27 जनवरी, 1967 को अपोलो-1 ग्राउंड दुर्घटना में मृत्यु हो गई)

अंतरिक्ष विजय के लिए जीवन के जोखिम लेना गलत नहीं है।

12. वाल्ट कनिंघम (अपोलो-7 परियोजना के चंद्र मॉड्यूल पायलट)

अपने स्वयं के प्रति, अपने परिवार, देश और अपने लक्ष्यों के प्रति निष्ठा एवं समर्पण को सीधे तरीके से नहीं किया जाना चाहिए। ये चीजें यह सुनिश्चित करती हैं कि आप स्वयं ही अपने लिए एक व्यक्ति हैं तथा अपने लिए आप ही उस मार्ग का चयन करते हैं, जिस पर आप चलते हैं। आप किसी भी क्षेत्र में कहीं भी एक लीडर भी बन सकते हैं और अनुकरक (फालोवर) भी बन सकते हैं। एक लीडर अपनी कार्यशैली और दिशा-निर्देश स्वयं निर्धारित करता है तथा दूसरों को प्रेरित करता है कि वे उसके (लीडर) मार्ग का अनुकरण करें। अनुकरक वह है, जो वही करता है, जो उसके सहयोगी कर रहे होते हैं, बिना अधिक सोचे हुए कि यह उसके जीवन को कैसे प्रभावित करेगा। मात्र आज के लिए जीना तथा गलत भीड़ के साथ अपने को संलग्न रखना आपको बड़ी मुसीबत में डाल सकता है तथा जीवन के उन पारितोषिकों से वंचित रख सकता है, जिनकी जिंदगी आपके लिए इंतजार कर रही है।

13. यूरी गागरिन (प्रथम अंतरिक्ष मानव)

जब मैंने अंतरिक्ष यान में बैठकर पृथ्वी का चक्कर लगाया तो मैंने पहली बार देखा कि हमारा पृथ्वी ग्रह कितना सुंदर है। हे मानव समुदाय! आओ, हम लोग इसे बचाकर रखें, इसकी सुंदरता को और भी बढ़ाएँ तथा इसे नष्ट न होने दें।

14. बज अल्ड्रिन (अपोलो-11 मिशन के अंतरिक्ष यात्री)

बहुत से लोग कहते हैं कि अन्वेषण हमारे भाग्य का एक हिस्सा है। लेकिन वास्तव में भावी पीढ़ी के प्रति हमारा दायित्व है तथा मानव प्रजाति को सुरक्षित रखने के लिए भावी पीढ़ी की आकांक्षा को पूरा करने का कर्तव्य है।

15. अलबर्ट आइंस्टीन (वैज्ञानिक)

दो चीजें अनंत हैं—ब्रह्मांड और मूर्खता। लेकिन ब्रह्मांड के विषय में मैं निश्चित नहीं हूँ।

16. कार्ल सैगन

चूँकि लंबी अवधि में प्रत्येक ग्रहीय सभ्यता अंतरिक्ष आघातों के कारण खतरे में पड़ सकती है। इसलिए प्रत्येक जीवित सभ्यता अंतरिक्ष के अधीन होने के लिए मजबूर है—मात्र अन्वेषण अथवा काल्पनिक व्यग्रता के कारण नहीं, बल्कि सबसे प्रायोगिक कारण कल्पनात्मक है और वह है, जीवित रहना। यदि दीर्घ अवधि के जीवन के लिए खतरा है तो हमारी अपनी स्वयं की प्रजाति के प्रति यह एक मूल उत्तरदायित्व बन जाता है कि हम ब्रह्मांड की अन्य दुनियाओं में झाँकें।

17. आइजक असिमोव

अंतरिक्ष अन्वेषण और इसके उपयोग के अनेक फायदे हैं। हम इसका उपयोग क्यों नहीं करते, क्योंकि यह पलायन का एकमात्र तरीका एवं अवसर है। नहीं तो उसका विनाश निश्चित है, जिसे मानव सभ्यता ने 50,000 वर्षों में प्राप्त किया है।

18. जॉन एफ केनेडी (भूतपूर्व अमेरिकी राष्ट्रपति)

विश्व की आँखें आज अंतरिक्ष को देख रही हैं, चंद्रमा और ग्रहों के बाहर देख रही हैं और हम लोगों ने यह प्रतिज्ञा की है कि हम इसे बलपूर्वक अधिग्रहित झंडे के द्वारा शासित नहीं होने देंगे, बल्कि हम चाहेंगे कि स्वतंत्रता और शांति के द्वारा यह शासित हो। हमने यह भी प्रतिज्ञा की है कि हम अंतरिक्ष को विनाश के हथियारों से भरा हुआ नहीं देखेंगे, बल्कि हम इसे ज्ञान के उपकरणों और समझदारी के उपकरणों से भरा हुआ देखना चाहेंगे। मेरा कहने का मतलब यह नहीं है कि अंतरिक्ष के दुरुपयोग से असुरक्षित रहेंगे (अपेक्षा कि भू और सागर के शत्रुतापूर्ण उपयोगों से) लेकिन मेरा कहना यह है कि अंतरिक्ष अन्वेषण बिना युद्धों की ज्वाला तथा बिना पुरानी गलतियों को दोहराए किया जा सकता है।

19. नील आर्मस्ट्रांग (प्रथम चंद्र मानव)

मेरे अपने विचार में अपोलो परियोजना की सबसे महत्त्वपूर्ण उपलब्धि इस बात का प्रदर्शन था कि मानव समुदाय इस ग्रह (पृथ्वी) से सदा के लिए बँधा नहीं है तथा हमारी दृष्टि उससे भी दूर तक गई है और हमारे पास असीमित अवसर हैं।

20. वर्नर ब्राउन (विख्यात जर्मन वैज्ञानिक)

यह (अर्थात् रॉकेट) मानव को शेष बंधनों, गुरुत्व की जंजीरों से मुक्त कर देगा, जो उसे (मानव को) अब तक इस ग्रह के साथ बाँधे हुए हैं। यह उसे (मानव को) स्वर्ग के दरवाजे तक पहुँचा देगा।

21. कोंस्टैटिंन सिवोल्कोवोस्की (अंतरिक्ष यात्रा संकल्पना के पितामह)

पृथ्वी मानव समुदाय का हिंडोला है, लेकिन कोई भी इस हिंडोले में हर समय नहीं रह सकता है।

22. प्लेटो (342 बी.सी.)

खगोलशास्त्र आत्मा को ऊपर देखने के लिए बाध्य करता है तथा इस दुनिया से दूसरी दुनिया में जाने के लिए मार्गदर्शन प्रदान करता है।

23. माइकल कालिंस (जेमिनी-10 और अपोलो-11 के अंतरिक्ष यात्री)

प्रस्तरित होना, जाना, देखना और समझना मानवीय प्रवृत्ति है। अन्वेषण एक चयन नहीं है, बल्कि यह अनिवार्य है।

24. वर्नर ब्राउन (विख्यात जर्मन वैज्ञानिक)

अंतरिक्ष यात्रा से सबसे बड़ा फायदा हमारे ज्ञान को विस्तृत करने में होता है। सौ वर्षों में इस नवीन विजय से प्राप्त ज्ञान विशाल और अप्रत्याशित डिवीडेंड देने लगेगा।

25. टाइको ब्रेहे (17वीं सदी के डेनिश खगोलशास्त्री)

जो स्टारों का अध्ययन करते हैं, उनके पास टीचर के रूप में स्वयं भगवान् होता है।

26. जोहैनेस कंप्लर (विख्यात खगोलशास्त्री)

जैसे ही कोई उड़ने की प्रक्रिया का प्रदर्शन करता है, तो मानव प्रजाति के लोग इसमें (चंद्रमा या बृहस्पति ग्रह जाने में) पीछे नहीं रहेंगे।

27. माइकल कालिंस (अंतरिक्ष यात्री)

जब हमारी आकाशगंगा का इतिहास लिखा जाएगा, शायद लिखा भी जा चुका होगा तथा यदि उसमें पृथ्वी का जिक्र आता है, तो वह इसलिए नहीं होगा कि इसके निवासियों ने अपने स्वयं के चंद्रमा को विजिट किया, बल्कि प्रथम दृष्टि में एक नवजात शिशु के रूप में यह स्वयं ही मान लिया जाएगा, बल्कि रिकॉर्डिंग के योग्य यह बात होगी कि हम पृथ्वीवासियों ने किस प्रकार की सभ्यता का सृजन किया तथा क्या हमने आकाशगंगा के अन्य भागों में जाने का प्रयास किया?

□□□